Nationale Identität und Staatsbürgerschaft in den USA

Hans Vorländer
Dietrich Herrmann

Nationale Identität und Staatsbürgerschaft in den USA

Der Kampf um Einwanderung, Bürgerrechte und Bildung in einer multikulturellen Gesellschaft

Unter Mitarbeit
von Ulrike Fischer-Inverardi

Leske + Budrich, Opladen 2001

Gedruckt auf säurefreiem und alterungsbeständigem Papier.

Die Deutsche Bibliothek – CIP-Einheitsaufnahme
Ein Titeldatensatz für diese Publikation ist bei Der Deutschen Bibliothek erhältlich

ISBN 3-8100-2197-0

Druck: Druck Partner Rübelmann, Hemsbach
Printed in Germany

Inhaltsverzeichnis

Einführung

Das vorliegende Buch untersucht den Zusammenhang von gesellschaftlichen Selbstverständigungsdiskursen, Konstruktionen nationaler Identität und Staatsbürgerschaftskonzeptionen vor dem Hintergrund der ethnokulturell heterogenen Gesellschaft der USA. Es will zeigen, wie nationale Identität in politischen und gesellschaftlichen Diskursen konstruiert wird, welche konkreten Konzeptionen von Staatsbürgerschaft sich in ihnen abbilden und wie sich diese in spezifischen Gesetzen materialisieren. Mit einer konsequenten historischen Kontextualisierung der Diskurse um nationale Identität und Staatsbürgerschaft wird die Absicht verfolgt, die zum Teil redundant gewordene politische Diskussion um Begriff und Konzeption der Staatsbürgerschaft, von *citizenship*, aufzubrechen.

Von den USA ging in den letzten 20 Jahren eine Staatsbürgerschaftsdebatte aus, die zunächst nur eine akademische Angelegenheit zu sein schien, dann aber sehr schnell, vor allem nach dem Fall der Mauer und der Öffnung der Grenzen, den alten, europäischen Kontinent erreichte. Probleme zunehmender innergesellschaftlicher Heterogenität von Bevölkerung, Lebenswelten und Werthorizonten und die als Problem erfahrene Migration haben auch in Europa eine heftige neue Diskussion über Konzepte der Staatsbürgerschaft und der Rechte von Bürgern, Einwanderern und Fremden ausgelöst. Die Diskussion spitzte sich sehr schnell auf Fragen des Asylrechts, der Beschränkung von Zuwanderung und der Etablierung neuer Grenzregime in einem – zumindest für die sogenannten Schengen-Staaten in Europa – grenzenlosen Raum zu. Auch die Diskussion um die Rechte von Bürgern, Zuwanderern und Fremden bediente sich, nicht zuletzt auch in politisch-polemischer Absicht, schablonenhafter Vereinfachung, wie der Gegenübersetzung von Territorial- und Blutsprinzip, von *ius soli* und *ius sanguinis*, für den Erwerb und die potentielle Neuregelung der Staatsbürgerschaft. Dabei kam es dann zu einer ebenso vereinfachenden Gegenüberstellung von USA und Frankreich auf der einen und Deutschland auf der anderen Seite. Daß damit aber die vielfach abgestuften, historisch konkreten und kontextuell konditionierten Staatsbürgerschaftsbegriffe und bürgerschaftlichen Mitgliedschaftskonzeptionen vorschnell und unzulässig ineinander geschoben wurden, ging dabei unter. Genauso wenig, wie das amerikanische Modell der Abstammungsgemeinschaft allein universalistisch und inklusiv ist, genauso wenig ist das deutsche *ius sanguinis*-Modell allein exklusiv und diskriminierend. Allein der Blick auf die historische Herausbildung und die konkreten politisch-gesellschaftlichen Praktiken legt den Blick auf die Gemengelage sehr unterschiedlicher Konzeptionen von Staatsbürgerschaften und Bürgerrechten frei. Vor allem wird deutlich, daß solche Konzeptionen eingebunden sind in einen gesellschaftlichen Diskurs um das, was die politische Identität einer Gesellschaft ausmacht. Nur die historische Analyse von gesellschaftlichem Selbstverständnisdiskurs, der Konstruktion nationaler Identität und der konkreten, sich in Gesetzen und ihren Inklusions- und Exklusionsmechanismen ausdrückenden Staatsbürgerschaftskonzeptionen führt hier weiter. Daß diese Diskussionen vor allem an der Gesellschaft der Vereinigten Staaten untersucht werden, rechtfertigt sich nicht nur aus der Tatsache, daß von dort die neuere Staatbürgerschaftsdebatte ausging, sondern vor allem darin, daß diese nordamerikanische Einwanderergesellschaft über eine mehr als 200-jährige Erfahrung verfügt, wie eine multi-ethnische Gesellschaft die Mitgliedschaftsrechte ihrer Bürger definiert.

Die als Kulturkämpfe in den USA erfahrenen Auseinandersetzungen um Einwanderung, Bürgerrechte und Bildung der letzten zwanzig Jahre sind nichts anderes als Kämpfe um die Zugehörigkeit und Mitgliedschaft zu einer gesellschaftlichen Kultur und zu einer als distinkt erfahrenen und kulturell konstruierten nationalen Identität. Die Mechanismen von Inklusion und Exklusion, von Teilhabe und Ausschluß, von Zugehörigkeit und Ausgrenzung werden in solchen Kulturkämpfen diskursiv verhandelt und auch – nicht zuletzt auf dem Wege der Gesetzgebung – entschieden. Die Konstruktionen einer bestimmten nationalen Identität im und durch den konflikthaften Prozeß gesellschaftlicher Selbstverständigungsdiskurse bleiben deshalb nicht folgenlos. Sie entscheiden über

Zugang und Mitgliedschaft, Anrechte und Chancen, Ausschluß und Marginalisierung.

Im ersten Beitrag (Hans Vorländer) werden die kulturellen Konstruktionen nationaler Identität in den USA theoretisch und mit Bezug auf die zeitgenössische Diskussion analysiert. Dabei kristallisieren sich drei Diskurse, nämlich Universalismus, Pluralismus und Multikulturalismus, als die entscheidenden Diskurse über Inklusion und Exklusion, über Zugehörigkeit und Ausschluß, heraus. Es handelt sich dabei um drei unterschiedliche, gleichwohl vielfältig miteinander verschränkte Diskurse über die Konstruktionsprinzipien nationaler Identität, die alle gemeinsam das Problem der Vereinbarkeit von universellen und partikularen Ordnungsvorstellungen adressieren, dabei aber zu einem unterschiedlichen Verständnis von Einheit und Differenz, Identität und Alterität gelangen. Über die USA hinausgehend, kann auch behauptet werden, daß es sich hierbei um Grundformen der Modellierung von Zugehörigkeit und Mitgliedschaft in modernen Gesellschaften handelt, die sich selbst nicht mehr als kulturell geschlossen und homogen beschreiben können. Es sind dies die Diskurse, die die in modernen Gesellschaften als problematisch empfundene Entwicklung von der Monokulturalität über die Plurikulturalität bis hin zur Multikulturalität einzufangen und zu beschreiben suchen. Schließlich wird in diesem Beitrag resümiert, was Multikulturalimus für die nationale Identität der USA bedeutet. Daß die USA nicht nur multi-ethnischer, sondern auch multi-kultureller geworden sind, kann dabei als gesichert gelten.

In dem dann folgenden Beitrag (Ulrike Fischer-Inverardi) wird untersucht, wie der Multikulturalismus politisch verarbeitet wird. Die Diskussion in den öffentlichen Schulen der USA um eine Neuorientierung der Schul- und Lehrpläne hatte zu einer außergewöhnlichen öffentlichen Aufmerksamkeit und Teilnahme nationaler Medien geführt, die, wenn die USA nicht ein ungleich größeres Land wären, nur mit den Turbulenzen um die hessischen Rahmenrichtlinien der 1970er Jahre vergleichbar wären. In den USA ist seit der Bürgerrechtsbewegung der 1970er Jahre das Bewußtsein für unterschiedliche ethno-kulturelle Traditionen und Identitäten angewachsen. Bildungsreformen fanden sich auf der politischen Agenda, die auf die Anerkennung dieser ethnischen und kulturellen Heterogentität zielten. Dabei war die in den 1980er Jahren einsetzende Debatte mehr als nur eine pädagogische Kontroverse. Es ging, so war die allgemeine Einschätzung, um die Identität der Nation und den Stellenwert der ethno-kulturellen Minderheiten im nationalen Selbstverständnis.

Vor diesem Hintergrund fanden die lebhaften Auseinandersetzungen um eine multikulturelle Reform der Geschichts- und Sozialkunde-Curricula seit Mitte der 1980er Jahre in vielen Einzelstaaten und Schuldistrikten statt und führten zu neuen Rahmenrichtlinien und neuen Textbüchern. Dabei verliefen die Diskussionen, die hier exemplarisch rekonstruiert und beschrieben werden, vor allem im Staate New York und in Kalifornien, zu einer Kontroverse, die, weit die Staatsgrenzen übergreifend, die nationalen Medien und das nationale Publikum beschäftigten. Verlauf und Ergebnis der Kontroversen unterschieden sich. New York State versuchte, die nationale Identität der USA multikulturalistisch neu zu interpretieren und curricular durch die konsequente Repräsentation differenter kultureller Perspektiven und Identitäten einzufangen. Dieser Multikulturalismus kann als „transformativ", die traditionelle Beschreibung der USA als „e pluribus unum" hinter sich lassend, beschrieben werden. Gerade deshalb war das New Yorker Modell massiver Kritik ausgesetzt. Kalifornien verblieb mit seiner Reform der Rahmenrichtlinien innerhalb eines liberal-pluralistischen Interpretationsmusters der Bestimmung von Vielfalt, Einheit und nationaler Identität und konnte deshalb auf breitere Zustimmung setzen.

Staatsbürgerschaft ist ein diskursives, politisch folgenreiches Konstrukt. Dies erweist sich bei der Analyse der Auseinandersetzungen um Staatsbürgerschaft als juristische Kategorie und um die mit dem Konzept von Staatsbürgerschaft verbundenen Rechte und Pflichten in der Geschichte der USA seit dem 18. Jahrhundert (Dietrich Herrmann). Debatten um die amerikanische Staatsbürgerschaft und Einbürgerung waren stets politische und kulturelle Auseinandersetzungen, in denen es um nichts weniger als das eigene Selbstverständnis und die Definition der nationalen Identität ging.

Dabei stand das universalistische Modell der amerikanischen Unabhängigkeitserklärung immer in Konkurrenz zu anderen Vorstellungen amerikanischer nationaler Identität. In einigen nordamerikanischen Kolonien im 17. und 18. Jahrhundert war dies die Idee einer neuen Gemeinschaft auf der Basis einer protestantischen Moralität, in der für andere Konfessionen oder Religionen kein Platz war: Katholiken oder Juden blieb der Zugang zu öffentlichen Ämtern oder an die Wahlurne verwehrt. In den Debatten um das Einbürgerungsrecht der frühen Republik dominierten Fragen der Loyalität zum neuen Gemeinwesen, ebenso wie später in Phasen starker außenpolitischer Konflikte (Einwanderungs- und Einbürgerungsrecht während der Weltkriege und während des Kalten Krieges). Für das 19. Jahrhundert lassen sich verschiedene Formen abgestufter Mitgliedschaft identifizieren. Nicht auf die formale „Staatsangehörigkeit" oder „Staatsübergerschaft" kam es an, sondern auf die konkrete Zuweisung bzw. Verwehrung von staatsbürgerlichen Rechten und Pflichten: Die US-Staatsbürgerschaft, auf der nationalen Ebene bis in das 20. Jahrhundert faktisch nahezu bedeutungslos, war auch weder hinreichende noch notwendige Bedingung für das Wahlrecht, das sehr viel stärker die Mitgliedschaft im Gemeinwesen bestimmte. Die Wahlrechtsdebatten in den Einzelstaaten zeigten konkurrierende Modelle nationaler Identität: Angelsächsisch-protestantische Gemeinschaft stand gegen ein universalistisch konzipiertes Gemeinwesen. Diese Diskussionen bestimmten über Inklusion und Exklusion von Nicht-Grundbesitzern, Nicht-Steuerzahlern, Schwarzen, Einwanderern, Indianern, Frauen und Militärangehörigen.

In den Auseinandersetzungen über die rechtliche Inklusion und praktische Integration von Indianern Ende des 19. sowie der Integration von Einwanderern Anfang des 20. Jahrhundert erlebten diskursive Konzepte von „Zivilisierung" bzw. „Amerikanisierung" eine Konjunktur. Doch blieb auch hier umstritten, was etwa unter „Amerikanisierung" zu verstehen war: War es Christianisierung, war es Produktivitätssteigerung der Industrie, ideologische Anpassung, kulturelle Assimilation, Pluralisierung der Gesellschaft oder Demokratisierung des Gemeinwesens? In der Frage des Staatsbürgerstatus von asiatischen Einwanderern und der Regelung der Einwanderung bildeten biologistische und rassistische Argumentationen die Grundlage für den jahrzehntelangen Ausschluß von Asiaten von Einbürgerung und Einwanderung sowie die bis 1965 aufrecht erhaltenen rassisch diskriminierenden Einwanderungsquoten. Zu Ende des 20. Jahrhunderts findet das Selbstverständnis der Vereinigten Staaten als multi-ethnische Nation zwar eine breite Zustimmung, doch gibt es nach wie vor Versuche, Mitgliedschaft und Einwanderung im Zeichen der Bewahrung partikularer, vornehmlich angelsächsich-protestantischer Vorstellungen restriktiv zu definieren.

Die empirischen Befunde der amerikanischen Entwicklung werden im abschließenden Beitrag (Hans Vorländer) in theoretischer und systematischer Absicht aufgenommen und gleichzeitig in einer komparativen, mit der Entwicklung in Frankreich und Deutschland vergleichenden Perspektive zusammengeführt. Dabei geht es vor allem darum, die

Ambivalenzen von Bürger- und Staatsbürgerschaftsbegriff freizulegen. Schon die Antike kannte nicht nur einen republikanisch-politischen Staatsbürgerschaftsbegriff, der auf die volle Teilhabe aller freien und gleichen Bürger abstellte. Auch hier gab es ein komplexes Widerspiel von exklusiven und inklusiven Mechanismen, die beispielsweise Sklaven, Metöken und Frauen von den Partizipationsrechten ausschlossen. Aber auch, so zeigt ein kurzer Rückblick auf Aristoteles, wird schon zwischen formaler Zugehörigkeit und Bürgerrechten unterschieden, und auch das für die „postnationale Konstellation“ charakteristische System abgestufter Rechte ist der Antike keineswegs fremd. Insofern kann hier gezeigt werden, daß die Perspektive einer „postnationalen Staatsbürgerschaft“ nicht wirklich ein neues Konzept ist, sondern daß es sich vielmehr auch um eine Rückkehr zu einem pränationalen Konzept handelt, das nur deshalb – zwischenzeitlich – aus dem Blick geraten konnte, weil es von einer nationalstaatlichen Schließung des Staatsbürgerkonzeptes, seit der Emergenz des Nationalstaates vor mehr als 200 Jahren, verdrängt worden war.

Die vor allem für die gegenwärtige Entwicklung feststellbare Entkoppelung von nationalstaatlicher Organisationsform mit ihren Mitgliedschaftsrechten qua formaler Zugehörigkeit auf der einen Seite und dem System von individuellen Rechten und Pflichten auf der anderen Seite ist in Deutschland genau so wie in den Vereinigten Staaten von Amerika bis zu Beginn des 20. Jahrhunderts eher der Normalfall gewesen. Das französische, nationalstaatlich geschlossene Modell von Staatsbürgerschaft und etatistischer Assimilierungsstrategie, basierend auf einem starken republikanischen Credo, das gleichzeitig Territorial- und Abstammungsprinzip mischte, erscheint da als die Ausnahme. Territoriale Mehrstufigkeit, wie sie für föderalistische Systeme ohnehin kennzeichnend ist und wie sie für die Staatsbürgerschaftsfrage in Deutschland und den USA konstitutiv war, führt zu abgestuften oder sich überlappenden Regimen von Mitgliedschaften, Zugehörigkeiten und deshalb auch zu differenzierten Formen der Gewährung von Rechten und der staatsbürgerlichen Inpflichtnahme. Genau in diese Richtung weist auch die Staatsbürgerschaftsproblematik im Zuge des europäischen Integrationsprozesses.

Die Beiträge dieses Buches sind im Kontext eines von der Deutschen Forschungsgemeinschaft finanzierten Projektes „Nationale Identität und Staatsbürgerschaft in der multikulturellen Gesellschaft der Vereinigten Staaten von Amerika“ entstanden. Der Deutschen Forschungsgemeinschaft gebührt Dank für die großzügige Unterstützung und die nachhaltige Geduld, die sie bis zur Drucklegung der Forschungsresultate unter Beweis stellte. Auch Edmund Budrich ist zu danken, daß er nach Aufnahme des Titels in das Verlagsprogramm so lange auf die Fertigstellung des Manuskriptes zu warten bereit war. Dank gilt auch Maritta Brückner und Kathrin Mai, die bei der Herstellung und Einrichtung des Manuskriptes wertvolle Hilfe leisteten.

Der Kampf um die Deutungsmacht Nationale Identität und Multikulturalismus in den USA

Hans Vorländer

Was es bedeutet, ein Amerikaner zu sein

Von einem Kulturkampf war die Rede. In einer erbitterten öffentlichen Auseinandersetzung wurde um die Seele Amerikas gerungen. Seit den 1980er Jahren hatten Kontroversen um die Rahmenlehrpläne für Schulen und die Curricula an den Universitäten, die Debatten um politisch korrektes Sprachverhalten und einen offiziellen Bilingualismus sowie die Diskussionen um Einwanderung und staatsbürgerliche Rechte, um Zugehörigkeit und Mitgliedschaft das nationale Selbstverständnis der Vereinigten Staaten erschüttert. Der Kampf wurde zwischen den Traditionalisten, den Verteidigern eines geeinten Amerikas und den Revolutionären, den Proponenten eines neuen Multikulturalismus ausgefochten. Letztere kämpften für die Anerkennung der Pluralität von Ethnien und Kulturen, weshalb erstere die politische Einheit der Nation gefährdet sahen. Wo es für die Multikulturalisten um das Ende der Vorherrschaft einer westlich, europäisch geprägten Tradition ging, ging es für die Traditionalisten um die Bewahrung der Werte und Ideale, von denen sie annahmen, daß sie den USA einen einzigartigen, exzeptionellen Rang unter den Nationen des Globus gesichert hatten. Ging es für die einen um die Behauptung minoritärer und ethnischer Identitäten, mithin um die Anerkennung multikultureller Differenzen, ging es für die anderen um Integration und Assimilation, um das Überwinden der Differenz und die Behauptung der Einheit. *E pluribus unum* stand gegen *E pluribus plures*.[1]

Aus den Kontroversen um Lehrpläne und Curricula, um Bilingualismus und politische Korrektheit war sehr schnell eine Debatte um die nationale Identität der Vereinigten Staaten geworden. Genaugenommen ließ sich das eine vom anderen gar nicht trennen. Den Beteiligten war unmittelbar klar geworden, daß es sich bei diesen Kontroversen um eine Selbstverständnisdebatte handelte, bei der es um nichts weniger als um die Frage ging, „was es bedeutet, ein Amerikaner zu sein".[2] Damit war wieder einmal der empfindliche Nerv des amerikanischen Selbstverständnisses getroffen. Denn die Gesellschaft von Siedlern und Einwanderern hatte nie auf jene Muster kultureller und historischer Vorstellungen zurückgreifen oder auf jene etablierten sozialen und staatlichen Autoritäten aufbauen können, wie sie für einen identitätsstiftenden Nationalismus kontinentaleuropäischer Provenienz – mit einem klar abgegrenzten Staatsgebiet, mit einem festen Sozialgefüge sowie tradierten Symbolen oder Mythen – kennzeichnend gewesen waren. Die nationale Identität der USA konnte nicht in den Begriffen organisch gewachsener, völkischer oder kultureller Traditionen und in den Formen territorialer Staatlichkeit beschrieben werden. Die Vereinigten Staaten waren insofern eine junge, neue Nation, deren Gesellschaft durch die kontinuierliche Einwanderung lange Zeit, im Grunde bis heute, „unfertig" geblieben ist.[3]

---

1 Vgl. aus der umfangreichen, kaum noch zu überblickenden Literatur Paul Berman (ed.), *Debating P. C. The Controversy over Political Correctness on College Campuses* (New York: Bantham Doubleday, 1992); Dinesh D'Souza, *Illiberal Education. The Politics of Race and Sex on Campus* (New York: Vintage, 1992); Robert Hughes, *Culture of Complaint. The Fraying of America* (New York: Warner, 1993); James D. Hunter, *Culture Wars. The Struggle to Define America* (New York: Basic Books, 1991); Edith Kurzweil und William Phillips (eds.), *Our Country, our Culture. The Politics of Political Correctness* (New York: Partisan Review, 1994); Arthur M. Melzer, Jerry Weinberger und M. Richard Zinman (eds.), *Multiculturalism and American Democracy* (Lawrence, Kansas: Kansas UP, 1998); Berndt Ostendorf (Hg.), *Multikulturelle Gesellschaft: Modell Amerika?* (München: Fink, 1994); Arthur M. Schlesinger, Jr., *The Disuniting of America* (New York/London: Norton, 1992).

2 Schlesinger, Jr., *The Disuniting of America*, S. 17; Michael Walzer, *What It Means to be an American* (New York: Marsilio, 1992).

3 Vgl. Seymour Martin Lipset, *The First New Nation: The United States in Historical and Comparative Perspective* (New York: Basic Books, 1979), S. 61ff., der die Probleme der „Formulierung einer nationalen Identität" umreißt. Vgl. auch Russel Blayne Nye, *This Almost Chosen People. Essays in the History of American Ideas* (East Lansing, Mich.: Michigan State UP, 1966), S. 45 zum amerikanischen Mangel eines „operativen Nationalismus".

In dieser von Einwanderung und Binnenwanderung, von geographischer und sozialer Mobilität, von ethnischer Vielfalt und kultureller Heterogenität geprägten Gesellschaft stellte sich deshalb immer wieder die Frage nach der nationalen Identität in ganz besonderer und jeweils neuer Weise. Das war auch der Grund dafür, daß, wie schon Alexis de Tocqueville erkannte, der amerikanische Patriotismus so besonders „reizbar" geblieben war.[4] Mit der Frage nach der nationalen Identität war zugleich die Fortexistenz des „amerikanischen Experimentes" essentiell verbunden.[5] Und so zieht sich ein weiter Bogen von Vergewisserung suchender Selbstbefragung durch die Geschichte der Vereinigten Staaten, seit Beginn der englischen Kolonisierung bis in die heutige Zeit.

Michael Walzer, Sozialphilosoph und Beobachter der amerikanischen Entwicklung, formulierte angesichts der Kulturkämpfe der jüngsten Vergangenheit, daß die Amerikaner, im Gegensatz zur französischen und auch deutschen Erfahrung, keine *patrie* besäßen, von ihrem Land auch nie als einem Vater- oder Mutterland gesprochen hätten, auch nicht hätten sprechen können. Vielmehr seien die Vereinigten Staaten eine Verbindung von ethnischen, rassischen und religiösen Gruppen, damit eine „nation of nationalities".[6] Das mochte für die Gegenwart eine zutreffende und breitere Akzeptanz findende Beschreibung der empirischen Komposition amerikanischer Gesellschaft sein. Doch barg sie Implikationen, die keineswegs unumstritten bleiben konnten. Denn wörtlich hieße dies, daß sich die USA auch historisch immer als eine multikulturelle Gesellschaft von verschiedenen Gruppen und Gruppen-

4 Alexis de Tocqueville, *Über die Demokratie in Amerika. Erster Teil.* Übers. und hg. von Hans Zbinden (Zürich: Manesse, 1987 [1835]), S. 350-354.

5 Der Topos vom „Experiment Amerika" geht auf den puritanischen Ursprung und die Gründungs- und Konstituierungsphase der Vereinigten Staaten zurück. Der Vorstellung des „Experimentes", vor allem von den Federalists im Zuge der Ratifikationsdebatte um die amerikanische Verfassung vertreten, entspricht in teilweise entgegengesetzter Sicht die sich aus religiös-puritanisch geprägten Vorstellungen speisende Idee der „Vorsehung" (destiny). Darauf stellt etwa Hamilton in Federalist Paper No. 1 ab. Beide Vorstellungen von „Experiment" und „Destiny" verbinden sich dort, wo in einer Mischung von republikanischen und puritanisch-calvinistischen Traditionsbezügen die Rede ist („millennial meaning of the American experiment"). Daß sich die USA aber auf die gesamte Menschheit als Testfall verstehen, zeigt etwa Walt Whitman: America is really the great test or trial case for all the problems and promises and speculations of humanity and of the past and present." (zit. n. Robert N. Bellah, *The Broken Covenant. American Civil Religion in Time of Trial* (New York: Seabury, 1975), S. 139).

6 Walzer, *What It Means to be an American.*

identitäten verstanden hätten und die nationale Identität nur durch ihre sozialen und kulturellen Differenzen hätte beschrieben werden können. Das ist, mit Blick auf die Geschichte, indes eine unzutreffende Feststellung. Und in den Kulturkämpfen der 1980er und 1990er Jahre enthielt eine solche Selbstbeschreibung eine so große soziale Sprengkraft, daß sie schwerlich mit einem normativen Konsens rechnen konnte. Denn von seiten seiner Kritiker war der Multikulturalismus zum Programm einer völligen Desintegration der amerikanischen Gesellschaft, der Auflösung in ihre partikulare Bestandteile, geworden. Die Kritiker anerkannten zwar den jeweils unterschiedlichen nationalen, sprachlichen, religiösen, ethnischen und kulturellen Hintergrund der Einwanderer und Minderheiten. Sie waren gleichzeitig aber davon überzeugt, daß „Amerikanischsein" per definitionem die Übernahme der Ideale von Freiheit, Gleichheit, Republikanismus und Demokratie bedeuten mußte und damit dann ein Raum identitätsstiftender und integrativer Wertvorstellungen bezeichnet war, der die ethnischen und kulturellen Unterschiede einebnete oder bedeutungslos werden ließ. Dieser *American Creed* wurde traditionell als das Fundament der amerikanischen Gesellschaft, als Kitt der ethnisch, kulturell und religiös fragmentierten Gesellschaft reklamiert. Erst das Bekenntnis zu den zentralen Glaubenssätzen des Amerikanismus machte Einwanderer und Einwohner zu Amerikanern.[7] Die Debatte um die nationale Identität unter den Vorzeichen des Multikulturalismus aber hatte diese Position in ihren Grundfesten erschüttert. Wo die einheitsstiftende Kraft des Amerikanismus verblassen und die beschwörende Rhetorik einer gemeinsamen nationalen Identität ins Leere zu laufen drohte, da stellte sich die alte Frage neu, die auch Präsident Clinton in seiner – zweiten – Inaugurationsrede nicht zu adressieren umhin kam: „the challenge of our past remains the challenge of our future – will we be one nation, one people, one common destiny or not? Will we all come together or come apart?"[8]

---

7 Zum Begriff des American Creed, der auf Gunnar Myrdal und seine zweibändige Analyse *An American Dilemma* zurückgeht vgl. Rogers M. Smith, „The „American Creed" and American Identity," *Political Quarterly* 41 (1988), S. 225-251 und Hans Vorländer, „American Creed. Liberale Tradition und politische Kultur der USA," in Franz Greß, Hans Vorländer (Hg.), *Liberale Demokratie in Europa und den USA* (Frankfurt am Main/New York: Campus, 1990), S. 11-33.

8 Bill Clinton, „2nd Inaugural Address," 20.1.1997, http://www.presidency.ucsb.edu/inaugurals/clinton2ia.html

Bei den kulturellen Auseinandersetzungen in den USA handelte es sich um Deutungskämpfe. Im Zentrum stand die Interpretation der eigenen, der individuellen und kollektiven Geschichte und die Definition einer gemeinsamen oder separaten Zukunft. Eine jede Gesellschaft führt Diskurse über ihr Selbstverständnis, nicht immer jedoch nehmen sie eine so zugespitzte Form wie die von Kulturkämpfen an. Wenn aber unterschiedliche Interpretationen und Deutungswelten aufeinander stoßen, eine bislang vernachlässigte, unterdrückte oder ausgeblendete Interpretation die herrschende Deutung herausfordert und um öffentliche Anerkennung und Repräsentation ringt, kann kein Zweifel bestehen, daß das bislang tradierte und allgemein anerkannte Selbstverständnis in Rechtfertigungsnot gerät. Wenn sich in den gesellschaftlichen Selbstverständigungsdiskursen bis in die 1980er Jahre eine Deutung der amerikanischen Gesellschaft hatte durchsetzen können, die auf europäische, „weiße" und angelsächsische Ursprünge und Interpretationslinien zurückgegriffen und die spezifisch amerikanische Erfahrung als einen „exzeptionellen" Weg von Freiheit, Demokratie und Gleichberechtigung formuliert hatte, so wurde nun diese Deutung existenziell in Frage gestellt, weil sie die besonderen, die partikularen Erfahrungen von ausgegrenzten oder öffentlich nicht – zureichend – repräsentierten Minderheiten, Ethnien und Rassen anscheinend nicht umfaßt hatte.

Gesellschaftliche Selbstbilder neigen, das zeigt die historische Erfahrung, generell zu Abgrenzungen und Ausblendungen. Identitäten stabilisieren sich, indem sie eine bestimmte Sichtweise der sozialen und politischen Welt privilegieren und konkurrierende Muster von Deutungen und Erfahrungen ausblenden. Um die Durchsetzung eines bestimmten Deutungsangebotes konkurrieren Deutungseliten mit ihren jeweiligen Gesellschaftsbildern. Sie versuchen in öffentlichen, keineswegs nur idealen, sondern auch vermachteten Kommunikationsprozessen ihre Deutung zu etablieren, zu behaupten und verbindlich zu machen. Verfestigte Denk-, Perzeptions- und Interpretationsmuster formieren eine spezifische politische Deutungskultur, die sich von der anderer Gesellschaften unterscheidet. Die politische Deutungskultur umschreibt einen sozialen und politischen Handlungsrahmen, privilegiert und sanktioniert bestimmte Handlungsmöglichkeiten und reduziert die Kontingenz von Alternativen, konditioniert mithin die politische und soziale Agenda.

So sind auch Entscheidungen in Bezug auf die Amtssprache, den Rahmenlehrplan für Schulen, die Curricula für Universitäten und die Anforderungen für die volle Mitgliedschaft des Bürgers im Gemeinwesen dazu angetan, eine bestimmte gesellschaftliche Kultur in der gesamten Gesellschaft zu verbreiten und eine bestimmte nationale Identität zu fördern, die sich auf die Zugehörigkeit zu dieser gesellschaftlichen Kultur und auf die Teilhabe daran gründet. Die Kulturkämpfe in den USA sind deshalb auch Kämpfe um die Zugehörigkeit und Mitgliedschaft zu einer gesellschaftlichen Kultur und zu einer bestimmten nationalen Identität.[9] Die Mechanismen von Inklusion und Exklusion, von Teilhabe und Ausschluß, von Zugehörigkeit und Ausgrenzung werden in solchen Kulturkämpfen diskursiv verhandelt und auch entschieden. Die Konstruktionen einer bestimmten nationalen Identität im und durch den konflikthaften Prozeß gesellschaftlicher Selbstverständigungsdiskurse bleiben deshalb nicht folgenlos. Sie entscheiden über Zugang und Mitgliedschaft, Anrechte und Chancen, Ausschluß und Marginalisierung.

Kulturelle Konstruktionen nationaler Identität

Nationale Identitäten werden kulturell konstruiert. Nationen sind Vorstellungsgemeinschaften, in denen eine Gesellschaft sich selbst beschreibt. Auf dem Wege öffentlicher Kommunikation hat sich historisch seit dem Ende des 18. Jahrhunderts die Nation als das entscheidende Medium des gesellschaftlichen Selbst- und Fremdbildes herausgebildet. Ist allen Nationsbildungsprozessen gemeinsam, daß sie diskursiv erzeugt worden sind, so ist dieser Prozeß in den unterschiedlichen nationalen Gesellschaften doch verschieden verlaufen. Daher können die mit den jeweiligen Vorstellungsgemeinschaften verbundenen Eigen- und Fremdbilder der Nation erheblich variieren, von der Kulturnation, die Deutschland lange Zeit für sich erfunden, über die Staatsnation, die Deutschland lange für sich erhofft hatte, bis zur liberalen und demokratischen Nation, die die USA und dann vor allem Frankreich für sich

9 Vgl. nur die illustrative Darstellung von Hunter, *Culture Wars*, die sehr umfangreiche historische und systematische Studie von Lawrence H. Fuchs, *The American Kaleidoscope. Race, Ethnicity, and the Civic Culture* (Hanover, Conn.: Wesleyan UP, 1990) und die luzide Analyse von Will Kymlicka, *Multikulturalismus und Demokratie. Über Minderheiten in Staaten und Nationen* (Hamburg: Rotbuch, 1999).

reklamierten, reichen die Vorstellungsbilder der jeweiligen Gesellschaften von sich selbst. So kommt es darauf an, wie die jeweiligen Gesellschaften ihre jeweiligen nationalen Identitäten definiert haben.

Dieser Satz erscheint nur auf den ersten Blick banal, er bedeutet, nimmt man ihn ernst, eine grundsätzliche Reorientierung der lange vorherrschenden Nations- und Nationalismusforschung. Diese Wende ist von den Kulturwissenschaften seit jenen bahnbrechenden Studien von Deutsch, Anderson und Gellner eingeleitet und auch auf die sozialwissenschaftliche und soziohistorische Nationsforschung ausgeweitet worden.[10] Nationen sind danach diskursiv konstruierte und unter sich ändernden historischen Bedingungen jeweils rekonstruierte Vorstellungen von Gemeinschaft. Die Konstruktion und Rekonstruktion einer Gesellschaft als „Nation" betrifft ganz unmittelbar das Selbstverständnis und die selbstverständlichen Praktiken der Mitglieder dieser als Nation definierten politischen Gemeinschaft.[11] Kulturelle und politische Eliten verhandeln in öffentlichen Kommunikationsprozessen Ideen über die Herkunft und die Zukunft, die *raison d'être* und die Leitbilder einer politischen Gemeinschaft. Sie suchen eine kollektive Identität zu umschreiben und die Ausbildung bestimmter Grundannahmen und Wertvorstellungen des eigenen politischen Verbandes zu befördern. Diese geteilten Bedeutungen können sich zu einer – nationalen – Sinn- und Wertestruktur verdichten und der Gemeinschaft Halt und Stabilität verleihen. Insofern sind Nationen und die Bilder, die eine Gesellschaft

---

10 Vgl. Benedict Anderson, *Imagined Communities. Reflections on the Origin and Spread of Nationalism* (London: Verso, 1983); Karl W. Deutsch, *Nationenbildung, Nationalstaat, Integration* (Düsseldorf: Bertelsmann Univ. Verl., 1972); Ernest Gellner, *Nations and Nationalism* (Ithaca, New York: Cornell UP, 1992). Zu den Anwendungen und Erträgen vgl. u. a. Ulrich Bielefeld, Gisela Engel (Hg.), *Bilder der Nation. Kulturelle und politische Konstruktionen des Nationalen am Beginn der europäischen Moderne* (Hamburg: Hamburger Edition, 1998); Shmuel Noah Eisenstadt, „Die Konstruktion nationaler Identitäten in vergleichender Perspektive," in: Bernhard Giesen (Hg.), *Nationale und kulturelle Identität* (Frankfurt/M.: Suhrkamp, 1991), S. 21-38; Bernhard Giesen (Hg.), *Nationale und kulturelle Identität* (Frankfurt/M.: Suhrkamp, 1991); Bernhard Giesen, *Die Intellektuellen und die Nation. Eine deutsche Achsenzeit* (Frankfurt/M.: Suhrkamp, 1993); Bernhard Giesen, *Kollektive Identität. Die Intellektuellen und Nation II* (Frankfurt/M.: Suhrkamp, 1999); Andreas Dörner, *Politischer Mythos und symbolische Politik. Der Hermannmythos* (Reinbek: Rowohlt, 1996); Herfried Münkler, Hans Grünberger und Kathrin Mayer, *Nationenbildung: Die Nationalisierung Europas im Diskurs humanistischer Intellektueller* (Berlin: Akademie, 1998).

11 Zu Intellektuellen und der diskursiven Entstehung von Nation vgl. auch Giesen, *Die Intellektuellen und die Nation.*

von sich selbst als Nation entwirft, immer kulturelle Artefakte, die gleichwohl ihre – reale – praktische Bedeutung haben. Die Gemeinschaft kreiert sich eine eigene politische Deutungswelt, die sie in diskursiven Praxen erzeugt und bestätigt und auf ihre Mitglieder in einem territorial umgrenzten und kommunikativ vernetzten Raum ausdehnt. Symbole, Riten, Rhetoriken beschwören die so erzeugte Einheit, halten sie lebendig und geben ihr eine lebensweltliche Verankerung. Die Mitglieder bewegen sich in einem – als selbstverständlich erfahrenen – öffentlichen Deutungsraum, einer Symbol- und Zeichenwelt, die Herkunftsgewißheit und Zukunftsorientierung vermittelt und damit von den Zumutungen lebensweltlicher Kontingenz entlastet.

Die durch die Nation bezeichnete normative Werte- und Sinnstruktur kann indes nur Stabilität gewinnen und damit die Orientierungsleistung erbringen, wenn sie in der gesellschaftlichen Praxis, in den lebensweltlichen Kontexten explizit gemacht wird. Die in der Deutungskultur gemachten Sinn- und Interpretationsangebote müssen die konkreten Einstellungen und Vorstellungen der Mitglieder der Gesellschaft, also die empirische Sozialkultur, einfangen,[12] und sie müssen gleichzeitig in der Lage sein, die situativen Gegebenheiten unmittelbarer Lebenswelten zu transzendieren. In einer Einwanderergesellschaft wie der USA stellt beispielsweise der Horatio Alger-Mythos des individuellen Aufstiegs „vom Tellerwäscher zum Millionär" ein narratives Symbolgebilde des „Promise of American Life" dar,[13] das zum selbstverständlichen Repertoire nationaler Selbstbeschreibung gehört. Dieser Mythos wird nicht nur deutungskulturell gepflegt, sondern er ist auch lebensweltlich verankert und wird vom Erwartungshorizont der Einwanderungsgesellschaft immerfort erneuert, weil er die Mühen und Anstrengungen des indivi-

---

12 Zu den Begriffen Deutungskultur (politische Vorstellungswelten) und Sozialkultur (empirische Einstellungen der Mitglieder einer politischen Gemeinschaft) vgl. Karl Rohe, „Politische Kultur und der kulturelle Aspekt von politischer Wirklichkeit – Konzeptionelle und typologische Überlegungen zu Gegenstand und Fragestellung Politischer Kultur-Forschung," in Dirk Berg-Schlosser, Jakob Schissler (Hg.), *Politische Kultur in Deutschland* (Opladen: Westdt. Verl., 1987), S. 39-48; Jürgen Gebhardt, „Politische Kultur und Zivilreligion," in Berg-Schlosser/Schissler (Hg.), *Politische Kultur in Deutschland*, S. 49-60; Hans Vorländer, *Hegemonialer Liberalismus. Politisches Denken und Politische Kultur in den USA 1767 – 1920* (Frankfurt/M., New York: Campus, 1997), S.62 ff.

13 Vgl. Horatio Alger, Jr., *Struggling Upward and Other Works* (New York: Bonanza, 1945); Andrew Carnegie, *The Gospel of Wealth and Other Timely Essays* (New York: Century, 1900); Herbert Croly, *The Promise of American Life* (New York: Macmillan, 1909).

duellen Aufstiegs in der Verheißung einer „goldenen Zukunft" zu transzendieren vermag.

Die Nation ist also, wenn sich die gemeinsamen Bedeutungen auf Dauer als ein dominantes oder hegemoniales Muster der Selbstinterpretation behaupten wollen, auf die alltagspraktische und lebensweltliche Vermittlung in sinnlich faßbaren Mythen, Ritualen, Symbolen und Rhetoriken angewiesen. Sie routinisieren die Sinn- und Wertehorizonte, so daß sie zum selbstverständlichen und kaum noch hinterfragten Identitätshaushalt der sich als Nation erfahrenden Gemeinschaft ausbilden. Wenn sich Mythen, Symbole, Rituale, nationale Orte, öffentliche Rhetoriken zu einer großen nationalen Erzählung verdichten lassen, dann steht, so scheint es zumindest, die Konstruktion nationaler Identität auf sicherem Fundament. Solche Narrative lassen sich in nahezu allen modernen nationalen Gesellschaften finden. Ob es der Widerstand der Gallier gegen die Römer oder die demokratische Revolution in Frankreich, die Oktoberrevolution in Rußland, der Hermannmythos und der Sedantag oder das Hambacher Fest und das Wartburgfest in Deutschland, um nur einige Beispiele aus zurückliegenden Epochen zu nennen, sie alle waren – unterschiedlich erfolgreiche – Versuche, in einer griffigen Erzählung die Geschichte der eigenen Herkunft zu einem gemeinsamen Sinn- und Erfahrungsraum zu verdichten, auf Dauer zu stellen und der politischen Existenz eine gemeinschaftliche, nationale Bedeutung zu geben.

Die amerikanische Zivilreligion

In unserem Zusammenhang ist das Beispiel der amerikanischen Zivilreligion besonders anschaulich. In ihr verschmelzen Mythen, Symbole, Rituale, nationale Orte und öffentliche Rhetorik in einer für demokratische Gesellschaften einzigartigen Weise. Seit ihrer Gründung haben sich die Vereinigten Staaten im Horizont religiöser Metaphorik thematisiert und vergewissert.[14] Amerika als *Model of Christian Charity* und die

---

14 Vgl. zur amerikanischen Zivilreligion Robert N. Bellah, „Civil Religion in America," *Daedalus* 96 (1967), S. 1-21; Robert N. Bellah, *The Broken Covenant*; Sacvan

Amerikaner als *God's Chosen People* sahen sich als das auserwählte Volk, das den „Exodus“ aus der „alten Welt“ der politischen und religiösen Unterdrückung in das *Promised Land*, das „neue Israel“, vollzogen hatte und dessen Bewährung nun in der Erfüllung der Verheißungen des mit Gott geschlossenen Bundes lag. Diese Überzeugungen überdauerten ihren puritanischen Ursprung und reichen bis in die jüngste Gegenwart. Sie wurden sehr schnell zum Kernbestandteil einer Zivilreligion, prägten die Schlüsselbegriffe kontinentaler wie imperialistischer Expansion und des sie begleitenden Sendungsbewußtseins und bildeten die biblischen Archetypen nationaler politischer Rhetorik. Ebenso finden sich diese Motive und Topoi in den grundlegenden Denkfiguren säkularer amerikanischer Geschichtsdeutung wieder, wie die Metapher des *Errand into the Wilderness*[15] und der auf die göttliche Schöpfung der Natur rekurierende Begriff der *givenness*[16] als Umschreibung der vorteilhaften natürlichen Voraussetzungen des amerikanische „Experimentes“ belegen.

In der amerikanischen Zivilreligion entfaltet sich das Kontinuum einer ‚großen Erzählung‘ über die Ursprünge und den Entwicklungsweg des amerikanischen „Experimentes“. Dieses Narrativ hat sakralen Rang, es bedient sich transzendenter Motive und Bilder, um die nationale Existenz in den Begriffen einer religiösen Symbolwelt zu interpretieren. Die Vorstellung einer *City upon the Hill*, wie sie in John Winthrops 1630 gehaltener Predigt *A Model of Christian Charity* erstmals formuliert

---

Bercovitch, *The Puritan Origins of the American Self* (New Haven: Yale UP, 1975); Sacvan Bercovitch, „Konsens und Anarchie – die Funktion der Rhetorik für die amerikanische Identität,“ in Frank Unger (Hg.), *Amerikanische Mythen. Zur inneren Verfassung der Vereinigten Staaten* (Frankfurt am Main/New York: Campus, 1988), S. 16-43; Klaus-M. Kodalle (Hg.), *Gott und Politik in USA. Über den Einfluß des Religiösen. Eine Bestandsaufnahme* (Frankfurt am Main: Athenäum, 1988); Vorländer, *Hegemonialer Liberalismus*, S. 27-70; Hans Vorländer, „Politische Kultur,“ in Willi Paul Adams, Peter Lösche (Hg.), *Länderbericht USA* (Frankfurt am Main/New York: Campus, 3. Aufl., 1999), S. 280-304; Ulrike Fischer, Hans Vorländer, „Zivilreligion und politisches Selbstverständnis. Religiöse Metaphorik in den Antrittsreden der Präsidenten Ford, Carter, Reagan und Bush,“ in Paul Goetsch; Gerd Hurm (Hg.), *Die Rhetorik amerikanischer Präsidenten seit F. D. Roosevelt* (Tübingen: Narr, 1993), S. 217-232.

15 Vgl. Samuel Danforth, „A Brief Recognition of New England's Errand into the Wilderness,“ in William A. Plumstead (ed.), *The Wall and the Garden. Selected Massachusetts Election Sermons 1670-1775* (Minneapolis: Univ. of Minneapolis Press, 1968), S. 53-77; Sacvan Bercovitch, „New England's Errand Reappraised,“ in John Higham; Paul K.Conkin (eds.), *New Directions in American Intellectual History* (Baltimore/London: Johns Hopkins UP, 1979), S. 85-104.

16 Daniel J. Boorstin, *The Genius of American Politics* (Chicago: Chicago UP, 1953).

wurde, das Bild vom *covenant*, den das amerikanische Volk mit seinem Gott geschlossen hat, und auch das stets wiederkehrende Epiteton *new*, in dem über das Neue der Neuen Welt hinaus auch der Glaube an eine wesentlich radikalere Neuheit, nämlich das Kommen des Gottesreiches eingefangen ist, gaben und geben dem öffentlichen amerikanischen Leben eine heilsgeschichtliche Interpretation. Die amerikanische Zivilreligion kennt ihre eigenen Propheten und Märtyrer, ihre heiligen Stätten sowie ihre feierlichen Rituale und Symbole. Dazu gehören die Verehrung der Gründungsväter[17] und der nationalen Heroen, von Washington über Lincoln bis Martin Luther King, dazu gehören die amerikanische Verfassung und die Unabhängigkeitserklärung als heilige Schriften,[18] die diversen Memorials und Friedhöfe als heilige Stätten[19], die Gedenktafeln im Jahreskalender, die *Pledge of Allegiance* im Alltag, vor allem aber auch die Zeremonien nationaler Botschaften und Antrittsreden der Präsidenten.[20] Der Präsident besetzt in diesen Zeremonien die Rolle des Chefinterpreten der amerikanischen Nation[21] und fungiert als Hohepriester der amerikanischen Zivilreligion.[22]

In der amerikanischen Zivilreligion findet auch eine einzigartige Konstruktion von Vergangenheit und Zukunft, von Tradition und Innovation statt. Es ist der Zivilreligion und der Deutungsgeschichte der amerikanischen Erfahrung als der alttestamentarischen Geschichte des auserwählten Volkes genuin eingeschrieben, daß jeder nationalen Tragödie ein nationaler Aufbruch, einem jeden Niedergang eine Erneuerung folgen wird. Aus Watergate-Affäre und Vietnam-Krieg erhebt sich die Nation und kehrt zurück zu den althergebrachten moralischen Grundsätzen, der Abkehr vom rechten Weg folgt die Buße und die Hinwendung zu einer besseren Zukunft – rhetorisch, politisch wie publizistisch, in die Form der Jeremiade gekleidet. Die USA suchen sich immer wieder als *City upon the Hill* zu rekonstituieren, als Hort der „huddled masses

17 Von der „Apotheose der Gründerväter“ spricht Jürgen Gebhardt, *Die Krise des Amerikanismus. Revolutionäre Ordnung und gesellschaftliches Selbstverständnis in der amerikanischen Republik* (Stuttgart: Klett, 1976), S. 154 ff.

18 Vgl. Hans Vorländer, „Verfassungsverehrung in Amerika. Zum konstitutionellen Symbolismus in den USA,“ *Amerikastudien* 34 (1989), S. 69-82.

19 Vgl. Peter Lösche, *Amerika in Perspektive. Politik und Gesellschaft der Vereinigten Staaten* (Darmstadt: Wiss. Buchges., 1989), S. 287.

20 Vgl. Fischer/Vorländer, „Zivilreligion“.

21 M. E. Stuckey, *The President as Interpreter-in-Chief* (Chatham, NJ: Chatham House, 1991).

22 Vorländer, *Hegemonialer Liberalismus*, S. 9.

yearning to be free", wie es mit Emma Lazarus auf dem Sockel der Freiheitsstatue heißt, bilden sie die letzte Hoffnung der Menschheit. Damit wird die Exzeptionalität, der besondere Rang wie die Mission der eigenen Nation immerfort symbolisch restituiert. So ist auch jeder Aufbruch zu „neuen Grenzen", zu jeder *new frontier*, nie ein radikaler Bruch mit der Vergangenheit, sondern stets Erneuerung des alten Bundes und seiner Verheißung. Amerika erfindet sich immer wieder neu und kehrt doch nur zu seinen Ursprüngen zurück.

Liturgie, Kanon und Identitätsbildung

Die heilsgeschichtliche Aufladung rückt die nationale Identitätskonstruktion Amerikas in das Jenseits des Nicht-Verfügbaren. Sie wird zur liturgischen Form eines sakralen Werte- und Sinnhorizontes, der nur noch geglaubt, aber nicht verändert werden kann. Dem streitigen Diskurs ist sie entzogen. Wer die Zivilreligion zur Disposition stellt, ist folglich ein Ketzer. Von daher nimmt es nicht wunder, daß die grundsätzliche Infragestellung einer sich aus religiöser Deutungs- und Symbolwelt speisenden Selbstbeschreibung als Kulturkampf, einer Vokabel, die der Auseinandersetzung zwischen Liberalismus und Katholizismus im Bismarck-Reich entstammt, wahrgenommen wurde. In diesem Kontext kommt selbstverständlich den Kanon- und Curriculumdebatten eine zentrale Bedeutung bei. Ein Kanon kann, weil er eine Kultur der Erinnerung ausbildet, die Imagination von Selbstbildern über die Generationenfolge kontinuieren. Kanonbildung ist Identitätsbildung, weil ein Sinn- und Wertehorizont in schriftlich gespeicherter Form überliefert wird. Vormoderne Gesellschaften, darauf weist Jan Assmann hin, konnten die Zeitresistenz und Invarianz von kulturell konstruierten Identitäten noch allein durch die Repetition, durch Ritus und Liturgie, sicherstellen.[23] Das gilt natürlich auch noch, über Assmann hinaus, für die zivilreligiösen Formen nationaler Identitätsbeschreibung. Doch können sich solche kulturellen Konstruktionen in modernen Gesell-

23 Jan Assmann, *Das kulturelle Gedächtnis. Schrift, Erinnerung und politische Identität in frühen Hochkulturen* (München: Beck, 3. Aufl. 1999), S. 87ff.

schaften nicht mehr alleine auf Repetition, Liturgie und Ritus verlassen. Die Schriftlichkeit hat das Instrumentarium zur Sinnstabilisierung und den Mechanismus der Interpretation erweitert. Das kulturelle Gedächtnis kann sich als Umgang mit fundierenden Texten formieren, „auslegend, nachahmend, lernend und kritisierend“[24] die eigene nationaltradierte Identität aneignen. Ein Kanon ist so in der Lage, einen Traditionsstrom stillzustellen, ihn gleichzeitig aber hermeneutisch an die gewandelten Umstände anzupassen.

Der Kanon als Mechanismus der Traditionsbildung und Überlieferung muß nicht grundsätzlich in Frage gestellt sein, um den Traditionsstrom abbrechen und bislang für gültig gehaltene kollektive Vorstellungen und Erinnerungen fragwürdig werden zu lassen. Ein veränderter, neuer Kanon ist durchaus in der Lage, die Geschichte umzuschreiben und der kollektiven Identität eine neue, erweiternde Orientierung zu geben. Werden aus dem Kanon der für Schulunterricht und universitäre Ausbildung jedoch für konstitutiv gehaltene „Klassiker“ – im amerikanischen Fall beispielsweise die Bibel, Platon, Aristoteles, Thomas von Aquin, Shakespeare, Locke oder die Federalists – herausdefiniert und durch Autoren ersetzt, die andere Kulturen und Herkünfte repräsentieren, dann droht die etablierte kulturelle Konstruktion nationaler Identität zu kippen. Genau dies war die Wahrnehmung der Kritiker des Multikulturalismus in der amerikanischen Debatte um universitäre Curricula und schulische Rahmenrichtlinien: „The debate about the curriculum is a debate about what it means to be an American,“ mußte folgerichtig Arthur M. Schlesinger, Jr. das eigentliche Thema der Debatte auf den Begriff bringen, ohne dabei indes den Multikulturalisten zu widersprechen. Denn diese waren gleichermaßen überzeugt davon, daß Schulen und Universitäten „the great means of forming an American identity“[25] sind. Nur hofften und glaubten sie, der Konstruktion amerikanischer Identität durch die Repräsentation von afro-amerikanischen und anderen minoritären Kulturen in Kanon und Curriculum ein gänzlich

24 Ebd., S. 102.

25 Schlesinger, Jr., *The Disuniting of America*, S. 17. Vgl. auch den kontroversen Austausch zwischen Diane Ravitch, „Multiculturalism: E Pluribus Plures,“ in Paul Berman (ed.), *Debating P. C.: The Controversy over Political Correctness on College Campuses* (New York: Bantham Doubleday, 1992), S. 271-298 und Molefi Kete Asante, „Multiculturalism: An Exchange,“ in Paul Berman (ed.), *Debating P. C. The Controversy over Political Correctness on College Campuses* (New York: Bantham Doubleday, 1992), S. 299-311.

anderes Aussehen geben zu können. Offen indes bleibt die Frage, ob solche fundamentalen Deutungskämpfe letztlich nicht doch, durch eine begrenzte Öffnung der Varianz von kulturellen Deutungswelten, zu einer plurivalenten und deshalb integrationssteigernden Redefinition kollektiver nationaler Identität führen können. Die Debatte um Multikulturalismus und nationale Identität in den USA hat hierauf bisher keine definitive Antwort geben können.

Universalismus, Pluralismus und Multikulturalismus: Drei Diskurse über Inklusion und Exklusion

Die Nation ist, das dürfte deutlich geworden sein, keineswegs nur ein Ordnungsrahmen, in dem das politische System sich organisiert, Entscheidungen gefunden, ausgeführt und – in demokratischen Ordnungen – auch kontrolliert werden. Die Nation ist seit dem 18. Jahrhundert zugleich immer auch ein, wenn nicht sogar der entscheidende diskursive Raum gewesen, in dem gemeinsame Bedeutungen für die politische Vergemeinschaftung von Bürgern in einem großflächigen territorialen Raum erzeugt worden sind. Nun wäre es aber gänzlich verkehrt anzunehmen, daß solche kulturellen Konstruktionen nationaler Identitäten konfliktlos erfolgten und, einmal etabliert, statisch, unverändert in ihrer Struktur verharrten. Die Konstruktionen und ihre zeichenhaften und symbolischen Mechanismen der lebensweltlichen Vermittlung fingieren zwar eine auf Dauer gestellte Geltung; Genese, Wandel und Verfall zeigen aber zugleich ihre Historizität und Kontingenz. Der erzeugte nationale Sinn- und Wertehorizont erweist sich als das Ergebnis – zumeist – konflikthafter diskursiver Prozesse sowie fortdauernder Interpretation und Reinterpretation kollektiver Erfahrungen und Vorstellungswelten.

Im Bereich der politischen Deutungskultur stoßen konkurrierende Deutungsangebote aufeinander, sie werden miteinander ‚verhandelt‘, nicht immer setzt sich nur eine Interpretation der politischen und sozialen Welt durch, die die Deutungshoheit zu beanspruchen vermag. Dann können verschiedene Deutungen nebeneinander bestehen, die Gesellschaft beschreibt sich in pluralen, gleichwertigen und gegenseitig anerkannten Selbstdeutungen. Gesellschaften können aber auch einen so fragmentierten Deutungshaushalt aufweisen, daß die divergenten Selbstbeschreibungen weder vermittel- noch integrierbar sind. Die politische Kultur der Weimarer Republik bietet hier Anschauungsunterricht.[26] Auch die Kritiker des amerikanischen Multikulturalismus fürchteten, die USA befänden sich in einem desintegrativen Prozeß der „Balkanisierung".[27] Deutungskonkurrenzen können sich indes auch in einem Verhältnis der Über- und Unterordnung formieren. Eine Deutung gewinnt hegemonialen Status, kann die Konkurrenten ‚aufsaugen' oder aber in die Peripherie möglicher Selbstbeschreibungen abdrängen.[28] Nationale Identitäten konstruieren sich mithin aus Leitdeutungen und Leitdifferenzen, die Resultat und Ausdruck von Abgrenzungen und Ausblendungen sind. Diese können partikulare, ‚subkulturelle' Vorstellungen, Werte und Träger-Gruppen innerhalb der als Nation definierten Gemeinschaft umfassen, sie können auch das Fremde als Grenze und Gegenbild des Eigenen konstruieren.[29] Für die Fragen von Zugehörigkeit und Mitgliedschaft in einer nationalen Gemeinschaft ist deshalb das Verhältnis der unterschiedlichen Selbstbeschreibungen zueinander und ihre jeweilige interne Beobachtung der anderen, konkurrierenden Deutungen von entscheidender Bedeutung.

Zunächst können, im amerikanischen Kontext, aber nicht nur dort, im wesentlichen drei Diskurse voneinander unterschieden werden: der universalistische, der pluralistische und der multikulturelle. Es handelt sich um drei unterschiedliche Diskurse über die Konstruktionsprinzipien nationaler Identität, die alle gemeinsam das Problem der Vereinbarkeit von universellen und partikularen Ordnungsvorstellungen adressieren,

---

26 Vgl. Detlef Lehnert/Klaus Megerle (Hg.), *Politische Teilkulturen zwischen Integration und Polarisierung. Zur politischen Kultur in der Weimarer Republik* (Opladen: Westdt. Verlag, 1990).

27 Für Belege zu dem in der Debatte immer wieder erfolgten Verweis auf den Auflösungsprozeß Jugoslawiens vgl. Werner Sollors, „De Pluribus Una/E Pluribus Unus. Matthew Arnold, George Orwell, Holocaust und Assimilation. Bemerkungen zur amerikanischen Multikulturalismusdebatte," in Berndt Ostendorf (Hg.), *Multikulturelle Gesellschaft: Modell Amerika?* (München: Fink, 1994), S. 64.

28 Vgl. Vorländer, *Hegemonialer Liberalismus*.

29 Vgl. zu Letzterem am deutsch-französischen Beispiel Michael Jeismann, *Das Vaterland der Feinde. Studien zum nationalen Feindbegriff und Selbstverständnis in Deutschland und Frankreich 1792-1918* (Stuttgart: Klett-Cotta, 1992), vgl. auch Herfried Münkler, *Die Herausforderung durch das Fremde* (Berlin: Akademie, 1998).

dabei aber zu einem unterschiedlichen Verständnis von Einheit und Differenz, Identität und Alterität gelangen.[30] Die Universalisten, manchmal auch als Anhänger einer liberalen Vorstellung von Nation und Nationalität auftretend, sehen als besonderes Merkmal der Zugehörigkeit zu einer kollektiven nationalen Identität das Bekenntnis zu liberalen, demokratischen und konstitutionellen Idealen. Die Zugehörigkeit zu einer sich als Nation definierenden politischen Gemeinschaft wird über individuelle Rechte, demokratische Institutionen und einen gemeinsamen Bestand an – republikanischen – Werten und Normen hergestellt. Eine gemeinsame Sprache und eine gemeinsame Kultur wird von manchen Universalisten als notwendig, von anderen wiederum als wünschbar für ein nach universalistischen Kriterien integriertes Gemeinwesen angesehen. Entscheidend für die politische Vergemeinschaftung aber sind hier nicht partikulare Herkunftsidentitäten, ist auch nicht die Homogenität einer nationalen Kultur, sondern das durch Institutionen und Leitideen bestärkte politische Ordnungsarrangement einer liberalen Demokratie. Nach Auffassung der Universalisten ist in einer nach universalistischen Gesichtspunkten konstruierten nationalen Identität Platz für alle, auch für ethnische Minderheiten und Angehörige partikularer Identitäten. Kulturelle Pluralität und heterogene Wertpräferenzen, divergente *ways of life* und unterschiedliche Weltdeutungen sind so lange irrelevant, als sie nicht den herrschenden universalistischen Integrationsmodus unterlaufen. Universalisten gehen von einer Trennung politischer und kultureller Identitätsmodi aus und bestehen auf dem Vorrang der genuin politischen Vergemeinschaftung.

---

30 Die drei Diskurse werden hier zunächst idealtypisch gefaßt. In ihrer historischen Situierung verlieren sie an Trennschärfe, vor allem aber erweisen sie sich als ambivalent. Gewiß lassen sich weitere Diskursgruppen identifizieren, etwa die des Chauvinismus, des Nativismus, des Separatismus etc. Letztere gehen von einer Identität von Ethnokultur und Politik, von politischer Mitgliedschaft und kultureller Zugehörigkeit aus und sind deshalb in einem gewissen Sinne eindimensional. Multikulturalismus, Pluralismus und Universalismus besitzen aber interne Spannungen (und Ambivalenzen), die es ermöglichen, das Verhältnis von Einheit und Differenz, Identität und Alterität als ein problematisches zu verstehen. Deshalb werden diese drei Diskursgruppen an dieser Stelle eingeführt. Das Argument könnte entfaltet werden, daß es sich hierbei um Grundformen der Modellierung von Zugehörigkeit und Mitgliedschaft in modernen Gesellschaften handelt, die sich selbst nicht mehr als kulturell geschlossen und homogen beschreiben können. Es sind dies die Diskurse, die die in modernen Gesellschaften als problematisch empfundene Entwicklung von der Monokulturalität über die Plurikulturalität bis hin zur Multikulturalität einzufangen und zu beschreiben suchen.

Die pluralistische Konzeption nationaler Identitätskonstruktion geht vom gesellschaftlichen Datum pluraler Gruppen und Wertvorstellungen aus. Darunter läßt sich sowohl die Pluralität von Ethnizitäten wie auch die Vielfalt kultureller Wert- und Sinnbezüge verstehen, in denen Individuen und Gruppen sich bewegen. Die politische Gesellschaft besteht aus verschiedenen, miteinander konkurrierenden und kooperierenden Gruppen, die sich gegenseitig respektieren und balancieren. Alle Gruppen sind daran interessiert, daß die politische Ordnung Toleranz gegenüber den Unterschieden walten läßt, zugleich aber einen regelgeleiteten Austrag von Konflikten und das friedliche Zustandekommen von Entscheidungen ermöglicht. Hier zeigen die Pluralisten ihre Nähe zu den Universalisten, während sie in ihrer Betonung der Faktizität des Pluralismus den Multikulturalisten näher stehen als den Universalisten.

Multikulturalisten gehen indes noch einen Schritt weiter als die Pluralisten. Multikulturalisten stellen per se jede Konstruktion einer gemeinsamen nationalen Identität in Frage. Für sie bestehen Gesellschaft, Politik und Kultur aus der Heterogenität von Wert- und Sinnhorizonten. Träger von Identitäten sind Gruppen. Die Emphase liegt auf der Bewahrung von Diversität und partikularer Identität. Eine – nur lose integrierte – politische Gemeinschaft kann eigentlich nur als partikulare Gemeinschaft von Gruppen, Rassen oder Ethnizitäten gedacht werden, und wo sich Multikulturalisten eine die Gruppenidentitäten überwölbende „höhere" Identität vorstellen können, ist diese allenfalls als eine multikulturelle „Föderation" von partikularen Minderheiten, Ethnizitäten oder rassisch bestimmten Gruppen zu denken.

Die drei Diskurse unterscheiden sich in vielen Hinsichten, der bedeutsamste scheint aber hinsichtlich des problematischen Verhältnisses von Einheit und Differenz zu bestehen. Universalisten sind davon überzeugt, daß ihre Konzeption einer auf individuellen Rechten basierenden liberalen Demokratie so attraktiv ist, daß kulturelle Differenzen einschmelzen oder – zumindest politisch – keine Rolle mehr spielen. Das universalistische Modell stellt sich selbst als ein Modell der Inklusion, der vollen Zugehörigkeit von Individuen, nicht von Gruppen, zur politischen Gemeinschaft dar. Pluralisten sehen gesellschaftliche Differenz als einen nicht zu hintergehenden Faktor moderner und pluraler Gesellschaften an. Ihnen geht es darum, die Differenz auszuhalten, sie aber nicht aufzuheben. Multikulturalisten hingegen wollen Differenzen bestärken und sehen in der Bewahrung ethnischer, rassischer und kultureller Identität ein Mittel zur Emanzipation von – unterdrückten oder marginalisierten – Minderheitengruppen.

Das Paradoxon des monokulturellen Universalismus

Die historische Situierung zeigt sehr schnell, daß es sich bei den drei Diskursen keineswegs um gleichrangige Konstruktionen von Mitgliedschaft und Zugehörigkeit handelt. Die universalistische Beschreibung Amerikas ist mit Abstand die älteste und längsttradierte Konstruktion nationaler Identität.[31] Sie weist aber, nicht zuletzt durch ihre Verwurzelung in der vergleichsweise kulturell homogenen Gesellschaft der Gründungsphase, erhebliche Ambivalenzen in der Wahrnehmung und Behandlung von ethnisch und rassisch definierter Differenz auf, was dann, in der Wende zum 20. Jahrhundert, zu Positionen des „kulturellen Pluralismus" und, noch einmal achtzig Jahre später, zur fundamentalen Kritik des Multikulturalismus führte.

Universalisten ignorieren, das zeigt die historische Analyse, die faktische Exklusion minoritärer und partikularer Identitäten. Mitgliedschaft und Zugehörigkeit bemessen sich nach den universalistisch definierten Prinzipien, die aber auf einer bestimmten kulturellen

---

31 Sie reicht sicherlich vom politischen Diskurs der Unabhängigkeitserklärung und der Verfassungsgebungsphase über das 19. bis ins 20. Jahrhundert hinein. Auch viele Kritiker des Multikulturalismus, so Nathan Glazer, „Is Assimilation Dead?" in: Arthur M. Melzer, Jerry Weinberger und M. Richard Zinman (eds.), *Multiculturalism and American Democracy* (Kansas: Kansas UP, 1998), S. 15-36; Ravitch, „Multiculturalism" oder Schlesinger, Jr., *The Disuniting of America* sind hierzu zu zählen. Philip Gleason, „American Identity and Americanization," in Stephan Thernstrom et al. (eds.) *Harvard Encyclopedia of American Ethnic Groups* (Cambridge, Mass.: Harvard UP, 1980), S. 32 hat das universalistische Credo in der Enzyklopädie amerikanischer ethnischer Gruppen wie folgt auf den Begriff gebracht: „The ideological quality of American national identy was of decisive importance, vis-à-vis the question of immigration and ethnicity. To become an American a person did not have to be of any particular national, linguistic, religious or ethnic background. All he had to do was to commit himself to the political ideology centered on the abstract ideas of liberty, equality and republicanism. Thus the universalist ideological character of American nationality meant that it was open to anyone how willed to become an American:" – In (ideen)historischer Perspektive ist dieser amerikanische Diskurs in einem liberal genannten Paradigma rekonstruiert worden von Vorländer, *Hegemonialer Liberalismus*.

Konstruktion kollektiver Identität aufruhen, die selbst wieder historisch situiert ist. Das Credo der amerikanischen Universalisten stammte ganz eindeutig aus der europäisch-angelsächsischen Ideenwelt, es verallgemeinerte die aus religiöser und politischer Unterdrückung erwachsene Erfahrung der Einwanderer, die in der „neuen Welt" eine politische Ordnung von Freiheit, gegenseitiger Achtung und auf Recht und Gesetz beruhender Herrschaft zu etablieren suchten. Doch waren eben diese Vorstellungen einer idealen politischen Ordnung auf das engste verknüpft mit den Werten und Sinnhorizonten der religiösen und lokalen Gemeinschaft, die sehr wohl wußte, wer die Voraussetzungen des „idealen Amerikaners", des guten und redlichen, anständigen und vertrauenswürdigen Bürgers erfüllte. Der – liberale, universalistische – Diskurs um Verfassung, Recht, Freiheit und Grundrechte war immer auch „kommunitär", von dezidierten Vorstellungen der Gemeinschaft von sich und der Außenwelt, untersetzt.

Schwarze, Sklaven, Indianer gehörten von Anfang an genausowenig zu diesen weißen, angloamerikanischen, aus asketisch-protestantischen Sinnbezügen stammenden Vorstellungsgemeinschaften wie, in der Wende vom 19. ins 20. Jahrhundert, die Neueinwanderer – katholischen und jüdischen Glaubens – aus Süd- und Osteuropa und, später noch, die asiatischen Zuwanderer aus Japan oder China. Folgerichtig waren diese Einwanderergruppen genauso wie Schwarze und Indianer von der Bürgerschaft ausgeschlossen. Sie erfüllten nicht – oder allenfalls höchst partiell – die Kriterien, die die weiße, angloamerikanische politische Gemeinschaft an Zugehörigkeit und Mitgliedschaft stellte. Daran änderte auch das universalistische Credo nichts. Einwanderer und Ureinwohner erfuhren es als anglo-amerikanisches Konformitätsmodell, dessen moralisch-kulturelles Normensystem so oppressiv wirken konnte, daß selbst Neueinwanderer, die zur vollständigen Assimilierung willens und in der Lage waren, keinen Anschluß und erst recht keinen Einschluß in die amerikanische Mehrheitsgesellschaft fanden. Schlimmer noch, das anglo-amerikanische Konformitätsmodell diente auch zur Legitimierung von – randständigen, manchmal und mancherorts aber auch die Mitte der amerikanischen Gesellschaft besetzenden – Strömungen des Nativismus und Chauvinismus, wie die *Know Nothing*-Bewegung in der Mitte des 19. Jahrhunderts oder Teile der Amerikanisierungsbewegung und die *Restrictionists* im und unmittelbar nach dem Ersten Weltkrieg. Auch jene fundamentalistischen, sich aus evangelikal-protestantischen speisenden Strömungen des ausgehenden zwanzigsten Jahrhunderts, von der *Moral*

Majority über die *New Christian Right* bis zu den offen rassistischen Strömungen der *White Supremacy*, sind hierzu zu rechnen.

Der Diskurs der amerikanischen Universalisten konnte also seine Ambivalenzen keineswegs verbergen. John Jay hatte dem schon unbewußt im Federalist No. 2 Ausdruck verliehen, als er nationale Einheit, anglo-amerikanische Herkunft und universalistisches Credo rhetorisch miteinander verband: „Providence has been pleased to give this one connected country to one united people – a people descended from the same ancestors, speaking the same language, professing the same religion, attached to the same principles of government, very similar in their manners and customs, and who, by their joint counsels, arms, and efforts, fighting side by side throughout long and bloody war, have nobly established their general liberty and independence".[32] Amerikaner konnte also jemand genannt werden, der die gleichen Sitten und Gewohnheiten pflegte, der die gleiche Sprache sprach, den gleichen Glauben ausübte und den Ideen von Freiheit und Unabhängigkeit huldigte. Was den amerikanischen Bürger auszeichnete, das mußte folglich auch vom Einwanderer erwartet werden. Um sich in die Gesellschaft einzufügen, war es notwendig, wie die Gründer der amerikanischen Republik feststellten, daß er sich den gleichen politischen Ordnungsprinzipien und Wertvorstellungen verpflichtet fühlte und sich darüber hinaus in die amerikanische Gesellschaft einzufügen verstand.

Einerseits also wurde die nationale Identität Amerikas universalistisch gefaßt. Die Gesellschaft war offen für Zuwanderung, und ihr egalitäres Ethos machte keinen Unterschied zwischen Status oder Stand, wie es zur gleichen Zeit noch für die europäischen Gesellschaften galt. Andererseits war es für die Gründer selbstverständlich, daß jeder Einwanderer und – bereits im Land befindlicher – Bürger die Wertvorstellungen, vor allem aber die politischen Ordnungsvorstellungen von Freiheit, Demokratie und Herrschaft des Rechts teilten. Kulturelle Differenzen waren unerheblich, so lange sie nicht politisch wurden. Und so hatte auch die Verfassung Staat und Gesellschaft, Politik und Kultur sehr scharf voneinander getrennt und staatliches Handeln am Prinzip der Neutralität zu orientieren gesucht. Das Problem kultureller Differenz wurde noch weitestgehend nur als eine Frage der religiösen Differenzen

32 James Madison, Alexander Hamilton und John Jay, *The Federalist Papers*. Ed. by Isaac Kramnick (Harmondsworth [u.a.]: Penguin, 1987).

gesehen und durch das Neutralitätsprinzip zu lösen versucht.[33] Die Sklavenfrage, keineswegs nur ein ökonomisches, sondern auch ein kulturelles Problem, und die Frage, ob Schwarze und Indianer Staatsbürger der Vereinigten Staaten und/oder ihrer Einzelstaaten sein könnten, war, wo sie nicht klar verneint wurde, dilatorisch ausgeklammert worden. So wurde also das Credo eines liberalen Universalismus möglich, weil die Frage der kulturellen Differenzen, soweit sie nicht religiöse Unterschiede innerhalb der protestantischen Denominationen betrafen, vom politischen Ordnungsdiskurs ausgeblendet wurde. Die Fragen von Ethnizität oder gar Multi-Kulturalität spielten weder in der Gründungsphase noch in der ersten Hälfte des 19. Jahrhunderts eine entscheidende Rolle.

Und so war auch, im öffentlichen Diskurs, das Problem der Anerkennung kultureller Differenzen, partikularer ethnischer Identitäten, wie auch der Assimilierungsimperativ, kein Thema. Mit Ausnahme natürlich der Sklaven- und Schwarzenproblematik waren ethnische und rassische Konfliktlinien einfach nicht existent. Assimilierung „was easier taken for granted or viewed as inconceivable. For European peoples it was thought to be the natural, almost inevitable, outcome of life in America. For other races assimilation was believed to be largely unattainable and therefore not a source of concern."[34]

Für Einwanderer europäischer Herkunft schien folglich die Assimilierung kein Problem zu sein. Das war indes auch nur die halbe Wahrheit, denn die verstärkte Einwanderung aus den Regionen Ost- und Südeuropas seit den 1880er Jahren ließ die Frage der Assimilierung an eine angelsächsisch (oder anglo-germanische) Identität Amerikas dann doch sehr schnell zum Gegenstand öffentlicher Debatten, Anhörungen im Kongreß und auch von Gesetzesinitiativen werden. Die Debatte wurde darum geführt, ob Katholiken aus Irland und aus dem mediterranen Raum, ob Juden aus Osteuropa „wahre Amerikaner" sein könnten. Zum ersten Mal, so schien es, tauchte das Problem einer partikularen ethnischen Differenz auf, die das angelsächsisch geprägte und imaginierte Amerika mit dem Problem seiner kulturellen und

33 Vgl. Walter Berns, „Constitutionalism and Multiculturalism," in Arthur M. Melzer; Jerry Weinberger; M. Richard Zinman (eds.), *Multiculturalism and American Democracy* (Kansas: Kansas UP, 1998), S. 91-111.

34 John Higham, *Send These to Me: Immigrants in Urban America* (Baltimore: Johns Hopkins UP, 1984), S. 175.

ethnischen Diversität konfrontierte. Die „Amerikanisierungsbewegung“[35] nahm sich des Problems an und versuchte, es im herkömmlichen Muster nationaler Selbstbeschreibung zu lösen. Die Amerikanisierungsbewegung setzte sich aus Sozialarbeitern, Wirtschaftsleuten, Intellektuellen und Politikern zusammen, deren gemeinsames Ziel es war, aus den Neueinwanderern „real Americans“ zu machen. Neueinwanderern wurde Englisch gelehrt, sie wurden eingeführt in das amerikanische Arbeitsleben, sie wurden mit Gebräuchen und Sitten bekanntgemacht, von denen die „Amerikanisierer“ überzeugt waren, daß sie spezifisch amerikanisch seien. Ein besonderes Anliegen war es auch, die Ghettoisierung von Ethnien zu verhindern und jeden Einwanderer als Bürger zum individuellen Engagement in Politik und Gesellschaft zu bewegen.[36]

Die „Amerikanisierer“ waren davon überzeugt, daß sich die partikularen Herkunftsidentitäten der Neueinwanderer im Zuge der Assimilierung und Amalgamierung abschliffen und dem „Amerikanischsein“ Platz machten. Wenn Sozialarbeiter, Intellektuelle und auch Wissenschaftler und Soziologen, die an der Amerikanisierungsbewegung beobachtend und fördernd teilnahmen, von „Rassen“ sprachen, so waren damit weiße europäische Herkunftsethnien, aber keinesfalls Schwarze gemeint. „Amerikanisierung“ intendierte die Inklusion der europäischen Ethnien, an der faktischen Exklusion der schwarzen Amerikaner, die seit dem Bürgerkrieg immerhin formal Vollbürger waren, wenngleich sie sozial und politisch marginalisiert, wenn nicht gar gänzlich ausgegrenzt wurden, änderte dies indes nichts. Frances Kellor, Sozialarbeiterin und führende Kraft der „Amerikanisierungsbewegung“ brachte den angelsächsisch-europäischen *mainstream* der amerikanischen Vorstellungsgemeinschaft auf den – auch von Progressiven ihrer Zeit geteilten – Nenner: „Americanization is the science of racial relations in America, dealing with the assimilation and amalgamation of diverse races in equity into an integral part of the national life. By ‚assimilation‘ is meant the indistinguishable incorporation of the races into the substance of American life. By ‚amalgamation‘ is meant so perfect a blend that the absence or imperfection of any of the vital racial elements available, will impair the compound. By an ‚integral part‘ is meant that, once fused, separation of units is thereafter impossible. By ‚inequity‘ is meant impar-

35 Vgl. hierzu Dietrich Herrmann, *„Be an American!“Amerikanisierungsbewegung und Theorien zur Einwandererintegration* (Frankfurt/M.: Campus, 1996).

36 Vgl. Glazer, „Is Assimilation Dead?,“ S. 19ff.

tiality among the races accepted into the blend with no imputations of inferiority and no bestowed favors.“[37]

Damit war die Zugehörigkeit auch sehr deutlich umschrieben. Nur die europäische Herkunft versprach jene für die nationale Identitätswahrung Amerikas so wichtige Amalgamierungswirkung. Aber nicht nur die Zugehörigkeit, sondern auch die volle Mitgliedschaft als Bürger der Vereinigten Staaten von Amerika basierte bis zum Ersten Weltkrieg auf der ethnokulturellen Voraussetzung, einer weißen Ethnie anzugehören. Chinesen, Japaner und Einwanderer aus Indien galten als „nicht weiß“ und konnten deshalb keine Staatsbürger Amerikas, also auch nicht naturalisiert werden. Die Amerikanisierungsbewegung verlor nach dem Ende des Ersten Weltkriegs zunehmend an Momentum, mußte aber in den 1920er Jahren einer noch stärker die angelsächsische Identität Amerikas herausstellenden Bewegung des Nativismus und Chauvinismus Platz machen. Eine gesetzliche Restriktion der Einwanderung war die unmittelbare Folge.[38]

Der blinde Fleck des kulturellen Pluralismus

In den ersten beiden Jahrzehnten des 20. Jahrhunderts sahen sich die USA also zum ersten Mal nachdrücklich mit dem Problem konfrontiert, wie ethnische und kulturelle Pluralität mit dem Problem nationaler Identität zu vereinbaren war. Der auf Universalisierung angelegte amerikanische Diskurs mußte sich mit dem Paradoxon auseinandersetzen, daß er selbst, seit der amerikanischen Gründungsphase, in einer monokulturellen, im wesentlichen angelsächsisch und europäisch geprägten Vorstellungsgemeinschaft verwurzelt war. Damit war auch das Bild des *melting pot*, dem Israel Zangwill 1908 in seinem gleichnamigen Theaterstück noch einmal metaphorisch Ausdruck verliehen hatte, seiner unmittel-

---

37 Frances A. Kellor, „What is Americanization?“ *Yale Review* New Series 8 (Jan. 1919), S. 282-299.

38 Der *Johnson-Reed Act* machte die Zuwanderung vom Kriterium gewünschter nationaler Herkunft abhängig. Damit konnte die – legale – Einwanderung so gesteuert werden, daß nicht erwünschte *national origins* außen vor blieben. Damit wurde ein Quotensystem etabliert, dessen Zweck es war, Einwanderungn aus Asien sowie aus Süd- und Osteuropa zu verhindern.

baren empirischen Evidenz verlustig gegangen. Das anglo-amerikanische Konformitätsmodell wurde sich seiner Restriktionen und Ausblendungen zunehmend bewußt, der Diskurs um nationale Identität, Zugehörigkeit und Mitgliedschaft erweiterte sich.

So verschafften sich sehr bald Kritiker der Amerikanisierungs- und Assimilierungskampagne Gehör, indem sie auf der kulturellen Pluralität der amerikanischen Gesellschaft bestanden. Horace Kallen, deutscher Abstammung und jüdischen Glaubens, verfocht in einer Reihe von Zeitschriftenartikeln das Recht der Emigranten, der Assimilierung zu widerstehen und an ethnischen und Herkunftsgemeinschaften festzuhalten, die ihnen die Pflege der eigenen kulturellen, religiösen, sprachlichen und sozialen Praxen ermöglichten.[39] Kallens „kultureller Pluralismus“ widersprach damit dem Leitbild des *melting pot*. Statt dessen verglich Kallen die Vereinigten Staaten mit einem Symphonieorchester, in dem jede Instrumentengruppe eine aus Europa stammende Herkunftsethnie symbolisierte, die sich zu einem gemeinsamen Konzert zusammenfindet. Eine jede, durch ihre Herkunft definierte Gruppe war nach Kallen Integrität und Autonomie zuzuerkennen und von der amerikanischen Gesellschaft zu respektieren. Kallen betonte also die ethnische und rassische Diversität der amerikanischen Gesellschaft und sah die amerikanische Identität existentiell durch ihre ethnokulturelle Differenz ausgezeichnet. Deshalb konnte sich Kallen die Vereinigten Staaten auch nur als eine „Föderation“ fortbestehender ethnischer und rassischer Gruppen vorstellen.

Ähnlich wie Kallen argumentierte auch John Dewey. Auch er stellte den kulturellen Pluralismus der amerikanischen Einwanderergesellschaft heraus und sah keineswegs die amerikanische Identität durch das Einschmelzen von Unterschieden bestimmt. Nach Dewey ist der Amerikaner „international and interracial in his make-up. He is not American plus Pole or German. But the American is himself Pole-German-English-French-Spanish-Italian-Greek-Irish-Scandinavian-

---

39 Vgl. Horace Kallen, „Democracy Versus the Melting Pot,“ *Nation* 100, (February 18-25, 1915), S. 190-194, 217-220; Horace Kallen, *Culture and Democracy in the United States* (New York: Boni Liveright, 1924); zu Kallen und dem kulturellen Pluralismus auch Herrmann, *„Be an American!“*, S. 323-338; David A. Hollinger, *Postethnic America. Beyond Multiculturalism* (New York: Basic Books, 1995), S. 92ff.; Michael Lind, *The Next American Nation. The New Nationalism and the Fourth American Revolution* (New York u. a.: Free Press, 1995), S. 80f., S. 237ff.

Bohemian-Jew- and so on".[40] Randolph Bourne schließlich beschrieb die Vereinigten Staaten in einem berühmt gewordenen Essay aus dem Jahre 1916 als das „Trans-National America".[41] Anders jedoch als Kallen, der die Persistenz der verschiedenen Kulturen in den Vordergrund seiner Redefinition amerikanischer Identität stellte und deshalb von Dewey vor der Gefahr einer segregierten Gesellschaft gewarnt wurde, schwebte Bourne ein kosmopolitisches Amerika vor. Dieses Amerika setzte sich gleichermaßen von der erzwungenen Assimilierung und dem angloamerikanischen Konformitätsmodell auf der einen Seite und einer nicht vermittelbaren gruppenantagonistischen und fragmentierten Gesellschaft auf der anderen Seite ab. Die Anerkennung kultureller und ethnischer Diversität sei gerade die Voraussetzung für die Ausbildung einer toleranten und kosmopolitischen amerikanischen Identität.

Mit den kulturellen Pluralisten Kallen, Dewey und Bourne schien sich in der Geschichte amerikanischer Selbstbeschreibung das Bewußtsein ethnischer und kultureller Diversität als konstitutivem Merkmal der amerikanischen Nation durchsetzen zu können. Da die Pluralisten aber keineswegs Abschied nahmen vom universalistischen Credo von Demokratie, Freiheit und Menschenrechten und damit auch festhielten an einer durch diese Werte und Prinzipien bestimmten nationalen Identität, trugen sie gleichzeitig zu einer Loslösung des universalistischen Diskurses aus seinen monokulturellen Verengungen bei. Mit den kulturellen Pluralisten schien es möglich zu sein, die amerikanische Gesellschaft als eine kulturell und ethnisch plurale zu begreifen und gleichzeitig an den tragenden Werten und Prinzipien der politischen Gemeinschaft festzuhalten. Doch blieb der Ansatz der kulturellen Pluralisten nur von begrenzter Wirkung. Der Erste Weltkrieg und die 1920 Jahre sahen nativistische Strömungen, unter anderem hatte der Ku-Klux-Klan erheblichen Zulauf. Die nationale Identität wurde nach wie vor mehrheitlich als eine weiße, angelsächsisch und protestantisch vorgestellte Kulturgemeinschaft begriffen, und der Kongreß beschnitt 1924 im *Johnson-Reed Act* die Einwanderung in erheblichem Umfang. Auch hatte die pluralistische Öffnung des universalistischen Diskurses durch Kallen und Bourne keineswegs jene grundlegende Exklusion

---

40 So Dewey auf der Tagung der *National Education Association* im Jahre 1916; hier zit. n. Glazer, „Is Assimilation Dead?," S. 26.

41 Randolph Bourne, „Trans-National America," *Atlantic Monthly* 118 (1916), S. 86-97; Randolph Bourne, *The Radical Will. Selected Writings 1911-1918* (New York: Urizen, 1977).

behoben, unter der die amerikanische Diskussion von Anfang an gelitten hatte. Mit kulturellem Pluralismus war die Anerkennung der europäisch bestimmten Herkunftskulturen und Identitäten gemeint, aber keineswegs jene ethnisch-rassischen Differenzen, die in nicht-weißen Kulturen Afrikas oder Asiens wurzelten. Chinesen, Japaner, Schwarze und Indianer gehörten auch bei den kulturellen Pluralisten nicht zum *Trans-National America*. Auf diesem Auge waren auch die kulturellen Pluralisten blind. Das sollte dann erst in der multi-kulturellen Perspektive korrigiert werden.

Der Kampf mit dem Multikulturalismus

Es entbehrt nicht einer gewissen Ironie, daß die Multikulturalismus-Debatte auch ein Reflex des geschärften Bewußtseins für ethnische und rassische Differenzen innerhalb des universalistischen Diskurses und der daraus abgeleiteten Maßnahmen gewesen ist, soziale, ökonomische und politische Benachteiligungen von ethnokulturellen Minderheiten auszugleichen. Schließlich hatten die Bürgerrechtsprogramme von Johnsons *Great Society* wie in der Folge auch die Rechtsprechung des amerikanischen Supreme Court rassische und ethnische sowie geschlechtsspezifische Kriterien definiert, nach denen in der Vergangenheit diskriminierte Gruppen und Minoritäten besonders, vor allem in den Bereichen von Bildung, Ausbildung, Berufsleben und politischer Beteiligung, gefördert werden konnten.[42] War es Absicht gewesen, nun endlich dem universalistischen Versprechen nach „farbenblinder" Gleichberechtigung und voller Mitgliedschaft aller Bürger, unabhängig von Hautfarbe, Geschlecht und sexueller Präferenz, Genüge zu tun, so zeigte das Ergebnis indes eher eine Renaissance der auf ethnischen und kulturellen Merkmalen beruhenden Gruppenidentitäten. Rasse, Ethnie, Geschlecht und Sex wurden

42 Vgl. hierzu v. a. Lind, *The Next American Nation*, S. 97ff. sowie James Ceaser, „Multiculturalism and American Liberal Democracy," in: Arthur M. Melzer, Jerry Weinberger und M. Richard Zinman (eds.), *Multiculturalism and American Democracy* (Lawrence, Kansas: Kansas UP, 1998), S. 139-156; und Kurt L. Shell, „Multikulturalismus und die Verfassung: Der Supreme Court zu den Grenzen des ethnischen oder religiösen Pluralismus," in: Berndt Ostendorf (Hg.), *Multikulturelle Gesellschaft: Modell Amerika?* (München: Fink, 1994), S. 95-109.

zu Parametern der öffentlichen, identitätspolitischen Debatte um Kanon, Curriculum und korrektes Sprachverhalten. Multikulturalismus meinte nun nicht mehr allein das Faktum einer multi-ethnischen Gesellschaft, sondern bedeutete auch und vor allem die politische Anerkennung und Förderung distinkter kultureller Identitäten.

Nun war die Multikulturalismusdebatte nicht nur allein das – nicht intendierte- Ergebnis der politischen Bemühungen der vor allem auf Bundesebene verfolgten Anti-Diskriminierungspolitik und der verschiedenen *Affirmative Action*-Programme auf Bundes- wie Einzelstaatsebene, die ehedem benachteiligten Minoritäten bevorrechtigten Zugang zu Jobs und Ausbildungsplätzen (auch in den Universitäten) verschafften. Die Bürgerrechtsbewegung, vor allem aber die *Black Power*-Bewegung, konnte das Bewußtsein der schwarzen *community* als einer distinkten Gemeinschaft mit eigener, aus langer Diskriminierung erwachsenen Identität schärfen und mit ihren Protestaktionen erheblichen öffentlichen Druck erzeugen. Denn die nach dem Bürgerkrieg durch Verfassungszusätze garantierte formale Vollmitgliedschaft der Afroamerikaner in der politischen Gesellschaft der USA hatte, trotz aller Bürger- und Wahlrechte, nichts an der faktischen – und vom Supreme Court interpretatorisch gestützten – Exklusion geändert. Und auch der kulturelle Pluralismus der kritischen Intellektuellen der 1920er Jahre hatte keineswegs auf die volle Inklusion abgezielt. Deshalb konnte es nicht verwundern, daß sich in der Multikulturalismusdebatte Stimmen Gehör verschafften, die glaubten, nur durch Positionen eines Afrozentrismus die „weiße Vorherrschaft" endgültig zu Fall bringen zu können.

Damit unterschieden sich auch die neuen Multikulturalisten von jener Bewegung der „Neuen Ethnizität", die in den 1970er Jahren das Gefühl distinkter Herkunftsidentitäten von aus Europa stammenden Einwanderergruppen – vor allem Iren und Italiener – öffentlich zum Ausdruck gebracht hatten. Zum einen waren die reklamierten Identitäten Wahlidentitäten von Einwanderern der dritten Generation, kulturelle Selbstbeschreibungen, die aber nicht auf soziostruktureller Marginalisierung beruhten.[43] Im Gegenteil, Untersuchungen zeigten, daß es sich bei diesen Gruppen, im Unterschied zur schwarzen Minderheit, um höchst erfolgreiche Einwanderer handelte, die indes ihre kulturelle und auch stärkere politische Repräsentation auf der öffentlichen Bühne reklamier-

43 Vgl. Mary C. Waters, *Ethnic Options. Chosen Identities in America* (Berkeley u. a.: University of California Press, 1990).

ten.[44] Zum anderen stellten diese Gruppen nicht prinzipiell die Symbolik der amerikanischen Zivilreligion in Frage. Das aber taten die Befürworter multikultureller Positionen, wenn sie schrieben: „Multikulturalismus ist weder touristische Ethnizität noch ein Loblied auf die amerikanische Mythologie, die die Nation als Ansammlung verschiedenster und mannigfaltiger Gruppen sieht, die alle fröhlich in den Tag leben und die das Wissen um und den Respekt für die westliche Kultur vereint."[45]

Die Proponenten des Multikulturalismus, die vor allem in den Universitäten, aber nicht nur dort, saßen, griffen mit der westlichen Kultur die nationale Identitätskonstruktion der Vereinigten Staaten von Amerika an. Die USA ließen sich in ihren Augen eben nicht als *melting pot*, auch nicht als pluralistische Gesellschaft europäischer Herkunftsethnien und erst recht nicht als kulturelle Einheit aus Assimilaton und Akkulturation beschreiben. Die Insistenz auf der Differenz konnten die USA nur als multi-kulturelle und multi-nationale Gesellschaft von distinkten ethnischen und rassischen Gemeinschaften beschreiben. In diesem Sinne konnte Amerika auch nur als eine Ansammlung, bestenfalls als lose Föderation von ethnokulturellen Identitäten und Gruppen verstanden werden. Das Entscheidende in dieser multikulturellen Konstruktion Amerikas war das Verständnis kultureller und politischer Repräsentation. Zum einen mußten sich die separaten und distinkten Gemeinschaften in den nationalen Selbstbeschreibungsdiskursen und ihren autoritativen Objektivationen symbolisch repräsentiert wissen. Deshalb war der Kampf um Kanon, Curricula und schulische Rahmenrichtlinien so wichtig. Zum anderern differierte das Verständnis symbolischer Repräsentation zwischen Universalisten („Traditionalisten") und Multikulturalisten in nicht-vermittelbarer Weise: „Die Traditionalisten gehen davon aus... daß ein Professor die Texte, die er unterrichtet, nicht stellvertreten muß, daß also die Werke von Marx von Nicht-Marxisten, die von Thomas von Aquin von Nicht-Katholiken und die Platons von Nicht-Platonikern unterrichtet werden dürfen. Die Gegner aber gehen davon aus, daß Frauenforschung nur von feministischen Frauen und

---

44 Vgl. Richard D. Alba, *Ethnic Identity: The Transformation of White America* (New Haven/London: Yale UP, 1992).

45 Ted Gordon/Wahneema Lubiano, „The Statement of the Black Faculty Causus," in Paul Berman (ed.), *Debating P. C.: The Controversy over Political Correctness on College Campuses* (New York: Bantham Doubleday, 1992), S. 249.

Chicanostudien nur von Chicanos, die sich einem bestimmten Wertesystem verpflichtet fühlen, unterrichtet werden können."[46]

Die Kritiker, die dem traditionalistischen, universalistischen oder pluralistischen Diskursen zugerechnet wurden, sahen im politisch-programmatischen Multikulturalismus, der über die Beschreibung der faktischen Multikulturalität weit hinausging, die „Balkanisierung" Amerikas: „Im Maße der Differenzierung nach Rasse, Ethnizität und Geschlecht... werden die Universitäten balkanisiert".[47] Das Gleiche könne von der *Affirmative Action*-Politik gesagt werden, Multikulturalismus als politisches Programm bedeute die „Balkanisierung" der amerikanischen Gesellschaft, sei ein perfektes „Rezept für ein hausgemachtes Jugoslawien". Arthur M. Schlesinger, Jr. schrieb in seinem zum Bestseller gewordenen Buch *The Disuniting of America*: Der Multikulturalismus „ersetzt Assimilation durch Fragmentierung, Integration durch Separatismus. Er macht unum lächerlich und glorifiziert pluribus... Wird das Zentrum halten? Oder wird der Schmelztiegel dem Turm von Babel weichen?"[48]

Was der Multikulturalismus für die nationale Identität der USA bedeutet

Schmelztiegel oder Turm zu Babel, Einheit oder Differenz, nationale Identität oder ethnische Partikularität – darauf schienen sich die Alternativen im Multikulturalismusstreit zu versteifen, der Kulturkampf endete mithin im Stellungskrieg. Zwanzig Jahre nach Ausbruch der Feindseligkeiten bleibt die Bilanz für die beteiligten Parteien immer noch umstritten, für den Beobachter indes lassen sich Trends durchaus erkennen. Die Universitäten hat der Multikulturalismus auf vielfältige Weise

46 John R. Searle, „Is There a Crisis in American Higher Education?" Vortrag vor der American Academy of Arts and Sciences 1992, zit. n. Sollors, „De Pluribus Una," S. 63.

47 Shelby Steele, *The Content of Our Character. A New Vision of Race in America* (New York: St. Martin's, 1990), S. 132.

48 Schlesinger, Jr., *The Disuniting of America*, S. 16f., S. 18.

verändert: „Der bloße Umfang der multikulturellen Aktivitäten ... widerspricht der Ansicht, der traditionelle Kanon sei immun oder habe multikulturelle Initiativen erfolgreich marginalisiert."[49] Stanford, ein besonders prominenter und umkämpfter Fall in der amerikanischen Hochschuldebatte, war da nur der Anfang.[50] Schnell zogen andere Universitäten und Colleges, darunter diejenigen mit längster Tradition und höchstem Prestige, nach.[51]

So konnte Sollors bereits 1994 festhalten: Ein Drittel der amerikanischen Colleges und Universitäten verlangt multikulturelle Pflichtkurse; mehr als ein Drittel hat Programme zum Studium der Kulturen der Schwarzen, Hispanics, Indianer oder Asiaten, mehr als die Hälfte hat multikulturelle Kurse ins Lehrprogramm der Einzelfächer übernommen; die Hälfte hat Beraterstellen eingerichtet; 60 Prozent betreiben Berufungs- und Bleibeverhandlungen für multikulturelle Planstellen: vierzig Prozent finanzieren Fortbildungskurse für die eigene Fakultät; ein

---

49 So zitiert Sollors, „De Pluribus Una" eine mit Finanzierung der Ford Foundation aufgelegte Zeitschrift (*Change*) die sich mit den Ergebnissen der Multikulturalismusdebatte beschäftigte (S. 61).

50 Vgl. zu deren Verlauf Mary Louise Pratt, „Humanities for the Future: Reflections on the Western Culture Debate At Stanford," in: Darryl J. Gless, , Barbara Herrnstein Smith (eds.), *The Politics of Liberal Education,* (Durham/London: Duke UP, 1992); Roger Kimball, *Tenured Radicals: How Politics Has Corrupted Our Higher Education* (New York: Harper & Row, 1990); Catherine Zuckert, „The Political Roots of the Battle of the Books," *College Teaching* 38, 3 (Summer 1990); William J. Bennett, *The De-Valuing of America. The Fight for Our Culture and Our Children* (New York: Summit, 1992); Patricia Aufderheide, *Beyond PC: Toward a Politics of Understanding* (St. Paul, Minn.: Graywolf, 1992).

51 Vgl. Dinesh D'Souza, *Illiberal Education: The Politics of Race and Sex on Campus* (New York: Vintage, 1992), S. 68:
"Core Curricula" at such places as Columbia University and the University of Chicago are now under fierce attack in the aftermath of the Stanford transformation. At Mount Holyoke College students are currently required to take a course in Third World Culture although there is no Western culture requirement. At the University of Wisconsin, students must enroll in ethnic studies though they need not study Western civilization or even American history. At Berkeley the faculty recently adopted an ethnic course requirement, making it the only course that all students must take. Dartmouth College has a non-Western but no Western prerequisite for graduation. The University of Cincinnati has a new "American Diversity and World Cultures" requirement. Penn State mandates a course relating to "ethnic diversity," effective in fall 1991. Some colleges, such as Ohio State University, are going beyond a single requirement: they are overhauling the entire curriculum to reflect what they call "issues of race. ethnicity, and gender."

Drittel hat multikulturelle Institute eingerichtet.[52] Und im Jahre 2000 ergab eine Umfrage der *Association of American Colleges and Universities* unter 543 Colleges, daß 62 Prozent der befragten Colleges entweder bereits *Diversity Requirements* haben oder an der Erstellung solcher Programme arbeiten. Von den angebotenen Kursen beschäftigen sich 83 Prozent mit Problemen von Diversität außerhalb der USA, 65 Prozent konzentrieren sich auf die ethnokulturelle Pluralität der USA selbst und 76 Prozent sind „non-Western culture courses".[53]

Wenn die Debatte über Curricula und Kanones zugleich die Debatte über die Frage gewesen ist, „was es bedeutet, ein Amerikaner zu sein", wie die Kritiker des Multikulturalismus nicht müde wurden zu betonen, dann hat sich diese Bedeutung eindeutig in Richtung des Multikulturalismus verschoben. Doch trotz aller Gegensätze waren die Hauptargumente der Kombattanten doch ähnlicher als sie selbst dachten. Befürworter und Gegner der Multikulturalismus-Reformen stellten die Frage: „What does it mean to live as a human being?"[54] und antworteten auf unterschiedliche, jedoch nicht gänzlich verschiedene Weise. Während die Traditionalisten immer noch eher am etablierten Kanon westlich-europäischer Literatur als Ausdruck gelebter und tradierter Humanität festzuhalten empfehlen, waren Reformer im Zeichen multikultureller Reformen um eine Erweiterung des Kanons im Zeichen der Inklusion von minoritären Lebensgeschichten und Traditionen bemüht. Wenn Frauen, Native-, Afro-, und Asian-Americans dafür kämpften, in den Kanon aufgenommen zu werden, dann deshalb, weil sie auch ihre eigene Geschichte und ihre Erfahrungen als einen unverzichtbaren, allein aus demographischen Gründen immer bedeutender werdenden Teil der amerikanischen Geschichte repräsentiert sehen wollten.

Es scheint, als habe sich inzwischen ein Konsens zwischen Traditionalisten und Reformern herausgebildet, der die Kämpfe von gestern langsam, aber stetig vergessen läßt: „It is not possible to appreciate the West without knowledge of the non-Western, nor is it possible to understand the differences between the West and non-West without self-reflective study of Western priniples."[55] Diesem Befund könnte sich auch D'Souza anschließen, wenn er schreibt: „Colleges

52 Sollors, „De Pluribus Una," S. 61.

53 AAC&U Survey on Diversity Requirements, August 2000: http://www.aacu-edu.org/Initiatives/irvineoverview.html

54 Zuckert, „The Political Roots of the Battle of the Books," S. 115.

55 Ebd., S. 116.

would promote better understanding among students, and future respect among cultures, if they taught both Western and non-Western philosophy, history, and literature in a more balanced and truthful manner."[56] Und so nimmt es nicht wunder, daß in der Zwischenzeit die Reform der Reform begonnen hat. Und wieder ist es Stanford, das mit als erste Universität die sogenannten *Great Books* wiederentdeckt und sie *sine ira et studio* in die multikulturellen Curricula zu reintegrieren beginnt.[57]

Die Redefinition der nationalen Identität, die Aufwertung ethnokultureller Differenz, ist keineswegs allein das Ergebnis der Multikulturalismusdebatte. Sie ist zum einen die nicht-intendierte Folge der Antidiskriminierungspolitik der sechziger Jahre, und sie ist zum anderen, womöglich in einem viel entscheidenderen Maße, ein Reflex der veränderten demographischen Struktur der USA. Die nationale Zensusbehörde hatte schon seit den 1970er Jahren die Bevölkerungsstruktur nach ethnokulturellen Kriterien erhoben. Diese waren zur Grundlage für die freiwillige Selbstidentifikation der befragten Bürger und übrigens auch der bewilligten *Affirmative Action*-Programme geworden.[58] Danach definierten sich die USA keineswegs mehr als eine kohärente nationale Gemeinschaft, sondern bereits als eine Nation aus fünf partikularen Gemeinschaften, einer weißen, einer schwarzen, einer hispanischen, einer asiatisch-pazifischen und einer eingeborenen (Indianer und Eskimos) Gemeinschaft. Damit war die Multi-Kulturalität, basierend auf ethnischen und rassischen Herkunftsidentitäten – wie locker sie auch immer geknüpft und vorgestellt wurden –, längst zum offiziell anerkannten Faktum nationaler Selbstdefinition geworden.

---

56 D'Souza, *Illiberal Education*, S. 93.

57 Alison Schneider, „Stanford Revisits the Course that Set Off the Culture Wars," *Chronicle of Higher Education* 43, Nr. 35 (May 1997), S. A10; Scott Carlson, „A Campus Revival for the Great Books," *Chronicle of Higher Education* 45 (November 1999), S. A18.

58 1974 hatte der Kongreß den *Ethnic Heritage Studies Program Act* erlassen, ein Gesetz, das jedem Amerikaner das Recht gab, die eigene ethnische Identität zu bestimmen. Die vorgegebenen ethnisch-rassischen Kategorien waren dann für die Volkszählungen verbindlich. Erst der Zensus des Jahres 2000 ermöglichte es den Amerikanern, sich mit mehr als nur einer ethnischen oder rassischen Kategorie zu identifizieren. Fast 7 Millionen Bewohner, ungefähr 2,4 Prozent der Gesamtbevölkerung, beschrieben sich danach als *multiracial*. Vgl. *The New York Sunday Times*, 1. April 2001, S. 18.

Zudem hatte sich die Struktur von Bevölkerung und Einwanderung seit den 1970er Jahren dramatisch – so zumindest in der Wahrnehmung der etablierten, europäischen Einwandererethnien – zu verschieben begonnen. Die ethnokulturelle Vielfalt ließ sich, auch in der Perspektive des anglo-amerikanischen Konformitätsmodells, nicht länger ausblenden. Der kulturelle Pluralismus, den Kallen und Bourne bewahrt und anerkannt sehen wollten, war nun keineswegs nur ein weißer, aus europäischen Wurzeln stammender Pluralismus mehr. So war Europa als wichtigste Ursprungsregion der Zuwanderung schon in den siebziger Jahren von Asien und dem mittelamerikanisch-karibischen Raum überflügelt worden. Der Anteil der nicht-hispanischen Weißen an der Gesamtbevölkerung fiel seitdem kontinuierlich, von 86,2 Prozent in 1950 auf etwa 69 Prozent im Jahr 2000. In einer Dekade allein, von 1990 bis 2000, wuchs der Anteil der hispanischen Bevölkerungsgruppe um mehr als 58 Prozent und nimmt mit nun ca. 35 Millionen Menschen den gleichen Anteil wie die Afro-Amerikaner als bisher größte nationale Minderheitsgruppe ein. In Kalifornien machen Hispanics bereits ein Drittel der Gesamtbevölkerung aus. Weiße europäischer Herkunft sind dort jetzt eine Minderheit, was sich auch für Texas als Trend abzeichnet.[59]

Es ist diese Zunahme kultureller, ethnischer und sprachlicher Diversität, die die Hälfte der amerikanischen Einzelstaaten bereits zu Dekreten hat Zuflucht nehmen lassen, nach denen Englisch offiziell zur Landessprache erklärt wurde. Damit sollte dem Vordringen anderer Sprachen, insonderheit des Spanischen, ein Riegel vorgeschoben werden. Die seit den sechziger Jahren aufkommende Bewegung des Bilingualismus kam damit, in Kalifornien per Volksabstimmung, zum Erliegen. Der vielerorts, nicht nur in Kalifornien, praktizierte zweisprachige Schulunterricht wurde abgeschafft. Damit schien sich das anglo-amerikanische Konformitätsmodell noch einmal durchzusetzen, das „Potential einer fremden Herkunftskultur konnte entschärft werden".[60] Was sich zum Teil als reaktionärer Reflex der um ihre Vorherrschaft fürchtenden Weißen in der „English only"-Bewegung zum Ausdruck brachte, konnte andererseits aber auch im Lichte der universalistischen und pluralisti-

59 So die ersten Analysen des Zensus von 2000. Vgl. *The New York Sunday Times*, 1. April 2001, S. 18.

60 Vgl. zur Zweisprachigkeit den instruktiven Artikel von Markus Jacob, „El sueño americano. Zweisprachigkeit als anglo-amerikanischer Albtraum?" *Neue Züricher Zeitung* Nr. 71 (26. März 2001), S. 23.

schen Integrationsvorstellungen gedeutet werden – ganz so, wie es europäische Herkunftsethnien zu Beginn des 20. Jahrhunderts erfahren konnten, als die weit verbreitete Praxis des zweisprachigen Schulunterrichts – zum Teil nicht ganz freiwillig – aufgegeben wurde, damit aber, zumindest à la longue, nachhaltige Integrationsgewinne erzielt wurden.

Allein die Veränderung der demographischen Komposition Amerikas macht das Faktum der Multikulturalität unhintergehbar. Die Zunahme der kulturellen Vielfalt und der ethnischen Diversität hat sich, daran kann kaum noch ein Zweifel sein, in das Bewußtsein der amerikanischen Gesellschaft von sich selbst eingegraben. Hier war die Multikulturalismusdebatte von entscheidender Bedeutung, weil sie die Parameter der öffentlichen Deutungsmöglichkeiten erweitert und verschoben hat. Dabei war die Multikulturalismusdebatte kein rein akademischer Diskurs, wenngleich er hauptsächlich an Universitäten und Bildungseinrichtungen, jedoch hier stellvertretend für die Gesellschaft, ausgetragen wurde. Die Debatte hatte auch Academia verlassen und beschäftigte die Intellektuellen und Publizisten, mithin jene kulturelle Elite, die auf dem Wege streitiger Diskurse die Vorstellungsgemeinschaft Amerika konstruieren. Insofern hat die Multikulturalismusdebatte die USA in ihrem Selbstbild stärker verändert, als es die Proponenten gehofft und die Kritiker befürchtet haben.

Damit ist aber keineswegs gesagt, daß die Multikulturalisten über die Universalisten oder kulturellen Pluralisten in einem solchen Maße obsiegt hätten, daß der Universalismus oder die Ordnungsidee des kulturellen Pluralismus gänzlich entwertet worden wären. Die Politik des Multikulturalismus hat zwar, nicht erst mit der Debatte um die ethnokulturelle Vielfalt, sondern bereits in den 1960er und 1970er Jahren durch politische Entscheidungen und rechtliche Veränderungen eingeleitet, zur Etablierung eines multikulturellen Amerikas mit ethnokorporatistischen Einschlägen geführt. Amerika mußte sich nun als aus fünf großen ethnokulturellen Gruppen zusammengesetzt denken. Die Vorstellung des einen Amerika – one united people, descended from the same ancestor, wie Jay, und nicht nur er, angenommen hatte – war damit, soweit sie auf monokulturellem Fundament basierte, hinfällig geworden.

Doch heißt dies nicht unbedingt, daß die universalistische Vorstellungswelt Amerikas der Vorstellung eines fragmentierten oder balkanisierten Amerikas Platz machen müßte. Denn zum einen hat sie sich, das zeigt die konflikthafte Geschichte universalistischer Vorstellungen mit ihren pluralistischen und multikulturalistischen Herausforderungen, als so dynamisch erwiesen, daß sie auch imstande war, zunehmende ethnokulturelle Diversität zu absorbieren. Das ging indes nicht ohne Konflikte und Rückschläge vonstatten. Jede Zunahme von ethnokultureller Heterogenität, vor allem durch Einwanderung, wurde zunächst einmal mit der Restriktion des Zugangs und der Verwehrung voller Mitgliedschaftsrechte als Bürger beantwortet. Doch hat sich langfristig bis jetzt jenes andere Versprechen als realitätsmächtiger erweisen können, das im Bekenntnis zu Republik, Demokratie, Freiheit und Grundrechten die Bedingungen für Zuwanderung, Zugehörigkeit und Mitgliedschaft im Gemeinwesen der Vereinigten Staaten sieht.[61] Hier erweist sich letztlich die universalistische Vorstellungsgemeinschaft Amerikas als fähig und in der Lage, ethnokulturelle Diversität in einem Maße zu akkommodieren, wie es kontinentaleuropäischen Gesellschaften zu akzeptieren immer noch schwerfällt.

---

61 Dieser abschließende Befund ist konditioniert und folgenreich. Er ist zum einen konditioniert hinsichtlich der Art von Multikulturalismus. Handelt es sich um eine Form des Multikulturalismus, in der die Konzeption der Gruppen und Gruppengrenzen fließend, das heißt freiwillig und unabgeschlossen ist, dann paßt sie erstens zur Offenheit und Dynamik der amerikanischen Gesellschaft und zweitens unterstreicht sie die Wahlfreiheit des Einzelnen und paßt sich in das Credo individueller Rechte und Chancen ein (vgl. hierzu auch Kymlicka, *Multikulturalismus und Demokratie*, S. 84ff.). Der abschließende Befund ist zum anderen aber auch hinsichtlich des Universalismus konditioniert. Dieser läßt sich – nur – dann mit der Akkommodierung ethnokultureller Diversität vereinbaren, wenn er seine historischen, monokulturellen Engführungen abstreift und sich zu einem post-ethnischen oder transnationalen Universalismus fortentwickelt (vgl. in diesem Sinne auch Hollinger, *Postethnic America* und Lind, *The Next American Nation*). Folgenreich ist der abschließende Befund postethnischer oder transnationaler Politik des Multikulturalismus hinsichtlich der mit Benachteiligung und Stigmatisierung verbundenen, zugeschriebenen Identität der Afroamerikaner (vgl. auch Kymlicka, *Multikulturalismus und Demokratie*, S. 85). Hier geht kulturelle Segregierung mit sozioökonomischer Marginalisierung einher. Hier muß der Universalismus sowohl die kulturelle Repräsentation der afro-amerikanischen, differenten Identität in der Deutungswelt Amerika sicherstellen – wie dies in den Curricula und der personellen Rekrutierung in Politik, Administration und Academia bereits schon zu einem guten Teil geschehen ist –, ohne dabei den vermeintlichen Eurozentrismus durch einen vermeintlichen Afrozentrismus Platz zu ersetzen, und er muß zum anderen den aktiven Staat insofern wiederbeleben, als er in sozialer und ökonomischer Hinsicht eine zunehmende „Brasilianisierung" ganzer Bevölkerungsgruppen – nicht nur der Afroamerikaner, sondern auch der hispanischen Bevölkerungsgruppe – zu vermeiden sucht (darauf insistiert vor allem und zu Recht Lind, *The Next American Nation*). Folgenreich wäre der abschließende Befund auch über die USA hinaus, wenn es stimmt, was Nathan Glazer formuliert hat, daß „wir jetzt alle Multikulturelle sind". Dann wäre Amerika – wieder einmal? – Modell und Vorbild. Aber das ist ein weites Feld.

Literatur

Alba, Richard D., *Ethnic Identity: The Transformation of White America* (New Haven/London: Yale UP, 1992).
Alger Jr., Horatio, *Struggling Upward and Other Works* (New York: Bonanza, 1945).
Allardyce, Gilbert, „The Rise and Fall of the Western Civilization Course," *American Historical Review* 87, 3 (1982), S. 695-743.
Anderson, Benedict R., *Imagined Communities: Reflections on the Origin and Spread of Nationalism* (London: Verso, 1983).
Asante, Molefi Kete, „Multiculturalism: An Exchange," in: Paul Berman (ed.), *Debating P. C. The Controversy over Political Correctness on College Campuses* (New York: Bantham Doubleday, 1992), S. 299-311.
Assmann, Aleida, „Die Gleichzeitigkeit des Ungleichzeitigen. Nationale Diskurse zwischen Ethnisierung und Universalisierung," in: Ulrich Bielefeld, Gisela Engel (Hg.), *Bilder der Nation. Kulturelle und politische Konstruktionen des Nationalen am Beginn der europäischen Moderne* (Hamburg: Hamburger Edition, 1998), S. 379-400.
Assmann, Jan, *Das kulturelle Gedächtnis. Schrift, Erinnerung und politische Identität in frühen Hochkulturen* (München: Beck, 3. Aufl. 1999).
Atlas, James, *Battle of the Books. The Curriculum Debate in America* (New York: Norton, 1990).
Aufderheide, Patricia, *Beyond PC: Toward a Politics of Understanding* (St. Paul, Minn.: Graywolf, 1992).
Bailyn, Bernard (ed.), *Education in the Forming of American Society: Needs and Opportunities for Study* (Chapel Hill [u.a.]: Univ. of North Carolina Press, 1972).
Bauböck, Rainer, „Drei multikulturelle Dilemmata," in: Berndt Ostendorf (Hg.), *Multikulturelle Gesellschaft: Modell Amerika?* (München: Fink, 1994), S. 237-255.
Bellah, Robert N., „Civil Religion in America," *Daedalus* 96 (1967), S. 1-21.
Bellah, Robert N., *The Broken Covenant. American Civil Religion in Time of Trial* (New York: Seabury, 1975).
Bennett, William J., *The De-Valuing of America. The Fight for Our Culture and Our Children* (New York: Summit, 1992).
Bercovitch, Sacvan, *The Puritan Origins of the American Self* (New Haven: Yale UP, 1975).
Bercovitch, Sacvan, *The American Jeremiad* (Madison: UP of Wisconsin, 1978).
Bercovitch, Sacvan, „New England's Errand Reappraised," in: John Higham, Paul K. Conkin (eds.), *New Directions in American Intellectual History* (Baltimore/London: John Hopkins Univ. Press, 1979), S. 85-104.
Bercovitch, Sacvan, „Konsens und Anarchie – die Funktion der Rhetorik für die amerikanische Identität," in: Frank Unger (Hg.), *Amerikanische Mythen. Zur inneren Verfassung der Vereinigten Staaten* (Frankfurt am Main/New York: Campus, 1988), S. 16-43.
Berman, Paul (ed.), *Debating P. C. The Controversy over Political Correctness on College Campuses* (New York: Bantham Doubleday, 1992).
Berns, Walter, „Constitutionalism and Multiculturalism," in: Arthur M. Melzer, Jerry Weinberger und M. Richard Zinman (eds.), *Multiculturalism and American Democracy* (Kansas: Kansas UP, 1998), S. 91-111.

Bielefeld, Ulrich, „Die lange Dauer der Nation," in: Ulrich Bielefeld, Gisela Engel (Hg.), *Bilder der Nation. Kulturelle und politische Konstruktionen des Nationalen am Beginn der europäischen Moderne* (Hamburg: Hamburger Edition, 1998), S. 401-435.

Bielefeld, Ulrich, Gisela Engel (Hg.), *Bilder der Nation. Kulturelle und politische Konstruktionen des Nationalen am Beginn der europäischen Moderne* (Hamburg: Hamburger Edition, 1998).

Bloom, Allan, *The Closing of the American Mind. How Higher Education Has Failed Democracy and Impoverished the Souls of Today's Students* (New York/London: Simon & Schuster, 1987).

Boorstin, Daniel J., *The Genius of American Politics* (Chicago: Chicago UP, 1953).

Bourne, Randolph, „Trans-National America," *Atlantic Monthly* 118 (1916), S. 86-97.

Bourne, Randolph, *The Radical Will. Selected Writings 1911-1918* (New York: Urizen, 1977).

Bunzel, John H., *Race Relations on Campus. Stanford Students Speak* (Stanford, Cal: Stanford Alumni Association, 1992).

Carnegie, Andrew, *The Gospel of Wealth and Other Timely Essays* (New York: Century, 1900).

Carnochan, W. B., *The Battleground of the Curriculum: Liberal Education and the American Experience* (Stanford, Cal.: Stanford UP, 1993).

Carlson, Scott, „A Campus Revival for the Great Books," *Chronicle of Higher Education* 45 (November 1999), S. A18.

Ceaser, James, „Multiculturalism and American Liberal Democracy," in: Arthur M. Melzer, Jerry Weinberger und M. Richard Zinman (eds.), *Multiculturalism and American Democracy* (Lawrence, Kansas: Kansas UP, 1998), S. 139-156.

Citrin, Jack et al., „American Identity and the Politics of Ethnic Change," *Journal of Politics* 52 (1990), S. 1124-1154.

Crèvecœur, Hector St. John de, „What is an American," *Letters of an American Farmer* (1782), (wiederabgedruckt in *Norton Anthology of American Literature* (New York/London: Norton, 3rd ed., 1989), Bd. 1, S. 558-568).

Croly, Herbert, *The Promise of American Life* (New York: Macmillan, 1909).

Danforth, Samuel, „A Brief Recognition of New England's Errand into the Wilderness," in: William A. Plumstead (ed.), *The Wall and the Garden. Selected Massachusetts Election Sermons 1670-1775* (Minneapolis: Univ. of Minneapolis Press, 1968), S. 53-77.

Deutsch, Karl W., *Nationenbildung, Nationalstaat, Integration* (Düsseldorf: Bertelsmann Univ. Verl., 1972).

Dörner, Andreas, *Politischer Mythos und symbolische Politik. Der Hermannmythos* (Reinbek: Rowohlt, 1996).

D'Souza, Dinesh, *Illiberal Education. The Politics of Race and Sex on Campus* (New York: Vintage, 1992).

Eisenstadt, Shmuel Noah, „Die Konstruktion nationaler Identitäten in vergleichender Perspektive," in: Bernhard Giesen (Hg.), *Nationale und kulturelle Identität* (Frankfurt/M.: Suhrkamp, 1991), S. 21-38.

Erikson, Erik H., *Dimensionen einer neuen Identität* (Frankfurt am Main: Suhrkamp, 1975).

Fischer, Ulrike, und Hans Vorländer, „Zivilreligion und politisches Selbstverständnis. Religiöse Metaphorik in den Antrittsreden der Präsidenten Ford, Carter, Reagan und

Bush," in: Paul Goetsch und Gerd Hurm (Hg.), *Die Rhetorik amerikanischer Präsidenten seit F. D. Roosevelt* (Tübingen: Narr, 1993), S. 217-232.
Fuchs, Lawrence H., *The American Kaleidoscope. Race, Ethnicity, and the Civic Culture* (Hanover, Conn.: Wesleyan UP, 1990)
Gates, Henry Louis, Jr., *Truth or Consequences: Putting Limits on Limits* Wiggins Lectures, American Antiquarian Society (1994).
Gebhardt, Jürgen, *Die Krise des Amerikanismus. Revolutionäre Ordnung und gesellschaftliches Selbstverständnis in der amerikanischen Republik* (Stuttgart: Klett, 1976).
Gebhardt, Jürgen, „Politische Kultur und Zivilreligion," in: Dirk Berg-Schlosser und Jakob Schissler (Hg.), *Politische Kultur in Deutschland* (Opladen: Westdt.Verlag, 1987), S. 49-60.
Geertz, Clifford, *The Interpretation of Cultures: Selected Essays* (New York: Basic Books, 1973).
Geertz, Clifford, „Ideology as a System of Common Sense," in: ders., *Local Knowledge. Further Essays in Interpretative Anthropology* (New York: Basic Books, 1982).
Gellner, Ernest, *Nations and Nationalism* (Ithaca, New York: Cornell UP, 1992).
Giesen, Bernhard (Hg.), *Nationale und kulturelle Identität. Studien zur Entwicklung des kollektiven Bewußtseins in der Neuzeit* (Frankfurt/M.: Suhrkamp, 1991).
Giesen, Bernhard, *Die Intellektuellen und die Nation. Eine deutsche Achsenzeit* (Frankfurt/M.: Suhrkamp, 1993).
Giesen, Bernhard, *Kollektive Identität. Die Intellektuellen und Nation II* (Frankfurt/M.: Suhrkamp, 1999).
Glazer, Nathan, „Is Assimilation Dead?" in Arthur M. Melzer, Jerry Weinberger und M. Richard Zinman (eds.), *Multiculturalism and American Democracy* (Kansas: Kansas UP, 1998), S. 15-36.
Gleason, Philip, „American Identity and Americanization," in: Stephan Thernstrom et al. (eds.) *Harvard Encyclopedia of American Ethnic Groups* (Cambridge, Mass.: Harvard UP, 1980).
Gordon, Ted, und Wahneema Lubiano, „The Statement of the Black Facult Causus," in: Paul Berman (ed.), *Debating P. C. The Controversy over Political Correctness on College Campuses* (New York: Bantham Doubleday, 1992), S. 249-257.
Herrmann, Dietrich, *„Be an American!"Amerikanisierungsbewegung und Theorien zur Einwandererintegration* (Frankfurt/M.: Campus, 1996).
Higham, John, *Strangers in the Land. Patterns of American Nativism 1860-1925* (New Brunswick, N.J.: Rutgers UP, 1955).
Higham, John, *Send these to Me: Immigrants in Urban America* (Baltimore: Johns Hopkins UP, 1984).
Hollinger, David A., *Postethnic America. Beyond Multiculturalism* (New York: Basic Books, 1995).
Hughes, Robert, *Culture of Complaint. The Fraying of America* (New York: Warner, 1993).
Hunter, James D., *Culture Wars. The Struggle to Define America* (New York: Basic Books, 1991).
Jeismann, Michael, *Das Vaterland der Feinde. Studien zum nationalen Feindbegriff und Selbstverständnis in Deutschland und Frankreich 1792-1918* (Stuttgart: Klett-Cotta, 1992).

Kallen, Horace, „Democracy Versus the Melting Pot," *Nation* 100, (February 18-25, 1915), S. 190-194, 217-220.
Kallen, Horace, *Culture and Democracy in the United States* (New York: Boni and Liveright, 1924).
Kimball, Roger, *Tenured Radicals: How Politics Has Corrupted Our Higher Education* (New York: Harper & Row, 1990).
Kodalle, Klaus-M. (Hg.), *Gott und Politik in USA. Über den Einfluß des Religiösen. Eine Bestandsaufnahme* (Frankfurt/M.: Athenäum, 1988).
Kurzweil, Edith, und William Phillips (eds.), *Our Country, our Culture. The Politics of Political Correctness* (New York: Partisan Review, 1994).
Kymlicka, Will, *Multicultural Citizenship: A Liberal Theory of Minority Rights* (Oxford: Oxford UP, 1995).
Kymlicka, Will, *Multikulturalismus und Demokratie. Über Minderheiten in Staaten und Nationen* (Hamburg: Rotbuch, 1999).
Lehnert, Detlef/Megerle, Klaus (Hg.), *Politische Teilkulturen zwischen Integration und Polarisierung. Zur politischen Kultur in der Weimarer Republik* (Opladen: Westdt. Verlag, 1990).
Levine, Lawrence W., „Clio, Canons and Culture," *Journal of American History* 80, 3 (1993), S. 849-867.
Levine, Lawrence W., *The Opening of the American Mind: Canons, Culture and History* (Boston: Beacon, 1996).
Lind, Michael, *The Next American Nation. The New Nationalism and the Fourth American Revolution* (New York u. a.: Free Press, 1995).
Lindenberger, Herbert, „The Western Culture Debate at Stanford University," *Comparative Criticism* 2 (Herbst 1988).
Lipset, Seymour Martin, *The First New Nation: The United States in Historical and Comparative Perspective* (New York: Basic Books, 1979).
Lipset, Seymour Martin, *American Exceptionalism: A Double-Edged Sword* (New York: Norton, 1996).
Lösche, Peter, *Amerika in Perspektive. Politik und Gesellschaft der Vereinigten Staaten* (Darmstadt: Wiss. Buchges., 1989).
Melzer, Arthur M., Jerry Weinberger und M. Richard Zinman (eds.), *Multiculturalism and American Democracy* (Lawrence, Kansas: Kansas UP, 1998).
Münkler, Herfried, Hans Grünberger und Kathrin Mayer, *Nationenbildung: Die Nationalisierung Europas im Diskurs humanistischer Intellektueller* (Berlin: Akademie, 1998).
Münkler, Herfried, *Die Herausforderung durch das Fremde* (Berlin: Akademie, 1998).
Myrdal, Gunnar, *An American Dilemma. The Negro Problem and Modern Democracy* (New York/London: Harper, 1944).
Nash, Gary B., „The Great Multicultural Debate," *Contention* 1, 3 (1992).
Nye, Russel Blayne, *This Almost Chosen People. Essays in the History of American Ideas* (East Lansing, Mich.: Michigan State UP, 1966).
Miller, Perry, *Errand into the Wilderness* (Cambridge, Mass.: Belknap, 1956).
Ostendorf, Berndt (Hg.), *Multikulturelle Gesellschaft: Modell Amerika?* (München: Fink, 1994).
Ostendorf, Berndt, „Einwanderungspolitik der USA: Eine historische Skizze," in: ders. (Hg.), *Multikulturelle Gesellschaft: Modell Amerika?* (München: Fink, 1994), S. 15-31.

Pratt, Mary Louise, „Humanities for the Future: Reflections on the Western Culture Debate At Stanford," in: Darryl J. Gless und Barbara Herrnstein Smith (eds.), *The Politics of Liberal Education,* (Durham/London: Duke UP, 1992).

Ravitch, Diane, „Multiculturalism: E Pluribus Plures," in: Paul Berman (ed.), *Debating P. C.: The Controversy over Political Correctness on College Campuses* (New York: Bantham Doubleday, 1992), S. 271-298.

Rohe, Karl, „Politische Kultur und der kulturelle Aspekt von politischer Wirklichkeit – Konzeptionelle und typologische Überlegungen zu Gegenstand und Fragestellung Politischer Kultur-Forschung," in: Dirk Berg-Schlosser, Jakob Schissler (Hg.), *Politische Kultur in Deutschland* (Opladen: Westdt. Verl., 1987), S. 39-48.

Schlesinger, Arthur M., Jr., *The Disuniting of America. Reflections on a Multicultural Society* (New York/London: Norton, 1991).

Schneider, Alison, „Stanford Revisits the Course that Set Off the Culture Wars," *Chronicle of Higher Education* 43, Nr. 35 (May 1997), S. A10.

Shell, Kurt L., „Multikulturalismus und die Verfassung: Der Supreme Court zu den Grenzen des ethnischen oder religiösen Pluralismus," in: Berndt Ostendorf (Hg.), *Multikulturelle Gesellschaft: Modell Amerika?* (München: Fink, 1994), S. 95-109.

Shklar, Judith N., *American Citizenship. The Quest for Inclusion* (Cambridge, Mass.: Harvard UP, 1991).

Smith, Rogers M., „The „American Creed" and American Identity," *Political Quarterly* 41 (1988), S. 225-251.

Sollors, Werner, „De Pluribus Una/E Pluribus Unum. Matthew Arnold, George Orwell, Holocaust und Assimilation. Bemerkungen zur amerikanischen Multikulturalismusdebatte," in: Berndt Ostendorf (Hg.), *Multikulturelle Gesellschaft: Modell Amerika?* (München: Fink, 1994), S. 53-74.

Steele, Shelby, *The Content of Our Character. A New Vision of Race in America* (New York: St. Martin's Press, 1990).

Stuckey, M. E., *The President as Interpreter-in-Chief* (Chatham, NJ: Chatham House, 1991).

Taylor, Charles, *Multiculturalism and „The Politics of Recognition". With Commentary by Amy Gutmann* (Princeton, NJ: Princeton UP, 1992).

Vorländer, Hans, „Verfassungsverehrung in Amerika. Zum konstitutionellen Symbolismus in den USA," *Amerikastudien* 34 (1989), S. 69-82.

Vorländer, Hans, „American Creed. Liberale Tradition und politische Kultur der USA," in: Franz Greß, Hans Vorländer (Hg.), *Liberale Demokratie in Europa und den USA* (Frankfurt am Main/New York: Campus, 1990), S. 11-33.

Vorländer, Hans, *Hegemonialer Liberalismus. Politisches Denken und Politische Kultur in den USA 1767 – 1920* (Frankfurt am Main/New York: Campus, 1997).

Vorländer, Hans, „Politische Kultur," in: Willi Paul Adams, Peter Lösche (Hg.), *Länderbericht USA* (Frankfurt am Main/New York: Campus, 3. Aufl. 1999), S. 280-304.

Walzer, Michael, *What It Means to Be an American* (New York: Marsilio, 1992).

Wasser, Hartmut, *Die Vereinigten Staten von Amerika. Portrait einer Weltmacht* (Frankfurt/M.: Ullstein, 1984).

Waters, Mary C., *Ethnic Options. Chosen Identities in America* (Berkeley u. a.: University of California Press, 1990).

Zuckert, Catherine, „The Political Roots of the Battle of the Books," *College Teaching* 38, 3 (Summer 1990).

Multikulturalismus in öffentlichen Schulen der USA: Zwei Fallstudien

Ulrike Fischer-Inverardi

Einleitung

Diskussionen um *multicultural education* sind nicht neu. Tatsächlich kann das Konzept multikultureller Erziehung auf eine bis in die späten 1960er Jahre zurückreichende Tradition nicht nur in den USA, sondern auch in Kanada, Australien und Westeuropa, insbesondere Großbritannien, zurückblicken.[1] In den USA fand das seit der Bürgerrechts-Bewegung gewachsene Bewußtsein für unterschiedliche ethnokulturelle Traditionen und Identitäten im Bereich der öffentlichen Bildung seinen Ausdruck nicht zuletzt im *Ethnic Studies Heritage Act* von 1972. Das Gesetz förderte Bildungsreformen, die auf die Anerkennung von ethnischer und kultureller Heterogenität zielten. In diesem Zeitraum, von den späten 60er bis zu den späten 70er Jahren, entwickelten auch verschiedene professionelle Organisationen Positionen und Erklärungen zur Förderung von Multikulturalismus im Bildungsbreich. Zu nennen wären hier etwa die *American Association of Colleges for Teacher Education* mit dem Bericht *Teachers for a Real World* (1969) und einer weiteren Publikation, *No One Model American* (1972), die 1976 vom *National Council for the Social Studies (NCSS)* veröffentlichten *Curriculum Guidelines for Multiethnic Education* sowie die 1979 vom *National Council for Accreditation of Teacher Education* etablierte Anforderung, daß alle mit der Lehreraus- oder -weiterbildung befaßten Institutionen

1 Robert K. Fullinwider, „Multicultural Education: Concepts, Policies, and Controversies," in: ders. (Hg.), *Public Education in a Multicultural Society. Policy, Theory, Critique* (Cambridge,UK/New York: Cambridge UP, 1996), S. 6ff.

multicultural education in ihr Lehr- bzw. Ausbildungsprogramm aufnehmen müssen.[2]

Die Diskussion um *multicultural education* dieser Epoche unterschied sich jedoch von den Debatten um *multiculturalism* im Bereich der Bildung und öffentlichen Schulen in den späten 1980er und frühen 1990er Jahren in zweifacher Weise: Zum einen war jene inhaltlich stärker auf pädagogische Fragen konzentriert und beschäftigte sich weitgehend mit praktischen und theoretischen Aspekten bi- oder multikulturellen Unterrichts und Lernens. Zum anderen – und damit einhergehend – erregte sie kaum oder doch nur in eingeschränktem Maße über die unmittelbar „betroffenen“ Kreise hinaus, Pädagogen und Erziehungswissenschaftler, öffentliche Aufmerksamkeit. Die Mitte der 1980er Jahre einsetzende Debatte zeichnete sich hingegen durch heftige öffentliche Kontroversen aus und betraf weit mehr als rein pädagogische Fragen. Es ging, so die fast einhellige Einschätzung dieser Auseinandersetzungen, um die Identität der Nation und den Stellenwert der ethnokulturellen Minderheiten im nationalen Selbstverständnis.[3]

Die Diskussionen um *multiculturalism* in den öffentlichen Schulen der USA, in deren Zentrum – anders als in den Debatten an Colleges und Universitäten des Landes – nicht der Englisch- oder Literatur-Unterricht, sondern der Geschichts- und *social studies*-Unterricht stand, waren zum einen integraler Bestandteil der allgemein geführten Diskussion um *multiculturalism*, *national identity* und konkurrierende Interpretationen des Verhältnisses von *pluribus* und *unum*. Zum anderen aber sind sie auch zu betrachten vor dem Hintergrund einer zunehmend als krisenhaft empfundenen Schul- und Bildungssituation.[4] Bemerkenswert waren hier

2 Ebd., S. 7.

3 Arthur M. Schlesinger, Jr., *The Disuniting of America* (New York/London: Norton, 1992); William J. Bennett, „Why Western Civilization?,“ *National Forum,* June 69, 3 (1989), S. 3-6; ders., *The De-Valuing of America. The Fight for Our Culture and Our Children* (New York [u.a]: Summit Books, 1992); Diane Ravitch, „Education and the Public Good,“ *National Forum* (June 1989), S. 35-38; dies., „Diversity and Democracy: Multicultural Education in America,“ *American Educator* (March 1990), S. 17-20, S. 46-48; dies., „Multiculturalism. E Pluribus Plures,“ *American Scholar* 59 (Summer 1990), S. 337-354; dies., „Multiculturalism Yes, Particularism No,“ *Chronicle of Higher Education* (October 24, 1990); William F. Pinar, „Notes on Unterstanding Curriculum as a Racial Text,“ in: Cameron McCarthy und Warren Crichlow (eds.), *Race, Identity and Representation in Education* (New York/London: Routledge, 1993).

4 So brachen bspw. von den ca. 88,5 % der Kinder und Jugendlichen, die öffentliche Schulen in den USA besuchen, ca. 600.000-700.000 (das sind ca. 20%) jährlich

die zunehmend aktive Rolle der Bundesregierung bzw. des U.S. Department of Education sowie die seit den späten 1980er Jahren verstärkten Bemühungen um eine nationale Standardisierung von Curricula und Prüfungsanforderungen für die einzelnen Fächer.[5] Von Bedeutung war dieser allgemeinere bildungspolitische Kontext auch in Anbetracht der häufig unbefriedigenden Testergebnisse und hohen Quote von Schulabbrüchen der afro-amerikanischen und der hispanischen Schüler.[6] Viele Befürworter einer „multikulturalistischen" Reform des öffentlichen Bildungswesens argumentierten vor diesem Problemhintergrund und erhofften sich nicht nur Verbesserungen der schulischen Leistungen dieser Gruppen, sondern auch ihrer gesamten sozio-ökonomischen, psycho-sozialen und kulturellen Situation. Voraussetzung war, daß Lehrpläne und Unterrichtsmaterialien die Lebenswelt dieser Schüler reflektierten, der Lehrstoff den Kindern und Jugendlichen leichter zugänglich gemacht und das Selbstwertgefühl der eigenen (ethno-) kulturellen Gruppe gefördert würde.

Vor diesem Hintergrund sind die Diskussionen um eine multikulturalistische Reform der Geschichts- und *social studies*-Curricula zu interpretieren, die seit Mitte der 1980er Jahre in einer Vielzahl von Einzelstaaten und Schuldistrikten stattfanden und teilweise zu überarbeiteten Curricula-Rahmenrichtlinien und neuen Textbüchern führten.[7]

---

vorzeitig die *high school* ab; ca. 5 % der *high school graduates* sind „prepared to do college-level work" - in Großbritannien, der Bundesrepublik Deutschland und Frankreich sind es 17-24 %. Ca. 27 Millionen Amerikaner verfügen nicht über „basic literary skills", und geschätzte 45-50 Millionen sind funktionale Analphabeten (Angaben zit. nach „The Stupidification of America," *New Perspectives Quarterly* 7, 4 (Fall 1990), S. 47.).

5 Vgl. hierzu auch Deborah Meier, „Bush and the Schools: A Hard Look," *Dissent*, (Summer 1991), S. 329-331; Diane Massell, „Curriculum Reform in California and New York: A Tale of History-Social Science and Social Studies Standards. Case Study," in: Diane Massell et al., „Formulating Content Standards: Case Studies and Implications for National Content Standards. A report prepared for the National Education Goals Panel." Draft. New Brunswick et al. 1993.

6 So hatten bspw. im Jahr 1991 79,8 % der weißen Männer und 79,9 % der weißen Frauen mindestens vier Jahre Highschool abgeschlossen, jedoch nur 66,7 % der afroamerikanischen Männer und Frauen bzw. 51,4 % der hispanischen Männer und 51,2 % der hispanischen Frauen (U.S. Bureau of the Census, *Statistical Abstract of the United States: 1993. The National Data Book* (Washington, D.C.: GPO, 113th ed. 1994), S. 153).

7 Nicht übersehen werden sollte dabei allerdings, daß in vielen Schuldistrikten und Einzelstaaten – so bspw. auch New York State und Kalifornien – schon lange zuvor

So hatte bis 1991 mehr als die Hälfte aller Einzelstaaten auf die eine oder andere Weise die Implementierung von *multiculturalism* in ihr bildungspolitisches Programm aufgenommen, und zahlreiche Schuldistrikte bzw. -systeme hatten bereits ein multikulturelles Curriculum etabliert.[8] Im Zentrum der öffentlichen Aufmerksamkeit standen dabei meist einzelne, „spektakuläre" Passagen aus Richtlinien und Empfehlungen einzelner Schuldistrikte oder Einzelstaaten. Zu besonderer „Berühmtheit" gelangte so beispielsweise *Children of the Rainbow*, ein 1990/1991 in New York City entwickelter Curriculum-Leitfaden für die erste Klasse, der die Aufforderung an die Lehrer enthielt, die Erstklässler zur Toleranz gegenüber Homosexualität und Familien mit homosexuellen Elternpaaren zu erziehen. Die Passage entfachte eine aufgeregte öffentliche Diskussion, die nicht zuletzt zum Amtsverlust des *school chancellor* Joseph A. Fernandez, der den Leitfaden unterstützt hatte, beitrug. Ähnlich aufgeregt verliefen die Diskussionen im Staate New York und Kalifornien, deren Bemühungen um eine „multikulturalistische" Reform der Curricula und Textbücher hitzige Debatten auslösten.

Und in der Tat gehören New York State und Kalifornien nicht nur zu den bevölkerungsreichsten und ethnisch und kulturell heterogensten Einzelstaaten der USA. Sie sind beide zudem „traditionally active in curriculum policy"[9] und zeichnen sich – gegenüber anderen Einzelstaaten – auch durch Bildungspolitiken aus, die eine explizit multikulturelle, wenn auch unterschiedlich verstandene, Ausrichtung aufweisen. Sowohl New York State als auch Kalifornien waren bemüht, *multiculturalism* im Unterricht zu verankern, doch unterschieden sich die jeweiligen Politiken der beiden *Education Departments* ebenso deutlich voneinander wie auch der Gegenstand der öffentlichen Auseinandersetzungen. Während sich die Diskussionen in New York State primär auf verschiedene Berichte konzentrierten, die der Erarbeitung neuer Curricula und Richtlinien vorausgehen sollten, blieb in Kalifornien die Verabschiedung eines neuen *History-Social Science Framework* im Jahr 1987 weitgehend unumstritten. Dagegen entzündete sich hier im Prozeß der staatlichen Annahme (*adoption*) neuer Unterrichtsbücher, die diesen Rahmenrichtlinien folgten, eine heftige Kontroverse.

Bemühungen um die Inkorporierung multikultureller Lehrinhalte mit einigem Erfolg stattgefunden hatten.

8 Fullinwider, „Multicultural Education," S. 6.

9 Massell, „Curriculum Reform," S. 58.

Im folgenden soll die politisch-administrative Verarbeitung von Multikulturalismus im Bereich der Bildungspolitik in Kalifornien und New York State im Zentrum zweier Fallstudien stehen. Von primärem Interesse ist dabei die politische Artikulation von und der institutionelle Umgang mit ethnischer und kultureller Differenz; daneben wird nach der inhaltlichen Bedeutung neu entworfener Lehrpläne und Schulbücher hinsichtlich des nationalen Selbstverständnisses der USA gefragt. Im Vordergrund steht die Analyse aktueller Ursachen, des Kontexts von Diskussionen und Reformen, ihrer Träger und Argumentationslinien. Wer sind die Akteure im Prozeß der Institutionalisierung von Multikulturalismus, inwieweit sperren sich die bildungspolitischen Institutionen gegen die administrative Verankerung einer „Politik der Differenz" oder treiben sie voran? Wie unterscheidet sich der politisch-administrative Umgang mit ethnokultureller Heterogenität in New York State und Kalifornien, welche Gemeinsamkeiten gibt es, und welche Muster im Umgang mit der Differenz kristallisierten sich heraus?

New York State

> „To interpret American history is to shape
> the soul of our nation."[10]

New York State ist mit seiner ethnischen, kulturellen und sprachlichen Vielfalt einer der heterogensten Staaten der USA. Diese Heterogenität macht auch vor den Schultoren nicht halt: Wurde die Zahl jährlicher Einwanderer nach New York State auf 90 000 Menschen geschätzt[11] und gingen Demographen für das Jahr 2000 für New York State davon aus, daß jeder dritte New Yorker Angehöriger einer „Minorität" sein werde, so hatte schon Ende der 1980er Jahre jedes vierte Kind unter zehn Jahren zumindest einen nicht-englischsprachigen, immigrierten Eltern-

10 Thomas Sobol, „Remarks by Thomas Sobol." Vortrag beim 85. Annual Meeting der Organization of American Historians in Chicago, Illinois. April 4, 1992, S.1.

11 Thomas Sobol, „Letter to the Honorable the Members of the Board of Regents." Albany, NY, February 2, 1990, Anlage, S. 9.

teil.[12] Schuldistrikte, die vom Staat New York mit Förderprogrammen für Schüler mit beschränkten Englisch-Kenntnissen unterstützt wurden, unterrichteten über 100 000 Schüler mit über 80 verschiedenen Herkunftssprachen. Von den insgesamt 2 613 841 Kindern und Jugendlichen, die im Schuljahr 1991/92 in New York State öffentliche Schulen besuchten, waren 19,8 Prozent Schwarze (nicht hispanischer Herkunft), 15,6 Prozent *Hispanics*, 4,8 Prozent *American Indian*, *Alaskan Native*, *Asian* oder *Pacific Islander* und 59,8 Prozent weiß (ebenfalls nicht hispanischer Herkunft). Bemerkenswert sind die Unterschiede zwischen urbanen und ländlichen Gebieten: So liegt der Anteil der afroamerikanischen Schüler im Durchschnitt der „Big Five Cities" Buffalo, New York City, Rochester, Syracuse und Yonkers bei 38,5 Prozent, im Rest des Staates durchschnittlich bei 6,9 Prozent; die Kinder und Jugendlichen hispanischer Herkunft stellen insgesamt in den *Big Five* 32,8 Prozent, im restlichen Staat New York 3,7 Prozent der Schülerschaft; 7,9 Prozent der Schüler in den fünf großen Städten des Staates gehören zur Gruppe der *American Indians*, *Alaskan Natives*, *Asians* oder *Pacific Islander*, während diese Gruppe nur 2,5 Prozent der Schülerschaft im restlichen Staat stellt; und nur 20,8 Prozent der Schüler in New York City, Buffalo, Syracuse, Rochester und Yonkers sind weiß, während diese Gruppe 86,9 Prozent der Schüler im restlichen Staat ausmacht.[13]

Gegenstand und Gang der Debatte in Staate New York

Zentraler Gegenstand der Auseinandersetzungen in New York State waren zwei Berichte, die vom 1987 ernannten *New York State Commissioner of Education* und Leiter des *New York State Education Department*, Thomas Sobol, in Auftrag gegeben und von verschiedenen Kommissionen verfaßt worden waren: *A Curriculum of Inclusion* (1989) und *One Nation, Many Peoples: A Declaration of Cultural Interdependence* (1991). Im Gang der Implementierung unterrichtspolitischer Reformen sind sie Bestandteil einer frühen, konzeptionellen Phase:

---

12 Ebd., Anlage, S. 11.

13 New York State, *Racial/Ethnic Distribution of Public School Students and Staff in New York State 1991-92* (Albany, N.Y.: University of the State of New York, State Dept. of Education, Information Center on Education, 1991-92), S. 1.

Weder ging es in diesen Jahren in New York State um die Einführung neuer Unterrichtsmaterialien[14] noch um die Verabschiedung eines neuen curricularen Leitfadens. Gegenstand der Bemühungen war zunächst „nur" die Re-Evaluierung der Curricula aller Fächer bzw., im Zusammenhang mit dem zweiten Bericht, die Revision der bestehenden *social studies*-Syllabi und die Erarbeitung von Vorschlägen, wie die kulturelle und multikulturelle Kompetenz der Schüler verbessert werden könne. Erst im Anschluß an die heftigen Auseinandersetzungen, die sich im Kontext der beiden Berichte entwickelt hatten, wurde vom *New York State Education Department* ein sogenanntes *Social Studies Curriculum and Assessment Committee* mit der Erarbeitung von Lernzielen für den *social studies*-Unterricht beauftragt.

A Curriculum of Inclusion

Im Juli 1989 verabschiedete das *New York State Board of Regents*, das für die Bildungs- und Erziehungspolitik des Staates maßgebliche Gremium, den Bericht *A Curriculum of Inclusion*, der den Ausgangspunkt einer heftigen, an polemischen Untertönen reichen Diskussion bildete. Der umfangreiche Bericht war das Ergebnis der Arbeit der *New York State Task Force on Minorities: Equity and Excellence*, die im November 1987 vom im gleichen Jahr ernannten *New York State Education Commissioner* Thomas Sobol ins Leben gerufen worden war. Sie hatte zunächst die Aufgabe gehabt, einen Bericht über mögliche Verbesserungen der Praktiken gezielter Minderheitenförderung (*Affirmative Action*) zu erstellen. Nachdem dieser Bericht im Mai 1988 erschienen war, erhielt die *Task Force* die zweite Aufgabe, „to determine the status of the school curiculum in all subjects and whether it is serving the goal of all Regents to provide sound education in a pluralistic society."[15] Die *Task Force*, bestehend aus 17 Personen, die die verschiedenen ethnischen Gruppen in New York State repräsentieren sollten, untersuchte daraufhin die Curricula-Materialien und Syllabi des

14 Einen dem kalifornischen Beispiel vergleichbaren Annahme-Prozeß staatlich genehmigter Schulbücher kennt New York State ohnehin nicht.

15 New York Board of Regents, „The Regents Goals for Elementary, Middle, and Secondary School Students," (Albany: NY State Education Department, rev. ed. 1991), S. 3.

New York State Education Department. Dabei erkannte sie die bisherigen Bemühungen zur Entwicklung curricularer Materialien mit multikulturellen Inhalten an und bezog sich positiv auf die von den *Regents* gesetzten Ziele des New Yorker Erziehungssystems:

> Each student will develop the ability to understand, respect, and accept people of different races; sex; cultural heritage; national origin; religion; and political, economic, and social background, and their values, beliefs, and attitudes.[16]

Im Rahmen der Untersuchung der bisherigen Curricula und Syllabi wurde für jede der vier großen ethnischen Gruppen, d.h. für die *Asian Americans*, die *Latinos*, die *Native* und die *African Americans*, je ein mit der Durchsicht der Materialien betrauter Berater bestellt, der die Präsentation der jeweiligen Gruppe evaluieren sollte. Für die Gruppe der *African Americans* übernahm diese Aufgabe Leonard Jeffries, *Chair* des Department of Black Studies am City College of New York, der in den folgenden Jahren für seine afrozentrischen und antisemitischen Bemerkungen bekannt wurde. Während Harry Hamilton von der State University of New York at Albany im Bericht als Hauptautor genannt wurde, ging offenbar ein beträchtlicher Teil der später als „aufrührerisch" kritisierten Formulierungen („inflammatory speech") des Berichts auf Jeffries zurück. In den folgenden Jahren versuchte sich das *State Education Department* – mit nur begrenztem Erfolg – von Jeffries zu distanzieren.

Inhaltlich bedeutete der Bericht die harsche Ablehnung eines als oppressiv empfundenen Eurozentrismus:

> African Americans, Asian Americans, Puerto Ricans/Latinos, and Native Americans have all been the victims of an intellectual and educational oppression that has characterized the culture and institutions of the United States and the European American world for centuries. [...] Task Force members and curriculum consultants found that the current NYS Education Department curricular materials, though improved recently, are contributing to the miseducation of all young people through a systematic bias toward European culture and its derivatives.[17]

Die *Task Force* konstatierte, daß Stereotypen und Desinformationen Teil der dominanten Kultur geworden seien und die Mißachtung von

16 Ebd., S. 7.

17 New York State Task Force on Minorities, „Equity and Excellence: A Curriculum of Inclusion." Albany, N. Y., 1989, S. iii.

Minoritäten nicht nur verheerende Auswirkungen auf die Psyche junger Angehöriger von Minderheiten selbst, sondern auch – wenn auch in anderer Form – auf junge Menschen euroamerikanischer Herkunft gezeitigt hätte. Trotz einiger Verbesserungen zeigten die Unterrichtsmaterialien, so kritisierte die *Task Force* weiter, ein mangelndes Verständnis für die substantiellen Probleme eines richtig verstandenen Multikulturalismus:

> [...] that multiculturalism developed in the syllabi is additive and not at the center of the endeavors. It involves form and not substance and projects dominant European American values. The overall impression of the Task Force is that there has been an attempt to broaden content to reflect the pluralism of American society without changing the traditional approach. The European American monocultural perspective prevails.[18]

Insgesamt, so die Schlußbewertung der Analyse, reflektierten die vorhandenen Curricula-Materialien nicht – oder völlig unzureichend – den pluralistischen Charakter der US-amerikanischen Gesellschaft; die Beiträge der Afro-Amerikaner, *Asian Americans*, *Native Americans* und *Puerto Ricans/Latinos* zur Entwicklung der Vereinigten Staaten würden systematisch verzerrt, marginalisiert oder übergangen.

Ausgehend von den häufig schlechten Testergebnissen, hohen Schulabbruch-Quoten von Minoritäten angehörenden Schülern und dem daraus abgeleiteten Versagen des Bildungssystems gegenüber den Bedürfnissen afro-amerikanischer, hispanischer, indianischer und asiatisch-amerikanischer Jugendlicher forderte die *Task Force* eine grundlegende Überprüfung und Re-Evaluierung der „total educational experience". All zu oft, so heißt es in dem Bericht, „the current approach ‚turns off' the child who is not European American." Diesen Kindern werde häufig nur ein negatives Bild ihrer selbst, ihrer Familie und ihrer Gemeinschaft vermittelt. Geringes Selbstbewußtsein, eine negative Erwartungshaltung und vorzeitiges Verlassen der Schule seien die Folge, wenn diese Kinder und Jugendlichen nicht gar als „non-achievers" aus den Schulen gedrängt würden.[19]

Demgegenüber empfahlen die *Task Force* und ihre Berater ein neues Curriculum, das auf einem multikulturalistischen Modell basierte und

18 Ebd., S. 21.
19 Ebd., S. 34f.

eine grundsätzliche Alternative zu dem bestehenden Curriculum mit seinen „exklusiven, elitären ideologischen Grundlagen“ und seinem „weißen Nationalismus“ darstellen sollte. Das Ziel bestand in der Herausbildung von größerem Selbstbewußtsein und Selbstrespekt von Schülern, die Minoritäten angehörten; Kinder, die aus europäischen Kulturen stammten, sollten dagegen eine „weniger arrogante Perspektive“ entwickeln. Alle sollten lernen, daß – so mit dem „eurozentrischen“ Bezug auf König Arturs Tafelrunde – „no culture is the master of the table“.[20]

Der Bericht schloß mit neun Empfehlungen, die auf die konkrete Institutionalisierung multikultureller Inhalte abzielten. So wurde u.a. gefordert: die Schaffung der Position eines „Special Assistant to the Commissioner for Cultural Equity“; die sofortige und fundamentale Revision aller Curricula etc.; die Beteiligung von Mitgliedern aller ethnischen Gruppen des Staates New York an der Entwicklung neuer Curricula; die Aufforderung an Schulbuch-Verleger zur Entwicklung von Texten, die auch in der „Substanz“ multikulturalistisch seien; die obligatorische Aufnahme von *multicultural education* in Ausbildung und Prüfungsanforderungen für künftige Lehrer; verstärkte Bemühungen um eine erhöhte kulturelle Diversität des Lehrpersonals an Schulen, Colleges und Universitäten.[21]

Der Publikation des Berichts folgte eine hitzige Debatte, die durch die öffentliche Stellungnahme eines selbsternannten *Committee of Scholars in Defense of History* im Sommer 1990 ausgelöst wurde. Diesem Ausschuß gehörten Diane Ravitch, Arthur Schlesinger, Jr., Michael Kammen, Richard Sennett und andere an. Sie warfen dem Bericht *A Curriculum of Inclusion* vor, daß er voller Verachtung die *Western tradition* zurückweise und den Geschichtsunterricht in eine Form sozialer und psychologischer Therapie zur Stärkung des Selbstbewußtseins von Minoritätenkindern verwandle. Geschichte werde damit auf „ethnic cheerleading“ reduziert.[22] Auch Schlesingers Buch *The Disuniting of America* (1991) ist in direktem Zusammenhang mit der Auseinandersetzung um die New Yorker Multikulturalismus-Politik zu sehen. Auch innerhalb des *New York State Education Department* wurde Kritik an

20 Ebd., S. 36f.
21 Ebd., S. 39ff.
22 Zit. nach Fullinwider, „Multicultural education,“ S. 5.

dem Bericht laut – nicht zuletzt angesichts der Tatsache, daß bereits in den Jahren zuvor Curricula-Revisionen mit dem Ziel einer stärkeren Gewichtung Afrikas, Süd- und Ostasiens und Lateinamerikas in den Lehrplänen stattgefunden hatten.[23] In der öffentlichen Diskussion wurde der Bericht als ein „poorly thought-out document, steeped in racial victimology and hostility to the West“[24] kritisiert, das offen eine „radikale und zutiefst pessimistische Kritik der amerikanischen Gesellschaft“ unterstütze.[25] Unmißverständliche Kritik kam auch vom kalifornischen *Superintendent of Public Instruction*, Bill Honig, der den Bericht unverhohlen als „Rassismus“ bezeichnete. Und die *Social Studies Review*, deren Mitherausgeber Gilbert Sewall den kalifornischen Reformansatz aktiv unterstützte, stufte den Bericht als „an angry, ignorant, polemical document“ ein.[26] In vielen Stellungnahmen wurde der „inflammatory tone“ des Berichts, die schroffe Denunzierung westlicher Traditionen sowie die angeblich mit dem Multikulturalismus einhergehende Gefahr der „Balkanisierung“ der amerikanischen Gesellschaft attackiert. Kritisiert wurden weiterhin die Überbetonung der Bedeutung von Ethnizität sowie die personelle Zusammensetzung der *Task Force*[27] und die prominente Stellung von Leonard Jeffries.[28]

---

23 Massell, „Curriculum Reform," S. 83.

24 Lawrence Auster, „The Regents' Round Table," *National Review* (December 8 1989), S. 18.

25 Scott McConnell und Eric Breindel, „Head to Come. Is 'white nationalism' the problem?," *The New Republic* (January 8 & 15 1990), S. 18.

26 Beides zit. nach Catherine Cornbleth und Dexter Waugh, *The Great Speckled Bird. Multicultural Politics and Education Policymaking* (New York: St. Martin's, 1995), S. 96.

27 *Chair* der *Task Force* war Hazel Dukes, die damalige Präsidentin von NAACP von New York State; nur eines des 17 Mitglieder sei weiß gewesen. Insgesamt hätten, so Kritiker, bei der personellen Bestellung der *task force* nicht Kriterien der fachlichen bzw. pädagogisch-didaktischen Kompetenz, sondern politische Überlegungen im Vordergrund gestanden. So schreibt die New York Times in einem *editorial*, die *task force* sei „dominated by political and education activists, not curriculum experts" (zit. Massell, „Curriculum Reform," S. 84).

28 Vgl. auch Cornbleth/Waugh, *The Great Speckled Bird*, S. 96.

One Nation, Many Peoples: A Declaration of Cultural Interdependence

Im Juli 1990 wurde durch den *New York State Commissioner of Education*, Thomas Sobol, ein neues Komitee bestellt, das sich aus Lehrern, Verwaltungsbeamten und Wissenschaftlern zuammensetzte. Neben Vertretern der verschiedenen ethnischen Gruppen gehörten diesem Kommittee u.a. auch Nathan Glazer, Arthur M. Schlesinger, Jr. und Kenneth T. Jackson an.[29] Dieses *New York State Social Studies Review and Development Committee* hatte die Aufgabe,

> to review existing State social studies syllabi and to make recommendations to the Commissioner to increase students' understanding of American culture and history; the cultures, identities and histories of the diverse groups which comprise American society today; and the cultures, identities and histories of other peoples throughout the world.[30]

Damit schloß sich die Arbeit dieses *Committee* an die der vorangegangenen *Task Force* an, wenn nun auch explizit allein die *social studies* Gegenstand von Untersuchung und Diskussion waren. Der abschließende Bericht, *One Nation, Many Peoples: A Declaration of Cultural Interdependence* (Juni 1991), der schließlich in einer neuen multikulturellen Bildungspolitik von New York State resultierte, war – verglichen mit seinem Vorgänger *A Curriculum of Inclusion* – deutlich moderater im Ton. Die bestehenden Syllabi wurden zwar kritisiert, weil sie den multikulturellen Charakter der Nation nur unzureichend reflektierten, insgesamt aber hielt das *Committee* an der Idee einer gemeinsamen nationalen Identität fest.

So wurde in der Zusammenfassung auf den Prozeß des *nation-building* hingewiesen, in den die USA fortdauernd involviert seien, und in dem die Schulen und gerade der *social studies*-Unterricht mit seiner Thematisierung der nationalen Geschichte, Traditionen und Werte eine herausragende Rolle spielten. Gleichzeitig jedoch wurde in der Präambel

---

29 13 der 24 Mitglieder des Committee gehörten Universitäten an, die Hälfte der Mitglieder waren *European Americans*, sechs waren Afro-Amerikaner, vier waren *Hispanics*, weiterhin gehörten ein *Asian American* und ein *Native American* der Gruppe an. Mit neun Personen bildete die Gruppe der männlichen *European Americans* die größte Subgruppe des *Committee* (vgl. Cornbleth/Waugh, S. 103).

30 New York State Social Studies Review and Development Committee, „One Nation, Many Peoples: A Declaration of Cultural Interdependence." Albany, N.Y., 1991, S. vi.

des Dokuments eine grundlegende Reorientierung des amerikanischen Selbstverständnisses seit den 1960er Jahren konstatiert, in deren Verlauf frühere Vorstellungen einer Assimilation an das anglo-amerikanische Modell in Frage gestellt worden seien:

> [...] in recent decades many in the United States [...] have been encouraging a more tolerant, inclusive, and realistic vision of American identity than any that has existed in the past.[31]

Die „Desubstantialisierung" des amerikanischen Selbstbildes wurde positiv bewertet, gleichzeitig aber an der unverzichtbaren Verpflichtung dieser nationalen Identität zugunsten der nationalen demokratischen Prinzipien und des „nation-building in which all Americans are engaged" festgehalten. Aus dieser Konzeption nationaler Identität ergaben sich besondere bildungspolitische Konsequenzen:

> This situation is a current reality, and a multicultural education, anchored to the shared principles of a liberal democracy, is today less an educational innovation than a national priority.[32]

Die Verfasser des Berichts forderten zugleich die Anerkennung „kultureller Interdependenz" und die Anerkennung des Rechts auf kulturelle Diversität. *Multicultural education* sei keine „source of dissolution", sondern notwendig für kulturelle Lebendigkeit, soziale Stabilität und ökonomische Zukunft von New York State wie der USA insgesamt. Auftrag öffentlicher Bildung und Erziehung sei es, sowohl den Erfordernissen einer auf „citizenship in a common polity" ausgerichteten Bildung wie auch dem Imperativ respektvoller Anerkennung von fortdauernden Unterschieden und ethnischer Diversität gerecht zu werden. Die Aufgaben des *social studies curriculum* wurden folglich primär in der Entwicklung von Bewußtsein und Kenntnissen der USA als einer multikulturellen Gesellschaft, der Förderung bürgerschaftlichen Verantwortungsgefühls sowie der Entwicklung kognitiver und sozialer Kompetenzen gesehen. Die unerläßliche Inkorporierung einer multikulturellen Perspektive in das Curriculum umfasse

> that all the applicable viewpoints of the historical and social protagonists should be explored, paying special attention to the ways in which race, ethnicity, gender and

---

31 Ebd., S. vii, xi.
32 Ebd., S. ix.

class generate different ways of understanding, experiencing and evaluating the events of the world.[33]

Sieben Pinzipien oder Hauptthemen, so das Komitee, sollten ein entsprechendes *social studies curriculum* strukturieren: „Demokratie", „Diversität", „Ökonomische and soziale Gerechtigkeit", „Globalismus", „Ökologisches Gleichgewicht", „Ethik and Werte", „Individuum und Gesellschaft". Die Auswahl der Lerninhalte sollte „kulturell inklusiv" sein, die Inhalte sollten „Vielfalt und Einheit" innerhalb und zwischen den verschiedenen Gruppen repräsentieren und in Zeit und Raum kontextualisiert werden, multikulturelle Perspektiven sollten das gesamte Curriculum prägen und die behandelten Inhalte als „socially contructed and therefore tentative – as is all knowledge" betrachtet werden. Um all dies zu realisieren, wurde die Schaffung bestimmter Bedingungen als erforderlich angesehen, an deren erster Stelle ein „[p]ublic and professional *commitment* to multicultural social studies education" genannt wird.[34]

Obwohl der Bericht *One Nation, Many Peoples: A Declaration of Cultural Interdependence* in seiner Entstehung, Anlage und Aussage auf einen breiten öffentlichen Konsens abzielte, konnte er nur sehr begrenzt beruhigend auf die aufgeregte öffentliche Debatte einwirken. Auch dieser Bericht wurde wie sein Vorgänger heftig kritisiert, wobei die Kritik nicht nur von außen,[35] sondern zum Teil auch aus den Reihen der Kommission und ihrer Berater selbst kam: In einer abschließenden Erklärung des Berichts hatten die beiden Vorsitzenden, Edmund W. Gordon und Francis Roberts, zwar das große Maß an Konsens unter den Mitgliedern der Kommission gelobt, doch schon auf der folgenden Seite wurde der Dissens innerhalb des *Committee* wieder spürbar:

[...] Some of us feel strongly that social studies should stress the nation's common values and traditional conceptions of our history. Others of us feel that those values and conceptions have become truncated as a result of the hegemonic ascendance of

33 Ebd., S. 1, 4, 7.

34 Ebd., S. 8-13.

35 Kritik kam u.a. von Paul Gagnon, der in die Entwicklung des kalifornischen *History-Social Science Framework* involviert (s. Pkt. 3.) und auch als Mitglied des *Social Studies Review and Development Committee* eingeladen war, aber abgelehnt hatte, und hier kritisierte, der neue *report* meide lediglich die äußerst extreme Sprache seines Vorgängers (vgl. Massell, „Curriculum Reform," S. 86).

cultural elements, values and world views that tend to be associated with our European ancestry alone. Thus the insistence on the inclusion of broader perspectives and non-dominant knowledge sources. But the question arises as to whether we can conjointly serve both *pluribus* and *unum*. The consensus arrived at in this Committee suggests that we can.[36]

Der hier nur angedeutete Konflikt innerhalb des *Committee* wird im Anhang des Berichts, in dem einige „Additional Comments“ von seiten verschiedener Mitglieder bzw. Berater abgedruckt sind, explizit: So erkennt beispielsweise Nathan Glazer zwar an, daß der Bericht zwei „Extreme“ vermeide. Weder finde sich hier die Betonung erzwungener Amerikanisierung und Assimilierung einerseits, noch ein „parcelling out of American history into a different and incompatible story for each group, generally told by a few activists and militants speaking for the group“ andererseits. Letzteres stelle eine Tendenz dar, die „in einem früheren Bericht“ scheinbar favorisiert worden sei. Trotz des Umgehens dieser beiden „Extreme“ aber sieht Glazer die Gefahr der Hypostasierung von „race, ethnic group, culture, people“. Deutlicher noch werden Kenneth T. Jackson und Arthur M. Schlesinger, Jr. in ihren ebenfalls im Anhang veröffentlichten „Dissenting Comments“: Die Kritik beider geht in die gleiche Richtung – im Bericht werde das *pluribus* überbetont und das *unum* vernachlässigt. So folgt dem ausdrücklichen Bekenntnis Jacksons zu kultureller Diversität und zum multikulturellen Charakter der Vereinigten Staaten die unmißverständliche Absage an die grundlegende Orientierung des Berichts an einem Konzept „kultureller Interdependenz“:

But I cannnot endorse a “Declaration of Cultural Interdependence” [...]. Within any single country, one culture must be accepted as the standard. Unfortunately, our document has virtually nothing to say about the things which hold us together.[37]

Auch Schlesinger, Jr. betont zunächst seine ausdrückliche Zustimmung zu vielen der praktischen Empfehlungen des Berichts wie der Inkorporierung alternativer Interpretationen und „multipler Perspektiven“ in den Unterricht. Doch er spricht sich gegen die „underlying philosophy“ des Berichts aus, die er in der durchgehenden Klassifizierung aller Amerikaner nach rassischen oder ethnischen Kriterien sowie in einer generellen Überbetonung von Ethnizität sieht. Mit der Auffassung, daß Schutz,

---

36 New York State Social Studies Review and Development Committee, „One Nation, Many Peoples,“ S. 29f.

37 Ebd., S. 35-45.

Stärkung und Festhalten an ethnischer Herkunft und Identität als Hauptaufgabe öffentlicher Bildung begriffen werde, vollziehe sich jedoch die Abkehr von der „historic theory of America", die schließlich nicht in der Bewahrung alter Kulturen und Identitäten, sondern in der Schaffung einer neuen nationalen Kultur und Identität bestanden habe. „The republic," so die Quintessenz der Schlesinger-Kritik, „has survived and grown because it has maintained a balance between *pluribus* und *unum*. The report, it seems to me, is saturated with *pluribus* and neglectful of *unum*."[38]

Im Juli 1991 schaltete sich schließlich New Yorks Gouverneur Cuomo mit dem Versuch eines Ausgleichs in die Diskussion ein, indem er betonte, das Ausleben und die Anerkennung von Diversität hänge von der Übereinkunft auf bestimmte gemeinsame Ideen und Werte ab, man habe also nicht die Wahl zwischen beidem; vielmehr sei das Recht auf Unterschiedlichkeit ein zentraler, vereinheitlichender amerikanischer Wert.[39]

Der New Yorker Ansatz

Anders als in Kalifornien bildete in New York State das explizite Bemühen um eine dem pluralistischen Charakter der Gesellschaft gerecht werdende Bildungspolitik das die Reformanstrengungen auslösende Moment. Damit wurde eine seit Jahren auf Einzelstaatsebene verfolgte Politik fortgesetzt: So verlangten nicht nur die *Regents Goals for Elementary, Middle, and Secondary School Students*, daß in den Schulen Verständnis, Respekt und Akzeptanz für Diversität entwickelt und gefördert würde. Auch die 1987 erschienene Ausgabe der *New York State Social Studies Syllabi* hatte bereits auf der Inkorporierung multikultureller Inhalte bestanden, ebenso wie in einer Vielzahl vorangegangener Publikationen für den *social studies*-Unterricht der ethnischen Heterogenität der New Yorker Schülerschaft Rechnung getragen werden sollte. Insofern also reihen sich die beiden hier disku-

38 Ebd., S. 45ff.

39 Massell, „Curriculum Reform," S. 87

tierten Berichte in eine bereits bestehende „Tradition" von *multicultural education* in New York State ein.[40]

Dennoch fallen die Berichte – insbesondere der erste – hinsichtlich des Ausmaßes, in dem sie zum Gegenstand der öffentlichen Auseinandersetzung wurden, aus dem Rahmen der bisherigen New Yorker Politik. Partiell läßt sich dies auch aus dem Umstand erklären, daß *multicultural education* bzw. Multikulturalismus zum Zeitpunkt ihres Erscheinens einen so prominenten Platz auf der nationalen Agenda einnahm. Der Bericht *A Curriculum of Inclusion* enthielt denn auch Passagen und Formulierungen, die sich in ungewohnter Schärfe von „westlicher Zivilisation" distanzieren, was offenbar nicht zuletzt das Resultat der personellen Zusammensetzung der *Task Force* und ihrer Beratergruppe war.

Für die Benennung der Mitglieder der *Task Force* und Berater war der 1987 vom *New York State Board of Regents* zum neuen *Commissioner of Education* ernannte Thomas Sobol zuständig gewesen, dessen eigene Benennung seinerzeit nicht unumstritten geblieben war: Insbesondere verschiedene Minderheitengruppen – so etwa der *Black* und der *Puerto Rican Caucus* in der Legislative des Staates New York –, hatten einen ihnen nahestehenden *Commissioner* favorisiert und äußerten nun Kritik an dem weißen, männlichen *Commissioner*, der zuvor *Superintendent of Schools* im wohlhabenden Scarsdale, Westchester County, gewesen war und ihnen insofern als Leiter des *State Education Department* in New York, einem der heterogensten Staaten der USA, ungeeignet erschien. Insofern konnte der Eindruck entstehen, Sobol habe mit einer seiner ersten Amtshandlungen – nämlich der Bestellung der *New York State Task Force on Minorities: Equity and Excellence* – den Bedenken jener Gruppierungen entgegentreten und sie für sich einnehmen wollen.

Die Heftigkeit der öffentlichen Kritik an *A Curriculum of Inclusion* veranlaßte dann jedoch Sobol bzw. das *New York State Education Department*, sich um eine Distanzierung von der „inflammatory speech" des Berichts zu bemühen und schließlich eine Fortsetzung der Revision der vorhandenen Curricula-Materialien zu veranlassen.[41] Dabei war

---

40 Sobol, „Letter to the Honorable the Members of the Board of Regents," (1990) Anlage, S. 1ff.

41 Diese Verknüpfung wird von dem *New York State Education Department* jedoch bestritten: Die Bestellung eines zweiten *Committee*, das schließlich einen zweiten, deutlich moderateren – aber dennoch umstrittenen – Bericht erarbeitete, sei in keiner

Sobol offensichtlich darum bemüht, die Veröffentlichung von *A Curriculum of Inclusion* und – wichtiger – die daraus vom *State Education Department* abgeleiteten Schritte als mit der bisherigen Position und Politik des *State Education Department* übereinstimmend darzustellen, ohne dabei die inhaltliche Akzentuierung des Berichts zu übernehmen: So sandte er am 2. Februar 1990 an die Mitglieder des *Board of Regents* ein Papier „Strengthening Students' Understanding of One Another, our Culture, and the World".[42] In diesem Papier wird der „long and active record of support for efforts to increase students' understanding of cultural diversity" von seiten der *Regents* betont.[43] Nicht zuletzt aufgrund aktueller demographischer Entwicklungen und auf der Grundlage des Berichts wurden die *Regents* aufgefordert, den *Commissioner* und seine Mitarbeiter zu beauftragen,

> to develop and submit to the Regents for their review a detailed plan for increasing students' understanding of American history and culture, of the history and culture of the diverse groups which comprise American society today, and of the history and culture of other peoples throughout the world.[44]

In der sich anschließenden Begründung für diese Empfehlung wurde die von dem Bericht deutlich unterschiedene inhaltliche Akzentuierung dieses Papiers – und damit die Position Sobols bzw. des *State Education Department* – deutlich:

> We face a paradox: only through understanding our diverse roots and branches can we fully comprehend the whole. Only by accomodating our differences can we become one society.[45]

In einem folgenden Schreiben an „interested persons" vom 22. Februar 1990 informierte Sobol, daß das *Board of Regents* in der vorangegangenen Woche einstimmig die „review and possible revision" der Curricula beschlossen habe, um Kenntnis und Verständnis der verschiedenen ethnischen Gruppen in der amerikanischen Gesellschaft und der

---

Weise eine Reaktion auf die vorausgegangene heftige Kritik gewesen, sondern der logische zweite Schritt in einem geplanten Prozedere (Persönliches Gespräch der Verf. mit einer Vertreterin des NYSED, Albany, NY, Juni 1993).

42 Sobol, „Letter to the Honorable the Members of the Board of Regents," Anlage.

43 Ebd., Anlage, S. 1ff.

44 Thomas Sobol, „Letter to the Honorable the Members of the Board of Regents." Albany, NY, February 2, 1990, S. 10f.

45 Ebd., S. 13.

Welt seitens der Schüler zu fördern.[46] Auch hier wurde wieder die Konsistenz dieser Maßnahme mit der bisherigen Politik betont; zugleich enthielt das Schreiben eine partielle Distanzierung von *A Curriculum of Inclusion*:

> The Board and I agree with the central message of the report: that we should be more inclusive in teaching about American and world history and culture. However, the Board and I do not associate ourselves with all of the language of the report, nor do we agree with every assertion and recommendation which it makes.[47]

Ohne ausdrücklich auf die Vielzahl der in der öffentlichen Debatte erhobenen Vorwürfe Bezug zu nehmen, bemühte sich Sobol auf den folgenden Seiten erneut um eine konsensfähige Präsentation der angestrebten Reformmaßnahmen: Nein, so hieß es ausdrücklich, Geschichte solle nicht neu geschrieben oder verzerrt, sondern lediglich besser unterrichtet werden; die Bedeutung der westlichen Zivilisation und Werte gerade auch für die amerikanischen Gesellschaft solle nicht gemindert, sondern lediglich durch die zusätzliche Beschäftigung mit anderen Kulturen ergänzt werden, und das neue Curriculum werde nicht zu einer Fragmentierung der Gesellschaft führen, sondern, ganz im Gegenteil, den gesellschaftlichen Zusammenhalt stärken.[48]

Im April 1990 verabschiedeten die *Regents* einen Fünf-Stufen-Plan mit dem Ziel, die Kenntnisse der Schüler der amerikanischen Geschichte und Kultur, der Geschichte und Kultur der verschiedenen in den USA lebenden ethnischen Gruppen sowie der Geschichte und Kultur anderer Völker zu verbessern. Übergeordnete Überlegung war dabei, wie Sobol in einem Schreiben an die *Regents* vom 12. Juli 1991 noch einmal in Erinnerung rief, daß jegliche Prüfung und Revision von Syllabi „thoughtful, scholarly, and apolitical" zu sein habe.[49] Im Juli 1990 erfolgte daraufhin die Bestellung des *New York State Social Studies Syllabus Review and Development Committee* und im Juni 1991 die Veröffentlichung des Berichts *One Nation, Many Peoples: A Declaration of Cultural Interdependence*. Dieser Bericht lieferte zugleich die

---

46 Ebd., S. 1.

47 Thomas Sobol, „Letter to Interested Persons." Albany, NY, February 22, 1990, S. 2f.

48 Ebd., S. 4f.

49 Thomas Sobol, „Letter to the Honorable the Members of the Board of Regents." Albany, NY, July 12, 1991, S. 3.

Grundlage für die Erarbeitung des „Aktionsprogramms" *Understanding Diversity*.[50] Leitender Gedanke war hier die Vereinbarkeit von Vielfalt und nationaler Einheit:

> Our unity and our diversity are not opposites; they are necessary complements of each other. Both should be taught.[51]

Die britisch-europäischen Wurzeln amerikanischer Politik und Kultur wurden explizit anerkannt. In Abgrenzung von einer möglichen Überbetonung von ethnischer und kultureller Differenz, vor der Nathan Glazer in seinem Kommentar im Anschluß des Berichts warnte, heißt es:

> Thus the social studies syllabi should treat the issues of race, ethnicity, and culture as one way of understanding American history and American society today – indeed, they should treat them as issues without which American history and society cannot be understood. At the same time, however, the syllabi should not regard such issues as the sole way of understanding the United States.

Ausdrücklich nicht empfohlen wurde also, so Sobol: „trashing the traditions of the West", „ethnic cheerleading and separatism", „distorting history", „a curriculum of self-esteem", „a study of American history based on ethnicity or culture alone" oder ein afrozentrisches Curriculum.[52]

Insgesamt beruhte *Understanding Diversity* unübersehbar auf *One Nation, Many Peoples: A Declaration of Cultural Interdependence*, wenngleich eine inhaltliche Akzentverschiebung hin zur stärkeren Betonung des *Unum* unübersehbar war. Entsprechend beinhalteten die empfohlenen Maßnahmen die Darstellung multipler Perspektiven und der gemeinsamen Traditionen. Die vorgeschlagenen Schritte wurden schließlich mit 12 zu 3 Stimmen von den *Regents* angenommen und so zur Grundlage der *multicultural education*-Politik und des *social studies curriculum* von New York State gemacht. In den folgenden Jahren erarbeitete das *Social Studies Curriculum and Assessment Committee* auf Grundlage des *Understanding Diversity*-Pakets sowie des allgemeinen bildungspolitischen Reformprogramms *A New Compact for Learning*

---

50 Thomas Sobol, „Letter to the Honorable the Members of the Board of Regents." Albany, NY, July 12, 1991, 4ff.

51 New York State Social Studies Review and Development Committee, „One Nation, Many Peoples: A Declaration of Cultural Interdependence." Albany, N.Y., 1991, S. 7.

52 Ebd., S. 10-12.

verschiedene Rahmenrichtlinien und curriculare Leitfäden für den *social studies*-Unterricht.[53]

In den Reformbemühungen New Yorks ist zunächst kaum ein entschiedenes und erfolgreiches Beharren auf der Durchsetzung einer bestimmten Konzeption von *multicultural education* erkennbar, wenngleich das *New York State Education Department* offenkundig um den Eindruck der Konsistenz und Stringenz seiner Maßnahmen bemüht war. Evident ist der im Vergleich zu Kalifornien deutlich höhere Stellenwert, den Multikulturalismus und multikulturelle Bildung auf der Agenda des *New York State Education Department* Ende der 1980er und zu Beginn der 1990er Jahre einnahmen. So schien der Bericht *One Nation, Many Peoples* zwar deutlich moderater als *A Curriculum of Inclusion*, ging aber gleichwohl über das kalifornische *Framework* hinaus, insofern er eine komplexere Auseinandersetzung mit ethnischer und kultureller Differenz darstellte und nicht auf die im kalifornischen *Framework* vorherrschende euro-amerikanische Perspektive beschränkt blieb. Gleichzeitig war ein Zurückweichen angesichts der massiven Kritik unübersehbar, die insbesondere der erste Bericht, aber auch *One Nation, Many Peoples* ausgelöst hatten. Immer wieder wurde die Bedeutung einer gemeinsamen nationalen Identität unterstrichen: „We all want a society in which differences are respected but all are joined in a common cause.“[54]

Während sich das kalifornische Beispiel, wie im folgenden gezeigt wird, durch die bewußte Verfolgung und Realisierung einer spezifischen Multikulturalismus-Konzeption auszeichnet, kann mit Blick auf New York State eher von einem „offenen“ Diskurs gesprochen werden. Diese „Offenheit“ schien letztlich jedoch auch einen Mangel an Durchsetzungskraft zugunsten der Institutionalisierung des favorisierten Modells zu implizieren, wie der schleppende Prozeß nach 1991 zeigen sollte.

53 Massell, „Curriculum Reform,“ S. 59; Cornbleth/Waugh, *The Great Speckled Bird*, S. 94.

54 Thomas Sobol, „Remarks by Thomas Sobol.“ Vortrag beim 85. Annual Meeting der Organization of American Historians in Chicago, Illinois. April 4, 1992.

Kalifornien

„California is the place where
new definitions of America are emerging."[55]

Ebenso wie die Auseinandersetzungen im Staate New York war die kalifornische Diskussion um multikulturelle Erziehung von nationaler Bedeutung. So wurde nicht nur von den Kontrahenten in der kalifornischen Debatte, die sich primär um die staatliche Annahme neuer Unterrichtsbücher für *History-Social Science* drehte, immer wieder auf die herausragende Bedeutung Kaliforniens als Signal oder Trendsetter für die gesamte Nation hingewiesen – der *Golden State* nahm mit seiner ethnokulturellen und linguistischen Heterogenität wie auch mit seiner hohen Bevölkerungszahl in mehrerer Hinsicht eine wichtige Vorreiterrolle ein. Demographen schätzten, daß zur Jahrhundertwende weniger als 50 Prozent der kalifornischen Kinder „Anglos" oder anderer europäischer Herkunft sein würden; mehr als ein Drittel würden *Latinos/Hispanics* und etwa ein Achtel asiatischer Herkunft sein.[56] Bereits in den 1980er und 1990er Jahren war die ethnische Zusammensetzung in kalifornischen Klassenzimmern außerordentlich heterogen, und es waren gerade einige ethnische Gruppen, die im öffentlichen Schulsystem Kaliforniens besonders schlechte Ergebnisse erzielten: So ergab ein *California Test of Basic Skills*, daß die afroamerikanischen Schüler unabhängig von Fach, Klasse etc. durchschnittlich Ergebnisse im unteren Drittel erzielten; die Rate der Schulabbrüche aus kalifornischen öffentlichen *High Schools* war bei schwarzen Schülern (10.8 Prozent) mehr als doppelt so hoch wie bei weißen Schülern (4,0 Prozent), und von den schwarzen *High School*-Abgängern im Jahr 1990 erhielten 81 Prozent keine College-Zulassung.[57]

---

55 Ronald Takaki zit. nach Cornbleth/Waugh, *The Great Speckled Bird*, S. 59.

56 Robert Reinhold, „Class Struggle. Cowgirls and Bantu Migration: In Its Controversial New Textbooks, California is Rewriting History," *The New York Times Magazine* (September 29, 1991), S. 26-52.

57 California State University/California Department of Education, „Working Together for the Education of All Students." Briefing Paper 1992.

Kalifornien ist zudem ein bedeutender Markt für Schul- und Textbücher – was gerade bei der Betrachtung der von allen Seiten außerordentlich engagiert geführten Debatte um die Einführung und Annahme neuer Schulbücher nicht übersehen werden darf. Mit seinen 3,7 Millionen Schülern, die 1991 die Klassen K-8 (ca. 5 Mio. Schüler in K-12) besuchten, umfaßte allein Kalifornien 11 Prozent des nationalen Markts für Schulbücher, der sich insgesamt auf ca. 1,7 Milliarden Dollar belief. Darüber hinaus wurden bereits 1991 die für das kalifornische *History-Social Science* Curriculum entwickelten Houghton Mifflin-Schulbücher und andere kalifornische Unterrichts-Materialien in mehreren anderen Einzelstaaten, darunter West Virginia, Indiana, Arkansas und Oregon eingesetzt.[58]

Gegenstand und Gang der kalifornischen Debatte

Im Fokus der kalifornischen Diskussion um Multikulturalismus in den öffentlichen Schulen stand nicht, wie in New York, ein entsprechender Bericht oder eine Erklärung von seiten des *State Board of Education* oder des *Department of Education*, sondern die Evaluation und Einführung neuer Bücher für den Geschichts- und *social studies*-Unterricht, die auf der Grundlage neuer Rahmenrichtlinien, d.h. des weitgehend unumstritten gebliebenen *History-Social Science Framework* (1988), konzipiert worden waren. Entsprechend steht am Beginn der Rekonstruktion der Auseinandersetzungen eine Betrachtung dieser vom *California State Board of Education* angenommenen und 1988 vom *California Department of Education* publizierten Rahmenrichtlinien. Die Erstellung der Rahmenrichtlinien wie auch die anschließende Einführung neuer Schulbücher sind zugleich im Kontext umfassenderer – nicht allein auf Multikulturalismus fokussierter – kalifornischer Reformen zugunsten einer „Renaissance" des Geschichts- und *social studies*-Unterrichts zu sehen.[59]

---

58 Reinhold, „Class Struggle".
59 Elizabeth Stage und Charlotte Crabtree, „Adoption Recommendations of the Curriculum Development and Supplemental Materials Commission to the State Board of Education." Sacramento: California Department of Education, 1990, S. 1.

Dem kalifornischen *State Board of Education* ist ein ständiges beratendes Gremium zugeordnet, die *Curriculum Development and Supplemental Materials Commission (Curriculum Commission)*, die die Entscheidungsbefugnis über curriculare Richtlinien sowie die vom Staat Kalifornien angenommenen Schulbücher und Unterrichtsmaterialien besitzt. Die jeweils für vier Jahre bestellten Mitglieder dieser Kommission benennen wiederum sogenannte *Curriculum Framework and Criteria Committees*, deren Aufgabe es ist, die Rahmenrichtlinien und andere Dokumente in einem festgelegten Rhythmus zu überarbeiten, und deren Mitglieder solange im Amt bleiben, wie die Revision der Dokumente dauert. Während das *State Board of Education* letztlich die Kompetenz über die Annahme von Rahmenrichtlinien und Schulbüchern innehat, verfügt auch das *Department of Education* mit der Befugnis, die personelle Besetzung der *framework committees* zu gestalten, über beträchtliche Kompetenzen, die durch die Funktion des *State Superintendent of Public Intruction* (damals Bill Honig) als *Executive Secretary of the Curriculum Commission* zusätzlich unterstützt werden.[60]

Das History-Social Science Framework

Das *History-Social Science Framework for California Public Schools Kindergarten Through Grade Twelve* (1988) wurde vom *History-Social Science Curriculum Framework and Criteria Committee* (Framework Committee) entwickelt. Dem vorangegangen war im Januar 1986 ein Treffen einer von Bill Honig, *Superintendent of Public Instruction*, berufenen Kommission, in der u.a. aktuelle Forschungsergebnisse aus den Gebieten Geschichte und Sozialwissenschaften sowie der aktuelle Stand von Curriculum und Schulbüchern diskutiert und verschiedene Empfehlungen entwickelt worden waren. Diese Kommission umfaßte 18 Mitglieder (Lehrer, Wissenschaftler, Pädagogen etc.), unter ihnen die Historiker Paul Gagnon (University of Massachusetts) und Diane Ravitch (damals Teachers College, Columbia University), die beide in den Auseinandersetzungen der folgenden Jahre eine sehr kritische Position gegenüber einem von ihnen als bedrohlich perzipierten Multikulturalismus beziehen sollten.

---

60 Massell, Diane, „California – History/Social Studies Case Study." Draft. December 15, 1992, S. 3ff.; Massell, „Curriculum Reform," S. 68f.

Ähnlich wie dieses *Blue Ribbon Advisory Committee* setzte sich auch das *Framework Committee*, das schließlich die neuen Rahmenrichtlinien erarbeitete, aus Lehrern, Wissenschaftlern, Pädagogen und Curriculum-Experten zusammen. Unter ihnen war wiederum Diane Ravitch sowie die Erziehungswissenschaftlerin Charlotte Crabtree (Professor of Education, University of California, Los Angeles). Charlotte Crabtree war überdies Mitglied der *Curriculum Development and Supplemental Materials Commission* (*Curriculum Commission*) des *California State Board of Education*, der im Januar 1987 der Entwurf der Richtlinienkommission zugeleitet wurde. Entsprechend den Vorschlägen von Mitgliedern beider Kommissionen überarbeitete die *Curriculum Commission* den Entwurf, bevor er schließlich im März 1987 an kalifornische Lehrer, Administratoren, Schulbehörden und Erziehungswissenschaftler gesendet wurde. Der aufgrund der zahlreich eingegangenen Kommentare und Anregungen überarbeitete Entwurf wurde im Juni 1987 einstimmig von der Curriculum-Kommission gebilligt und nach abermaligen Veränderungen am 9. Juli 1987 einstimmig vom *State Board of Education* angenommen.

Hinsichtlich der inhaltlichen Ausgestaltung der Rahmenrichtlinien ist zunächst festzuhalten, daß es hier – anders als in New York State – nicht die Aufgabe der entsprechenden Kommissionen war, bestehende Curricula auf ihren „multikulturellen" Gehalt hin zu überprüfen. Beabsichtigt war die generelle Erarbeitung eines neuen Rahmen-Lehrplans, was durch die Ergebnisse des 1982 durchgeführten *California Assessment Program (CAP)* angeregt worden war: Gerade in Geschichte und Geographie hatten viele Schüler schlechte Ergebnisse erzielt und zeigten wenig Interesse am Unterricht.[61] Das Anliegen eines verbesserten und effizienteren Unterrichts spiegelte sich auch in der personellen Zusammensetzung der Kommission wider: So waren beispielsweise keine dem New Yorker Modell vergleichbaren Berater für die verschiedenen ethnischen Gruppen bestellt worden; demgegenüber war darauf geachtet worden, daß möglichst viele Wissenschaftler und Experten für die betreffenden Fächer vertreten waren. Hauptautorinnen der neuen Richtlinien waren Charlotte Crabtree, die im Rahmen der Erarbeitung nationaler Standards für den Geschichtsunterricht eine exponierte Position einnahm, und

61 Massell, „California-History," S. 1.

Diane Ravitch, die herausragende Kritikerin des New Yorker Ansatzes und eines von ihr als „partikular" interpretierten Multikulturalismus.[62]

Hinsichtlich des Themenkomplexes ethnokultureller und linguistischer Heterogenität, von Immigration und nationaler Identität fanden sich in den Richtlinien keine der strittigen Formulierungen, wie sie die New Yorker Berichte ausgezeichnet hatten. Unbestritten schien eine durchgehend multikulturelle Perspektive zu sein, die jedoch auf das Projekt eines gemeinsamen Verständnisses von Staatsbürgerschaft und nationaler Identität ausgerichtet war:

> This framework incorporates a multicultural perspective throughout the history-social science curriculum. [...] California has always been a state of many different cultural groups, just as the United States has always been a nation of many different cultural groups. The experiences of all these groups are to be integrated at every grade level in the history-social science curriculum. The framework embodies the understanding that the national identity, the national heritage, and the national creed are pluralistic and that our national history is the complex story of many peoples and one nation, of *e pluribus unum*, and of an unfinished struggle to realize the ideals of the Declaration of Independence and the Constitution.[63]

Kernelemente der Richtlinien waren u.a. die Konzentration auf ein chronologisch angelegtes Geschichtsstudium, die Betonung von „staatsbürgerlicher Erziehung", der große Stellenwert, der Religion(en) als Schlüsselfaktor in der Geschichte eingeräumt wird, die Ausdehnung der Beschäftigung mit Weltgeschichte auf drei Schuljahre sowie pädagogisch-didaktische Umorientierungen. Ziele eines „intergralen Unterrichts" sollten sein: Wissen und kulturelle Kompetenz, Erwerb von kognitiven Fähigkeiten, sozialer Partizipation, demokratischer Kompetenz und die Aneignung staatsbürgerlicher Werte. Die staatsbürgerliche Erziehung umfaßte die Aspekte nationale Identität, konstitutionelles Erbe, (staats-) bürgerliche Werte, Rechte und Verantwortung.[64] Die Auseinandersetzung und Anerkennung kultureller Diversität fand in diesen Bereichen breite Berücksichtigung. So verlangte beispielsweise nicht nur der Unterpunkt „kulturelle Kompetenz" die Anerkennung und die Entwicklung einer

62 Ravitch, „Education and the Public Good," dies., „Diversity and Democracy," dies., „Multiculturalism. E Pluribus Plures," dies., „Multiculturalism Yes, Particularism No."

63 History-Social Science Curriculum Framework and Criteria Committee, *History-Social Science Framework for California Public Schools Kindergarten Through Grade Twelve* (Sacramento: California Department of Education, 1988), S. 5f.

64 Ebd., S. 10ff.

multikulturellen Perspektive, die Würde und Wert aller Menschen respektiere.[65] Auch das Lernziel „nationale Identität" bemühte sich offenkundig um die Verbindung des „American creed" als einer Gleichheit und Freiheit betonenden Ideologie mit einem explizit pluralistischen Credo. So sollten die Schüler u.a.

> [r]ecognize that American society is now and has always been pluralistic and multicultural. [...]
>
> Recognize the status of minorities and women in different times in American history. [...]
>
> Understand the unique experiences of immigrants from Asia, the Pacific islands, and Latin America. [...]
>
> Understand the special role of the United States in world history as a nation of immigrants. [...][66]

Dennoch wurde immer wieder und an prominenter Stelle auf die nationale Einheit hingewiesen, das *unum* gegenüber dem *pluribus* in fast beschwörender Weise betont:

> Yet, even as our people have become increasingly diverse, there is broad recognition that we are one people. Whatever our origins, we are all Americans. [...]
>
> Realize that true patriotism celebrates the moral force of the American idea as a nation that unites as one people the descendants of many cultures, races, religions, and ethnic groups.[67]

Die Rahmenrichtlinien waren so gekennzeichnet durch die Verknüpfung von ausdrücklicher Anerkennung des pluralistischen bzw. multikulturellen Charakters der amerikanischen Gesellschaft mit dem entschiedenen Festhalten an einer gemeinsamen nationalen Identität. Diese wiederum wird charakterisiert durch eben jenen Pluralismus und das gemeinsame konstitutionelle Erbe und ein gemeinsames Verständnis von Staatsbürgerschaft. Dieses Muster charakterisierte auch die Kursbeschreibungen für den Geschichts- und Sozialkunde-Unterricht in den Klassen K-12 im zweiten Teil des Richtlinien. So sollte schon in der ersten Klasse das Bewußtsein der Kinder für kulturelle Diversität entwickelt werden, und in der zweiten Klasse stand der thematische Schwerpunkt „People from Many Cultures, Now and Long Ago" auf dem Programm. In der dritten Klasse sollte das Verständnis für gemeinsame, identitätstiftende

---

65 Ebd., S. 15. – Dabei wird jedoch offensichtlich festgehalten am Konzept einer nationalen Kultur, die über mehrere „Sub-Kulturen" verfügt.

66 Ebd., S. 20f.

67 Ebd.

Erinnerungen entwickelt werden.[68] In ähnlicher Weise ließ sich auch in den Kursbeschreibungen für die folgenden Klassenstufen das Bestreben erkennen, zum einen der gesellschaftlichen Diversität Rechnung zu tragen, zum anderen aber das Verbindende und Gemeinsame in unübersehbarer Weise herauszustellen. So wurde beim Gang durch die Geschichte Kaliforniens und der Vereinigten Staaten neben der Betonung der Gemeinschaft, des „American Creed", gemeinsamer Erinnerungen und einer gemeinsamen Identität immer wieder auf die Perspektiven der amerikanischen Ureinwohner, der Schwarzen und anderer Gruppen, v.a. auch der der Immigranten verwiesen. Weltgeschichte und die Geschichte antiker Zivilisationen sowie nicht-westlicher Kulturen nahmen einen beträchtlichen Anteil des Unterrichtsstoffes ein;[69] die Sklaverei in den Südstaaten sollte behandelt werden, ebenso die Abolitionisten-Bewegung und die Zeit der sogenannten Jim Crow-Gesetze.[70] Für die thematischen Wahlschwerpunkte in der neunten Klasse wurden u.a. Kurse zu *Women in Our History* und *Ethnic Studies* vorgeschlagen. Weiterhin behandelt werden sollte die sich ändernde ethnische Zusammensetzung der amerikanischen Gesellschaft, die Bürgerrechts-Bewegung und die anhaltenden Diskussionen um Gruppenquoten und *busing*; vorgeschlagen wurde sogar eine Diskussion über die anhaltende Kontroverse zwischen Individual- und Gruppenrechten.

Insoweit schien das *History-Social Science Framework* in der Tat allen Ansprüchen zu genügen, sowohl den Forderungen der „Multikulturalisten" wie auch den Bedenken derer, die befürchten, die gemeinsame nationale Identität werde auf dem multikulturellen Altar geopfert.

Dennoch ist bei genauerer Betrachtung eine gewisse Tendenz in den Ausführungen der Rahmenrichtlinien nicht zu übersehen. Bei aller Würdigung des Bemühens der Autoren um eine pluralistische Behandlung des zu bewältigenden Stoffes blieb gleichwohl das vorherrschend, was als die Perspektive europäisch-stämmiger Immigranten bezeichnet werden könnte; der Hinweis auf die „auch" zu behandelnden „anderen" Gruppen wirkte häufig lediglich additiv. So wurde am Selbstverständnis der Vereinigten Staaten als einer „Nation von Immigranten" (in dem der Platz für Afroamerikaner und *Native Americans* unklar bleibt) fest-

68 Ebd., S. 32ff.
69 Ebd., S. 57ff.
70 Ebd., S. 72ff.

gehalten.[71] In den Lesevorschlägen wurde häufig primär auf angloamerikanische Literatur hingewiesen; hinsichtlich der Rekonstruktion der eigenen Familiengeschichte in der zweiten Klassenstufe war allein von der Perspektive immigrierter Eltern, Großeltern etc. die Rede (weder als Sklaven nach Amerika verschleppte Afrikaner noch die Ureinwohner des Landes fanden hier Erwähnung). Auch in der dritten Klasse sollten unter dem Stichwort „Our Local History" allein Erfahrungen der Immigranten thematisiert werden.[72] Es erschien fraglich, inwieweit bspw. afroamerikanische Schüler oder *Native Americans* an den „gemeinsamen Erinnerungen", wie sie in vielen der vorgeschlagenen Texte transportiert werden, partizipieren könnten; ob die „nationalen Helden", die „unbekannte Regionen" erkundeten,[73] auch für indianische Schüler, deren Vorfahren bereits lange vorher in diesen Regionen gelebt hatten, nationale Helden sein konnten.

Bezeichnend war auch die Beschreibung der für die vierte Klasse vorgesehenen Beschäftigung mit der Geschichte Kaliforniens: So wurde kurz darauf hingewiesen, daß in „prä-Kolumbianischen Zeiten" zunächst Indianer auf dem Gebiet des heutigen Kalifornien gelebt hatten, bevor wesentlich ausführlicher die verschiedenen Immigrations-„Wellen" dargestellt wurden. Auffallend war dabei die einfache Bezeichnung „Americans" für die an zweiter Stelle genannte Gruppe von Immigranten,[74] während alle anderen „immigrant waves" spezifische Bezeichnungen wie „the Spanish explorers and the Spanish-Mexican settlers", „the Asian immigrants of the second half of the nineteenth century", „the immigrants of the first half of the twentieth century, including new arrivals from Latin America and Europe" und „the many immigrants arriving today from Latin America, the nations of the Pacific Basin and Europe" erhielten. Eine bestimmte Gruppe von Immigranten – nämlich jene aus Nordwesteuropa – erschienen so als die „eigentlichen Amerikaner"; die „anderen" wurden dagegen zunächst über ihre ethnische Zugehörigkeit bzw. geographische Herkunft bestimmt. Nur hinzugefügt erschien so der

---

71 Tomas Lopez, „The American Dream is For All Americans. A Position Statement on Multicultural Issues for the California Department of Education," *The California Reader* 25, 2 (Winter 1992), S. 29.

72 *History-Social Science Framework for California Public Schools Kindergarten Through Grade Twelve*, S. 42.

73 Ebd., S. 42ff.

74 „(2) The Americans who settled here, established California as a state, and developed its mining, industrial, and agricultural economy [...]" Ebd., S. 46.

Hinweis, daß auch Schwarze seit langem in Kalifornien ansässig waren und zur kalifornischen Geschichte und Entwicklung beigetragen haben.

Beispiele für eine solche, häufig bloß additive Behandlung der Geschichten und Perspektiven insbesondere der Afroamerikaner und *Native Americans*, aber auch der *Asian Americans* und anderer Gruppen, zugunsten einer weitgehend euro-amerikanischen Perspektive lassen sich in den gesamten Kursbeschreibungen finden. Sie konterkarierten das explizite Bekenntnis zu einer multikulturellen Gesellschaft und einem dieser Diversität gerecht werdenden Geschichts- und Sozialkunde-Unterricht und standen im Widerspruch zu dem offenkundigen und immer wieder vorgetragenen Bemühen, kulturelle und ethnische Diversität zu berücksichtigen:

> The message seems to be that difference is of value, but only if it is contained.[75]

Der Stellenwert, der den verschiedenen Kulturen im öffentlichen Leben zukommen sollte, blieb damit unklar; die Frage, inwiefern die verschiedenen ethnischen bzw. kulturellen Gruppen positive Anerkennung erfahren sollten oder aber nur das Beiwerk für ein letztlich doch substantielleres, von der euro-amerikanischen Perspektive bestimmtes Verständnis nationaler Identität bilden, blieb unbeantwortet. Der Forderung, daß die öffentliche Schulen Kaliforniens möglichst genau die kulturelle und ethnische Heterogenität der amerikanischen Gesellschaft darstellen sollten, stand das Beharren auf der zentralen Bedeutung der westlichen Zivilisation als Quelle amerikanischer politischer Institutionen, Gesetze und Überzeugungen gegenüber. Eine wirkliche „Öffnung“ des Diskurses fand nicht oder kaum statt; die euro-amerikanische Historiographie und Kultur blieb, um die New Yorker Metapher aufzugreifen, der – wenn auch generöse – „master of the table“.

Mit diesem harmonisierenden Ansatz, der zwar den pluralistischen Charakter der amerikanischen Gesellschaft anerkennt, aber zugleich nicht müde wird, die nationale Einheit und gemeinsame nationale Identität zu betonen, sei, so Cornbleth/Waugh,[76] das *History-Social Studies Framework* von 1987/88 „Ausdruck seiner Zeit“ und beziehe eine deutlich andere Position als sein unmittelbarer Vorgänger von 1981, in

75 Cornbleth/Waugh, *The Great Speckled Bird*, S. 64.
76 Ebd., S. 70.

dem sowohl Diversität als auch Konflikt anerkannt worden seien. So beschreibt Jack Hoar[77] im Rückblick die Richtlinien von 1981 als

> [...] the 'diversity' framework; it was [written] when multiculturalism, pluralism, diversity – there was a strong emphasis there. This [1987] Framework I'd characterize as the 'bicentennial' framework. It was developed during the time of the Bicentennial of the Constitution, [so development of] democratic understandings is underlined even more than you would expect it to be in a document dealing with history.[78]

Im Vergleich zu den Rahmenrichtlinien von 1981 liege in dem 1987er *Framework* der Schwerpunkt eindeutig auf der Betonung von Konsensus und nicht von Konflikt;[79] das Dokument werde als soziales und ideologisches Konstrukt interpretiert,[80] der multikulturalistische Anspruch nicht eingelöst. So argumentiert Ellen Swartz, die Koordinatorin des Multikulturalismus-Projekts des Rochester-Schuldistrikts:

> At first glance, the California plan appears to be multicultural, in that men and women of diverse cultural groups are included. Actually, it is this inclusion, or 'mentioning' which is the basis of the plan's shortcomings.

Der kalifornische Ansatz, bisher nicht Erwähntes zu erwähnen,

> presents itself as equitable treatment, but actually restricts the possible integration of culturally diverse bands of knowledge.[81]

Diese Interpretation deckt sich nicht mit der Einschätzung von Seiten des *California Department of Education.* Aus kalifornischer Perspektive wurde der eigene Ansatz, nicht zuletzt im Vergleich zu New York State, als wesentlich konsensorientierter verstanden – und dies nicht zuletzt deshalb, weil Multikulturalismus hier nur einer von vielen zu beachtenden Aspekten bei der Erarbeitung der Richtlinien gewesen sei.[82] Aber auch darüber hinaus erregten die Richtlinien – möglicherweise aufgrund

---

77 Jack Hoar war Mitglied und *chair* des *framework drafting committee*, hatte aber darum gebeten, seinen Namen nicht in der Liste der Kommittee-Mitglieder erscheinen zu lassen. Begründet war dies offenbar in dem von Hoar als wenig transparent und demokratisch empfundenen Prozedere bei der Erstellung des Dokuments (vgl. Cornbleth/Waugh, *The Great Speckled Bird*, S. 73f).

78 Zit. nach ebd., S. 74.

79 Maxey, zit. nach Cornbleth/Waugh, *The Great Speckled Bird*, S. 70.

80 Ebd., S. 71.

81 Swartz, zit. nach Cornbleth/Waugh, *The Great Speckled Bird*, S. 71.

82 Persönl. Gespräch am 2. Juli 1993.

der recht geringen Publizität des Vorgangs[83] – überraschend wenig Kritik,[84] sondern erhielten insgesamt nach ihrer Veröffentlichung viel Beifall und Zustimmung. Von den Verantwortlichen als Eckstein im Rahmen der angestrebten Verbesserung des kalifornischen Sozialkunde-Unterrichts[85] gefeiert, entzündete sich erst im Prozeß der Evaluierung und staatlichen Annahme neuer Schulbücher, eine heftige öffentliche Diskussion.

Textbooks

Anders als New York State gehört Kalifornien zu den 22 „adoption states“, in denen die Regierung Schulbücher für die einzelstaatsweite Nutzung überprüft und „annimmt“. Zwar sind die lokalen kalifornischen Schuldistrikte nicht dazu verpflichtet, diejenigen Bücher zu benutzen, die vom *California Department of Education* „angenommen“ wurden. Doch sind sie insbesonders seit der Verabschiedung der *Proposition 13* im Jahre 1978, die die Befugnis zur Steuererhebung der lokalen Regierungen beschränkt, zunehmend auf finanzielle Unterstützung aus Sacramento angewiesen. Dies bedeutet eine deutliche Verstärkung der Position des *State Board* wie auch des *Superintendent of Public Instruction*, zumal die einzelnen Schuldistrikte 70 Prozent der jährlich bewilligten $ 28.90 pro Schüler (1991) für Schulbücher, die vom Staat angenommen wurden, ausgeben müssen.[86]

83 Cornbleth/Waugh, *The Great Speckled Bird*, S. 61, und Massell, „Curriculum Reform,“ S. 58.

84 Es gab natürlich Stimmen, die sich schon bald nach der Publikation des *Framework* kritisch mit ihm auseinandersetzten, doch blieb ihre Zahl und Publizität auffallend gering. Das ist nicht zuletzt insofern bemerkenswert, als sich bereits 1987 (auch im Zusammenhang mit der Publikation von Allan Blooms *The Closing of the American Mind* und E.D. Hirschs *Cultural Literacy*) eine heftige öffentliche Debatte über *multiculturalism* entzündet hatte. Begründet ist die begrenzte öffentliche Aufmerksamkeit, die dem kalifornischen *Framework* entgegengebracht wurde, möglicherweise in dem Umstand, daß sich die Multikulturalismus-Diskussion zunächst sehr stark auf allgemeine Auseinandersetzungen und den Bereich der Hochschulen konzentrierte und eine Ausweitung des öffentlichen Interesses auf den Bereich öffentlicher Schulen erst in den folgenden Jahren stattfand.

85 Francie Alexander und Charlotte Crabtree, „California's New History-Social Science Curriculum Promises Richness and Depth,“ *Educational Leadership*, (Sept. 1988), S. 10ff.

86 Reinhold, „Class Struggle“.

Rahmenrichtlinien liefern für die Verlage die inhaltliche Grundlage zur Entwicklung neuer Schulbücher. So widmete sich der letzte Teil der Richtlinien ausschließlich der Diskussion von Kriterien für die Evaluierung neuer Unterrichtsmaterialien. Bereits im Juli 1987 veranstaltete der *State Superintendent of Public Instruction*, Bill Honig, gemeinsam mit der *Association of American Publishers* ein nationales Textbuch-Forum, um die Implikationen der Rahmenrichtlinien für Verleger und Hersteller von Unterrichtsmaterialien und Schulbüchern zu erörtern. Die Richtlinien schienen jedoch so anspruchsvoll zu sein, dass nur neun Verlage im Frühjahr 1990 (im Vergleich zu 22 Verlagen bei der vorangegangen Revision im Jahr 1981) neue Bücher zur Evaluierung und Annahme durch das kalifornische *State Board of Education* vorlegten. Von diesen neun Verlagen hatte allein Houghton Mifflin eine vollständige Serie für die Stufen der Vorschule bis zur 8. Klasse entwickelt, einige andere hatten – so beklagte die *Curriculum Development and Supplemental Materials Commission* in ihren *Adoption Recommendations*[87] – lediglich einige bereits existierende Bücher etwas umgestaltet.[88]

Entgegen der von verschiedenen Seiten geäußerten starken Kritik und einer kurzfristig eingereichten Bitte des *Black Caucus* der kalifornischen Legislative, die Abstimmung zu verschieben,[89] empfahl die mit der Evaluierung der eingereichten Schulbücher betraute Curriculum-Kommission dem *State Board of Education* im Juli 1990 mit einer Mehrheit von zehn zu drei Stimmen die Annahme und Einführung der Schulbuch-Reihe für die Vorschule bis zur 8. Klasse von Houghton Mifflin, *Houghton Mifflin Social Studies Series*, sowie ein einzelnes Buch für die achte Klassenstufe von Holt, Rinehart & Winston.[90] Dabei bestand die Kommission jedoch auf der Korrektur verschiedener Passagen. Dem vorausgegangen war ein

87 Elizabeth Stage und Charlotte Crabtree, „Adoption Recommendations of the Curriculum Development and Supplemental Materials Commission to the State Board of Education." Sacramento: California Department of Education, 1990, S. 4.

88 Offensichtlich waren die von dem *Framework* postulierten Anforderungen an die Verleger so groß, daß die *American Association of Textbook Publishers* sogar – allerdings erfolglos – versucht hatten, die kalifornische Legislative zu beeinflussen, von dem geplanten *adoption*-Prozeß insgesamt Abstand zu nehmen (vgl. Massell, „California-History," S. 2).

89 Cornbleth/Waugh, *The Great Speckled Bird*, S. 84.

90 John Arthur Garraty, *The Story of America: Beginnings to 1914* (Austin: Holt, Rinehart and Winston, 1991).

längerer, auf den in den Rahmenrichtlinien formulierten Kriterien[91] basierender Evaluationsprozeß, der im April 1990 begonnen wurde. Die Evaluation wurde unter der Aufsicht der Curriculum-Kommission durch drei Ausschüsse (*Instructional Materials Evaluation Panels – IMEPs)* durchgeführt, in denen jeweils Experten für die betreffenden Fächer wie auch für die speziellen Lernbedürfnisse der kalifornischen Schülerschaft vetreten waren. Ungefähr 30 Prozent der Mitglieder der Ausschüsse repräsentierten die ethnischen Minderheiten Kaliforniens. Diese Ausschüsse diskutierten und evaluierten die eingereichten Schulbücher in der letzten Juni-Woche 1990 und verabschiedeten schließlich für alle Klassenstufen einen Bericht, der – gemeinsam mit den Empfehlungen des *History-Social Science Subject Matter Committee* und Stellungnahmen aus der Öffentlichkeit – in die Überlegungen zur abschließenden Empfehlung der Curriculum-Kommission Eingang fand.

Ebenfalls Bestandteil des Evaluierungsprozesses – waren eine breite und heftige öffentliche Diskussion und zwei öffentliche Anhörungen, die von der Curriculum-Kommission im Juli und September 1990 durchgeführt wurden. In diesem Rahmen wurde zum einen harsche Kritik besonders von Afroamerikanern, *Latinos*, *Asian Americans*, *Native Americans* und fundamentalistischen Anhängern verschiedener Religionen an den zur Annahme anstehenden Büchern – vor allem an *Houghton Mifflin Social Studies Series* – laut. Zum anderen wurde aber auch viel Zustimmung und Unterstützung für die Annahme der Schulbücher artikuliert. Im Frühherbst 1990 wurden die Bücher von Houghton Mifflin und von Holt, Reinhart & Winston – schließlich nach verschiedenen, nicht zuletzt durch die öffentliche Auseinandersetzung bewirkten Veränderungen und Korrekturen – einstimmig vom *State Board of Education* angenommen und in den meisten Schuldistrikten Kaliforniens eingeführt.[92]

---

91 Die 15 im *Framework* aufgelisteten Kriterien erhielten im Evaluationsprozeß unterschiedliches Gewicht: So wog bspw. die Bewertung des narrativen Stils das Vierfache der Behandlung von kultureller Diversität, der damit bei der Auswahl der Bücher eine wesentliche geringere Bedeutung zukam. Auf einer Punkteskala von 1-5 erhielt die *Houghton Mifflin*-Serie durchschnittlich nur drei Punkte für *cultural diversity*, was aber, da *cultural diversity* eben nur **einer** – und kein sehr bedeutender – von 15 bzw. 18 Punkten war – der Gesamtbewertung keinen Abbruch tat (vgl. Cornbleth/Waugh, *The Great Speckled Bird*, S. 77f.).

92 Lediglich Oakland Unified School District (91% der SchülerInnen gehören hier sogenannten Minoritäten an; 57% sind schwarz; die Rate der Schulabbrüche liegt bei ca. 35%), Hayward, Ravenswood City (ebenfalls eine Schulbezirk mit sehr hohem Minoritäts-Anteil in East Palo Alto) und einige andere entschieden sich – aufgrund

Die *textbook*-Kontroverse: Multikulturalistische Kritik

Eine der prominentesten Kritikerinnen der Schulbücher und der Adoptions-Empfehlung durch die Curriculum-Kommission war die afroamerikanische Erziehungswissenschaftlerin Joyce E. King (bis Herbst 1994 Santa Clara University). Sie hatte von 1986 bis 1990 selbst der *Curriculum Commission* angehört und während der verschiedenen Entwicklungsstadien der Rahmenrichtlinien immer wieder auf eine stärkere Realisierung eines dezidiert multikulturalistischen Ansatzes gedrängt. Sie trug nun die Empfehlung zur Annahme der Houghton Mifflin-Bücher nicht mit. King kritisierte unter anderem, daß nicht allein entscheidend sei, ob bestimmte Gruppen oder Menschen in den Büchern „vorkämen" oder nicht, sondern daß die zur Diskussion stehenden Bücher von einer spezifischen fundamentalen Haltung dominiert würden[93]: Eine Haltung, die bestimmt sei durch die weiße und europäische Perspektive, die die historischen Verdienste der Weißen überbetone und die anderer Gruppen vernachlässige.[94] Die vorherrschende Perspektive europäisch-stämmiger Immigranten erscheine so als Ausdruck und Perpetuierung eines „dysconscious racism ... an *impaired* consciousness or a distorted way of thinking about race", eines Rassismus, der stillschweigend dominante weiße Normen und Privilegien akzeptiere.[95]

Einige Tage vor der ersten öffentlichen Anhörung zu den eingereichten Schulbüchern versandte King ein Memo an alle Mitglieder der *Curriculum Commission* und des *State Board of Education* sowie an verschiedene afroamerikanische Professoren, in dem sie ihre Kritik an den Büchern erläuterte:

> [...] I have attached selected but representative examples of the most egregious racial stereotyping, inaccuracies, distortions, omissions, justifications and trivialization of unethical and inhumane social practices, including racial slavery, that I, as a citizen, educator and African American parent feel compelled to condemn. [...] As a result of

---

des als nicht ausreichend empfundenen multikulturellen Charakters der Bücher – dagegen und benutzten zunächst entweder veraltete oder gar keine Schulbücher (vgl. Cornbleth/Waugh, *The Great Speckled Bird*, S. 167ff.).

93 William Trombley, „Pluralism and Unity Vie in History Textbooks Battle," *Los Angeles Times* (Oct. 9, 1990), S. A 20.

94 Ebd.

95 Cornbleth/Waugh, *The Great Speckled Bird*, S. 66

such shortcomings, these books fail to meet the standards set by the California framework [...].[96]

Im Rückblick analysiert King den Prozeß der Entwicklung der Richtlinien und der Evaluierung und Annahme der Bücher:

The concerns I raised about the textbooks were the same ones that I raised in 1987 about the inclusion of diverse perspectives when early drafts of the Framework were circulated for public input and review. Even though the Framework writing committee incorporated some of the changes I suggested into the final version of the document, the textbooks the state ultimately selected following this curriculum guide mirrored its fundamental conceptual flaws and biases.[97]

Eine weitere exponierte Kritikerin der Schulbücher von Houghton Mifflin war Sylvia Wynter, eine aus Jamaica stammende Professorin für *African and African American Studies* an der Stanford University, die sich in einer 88-seitigen Analyse kritisch mit den Büchern auseinandersetzte.[98] Aufgrund der relativ späten Fertigstellung ihrer Stellungnahme im September 1990 erfuhr diese jedoch nur wenig Beachtung von Seiten des *Education Department* und vermochte den Annahme-Prozeß kaum noch zu beeinflussen.[99] Auch Wynters Kritik zielte primär auf die dominierende Perspektive europäischer Immigranten, die die Schulbücher – und letztlich auch die Richtlinien – bestimmte. Diejenige Version von Multikulturalismus, die in *Framework* und Schulbüchern ihren Ausdruck finde, verlasse nicht den Rahmen des Konzepts des gegenwärtigen, im wesentlichen euro-amerikanischen kulturellen Modells. Was Wynter gegenüber den von ihr analysierten Defiziten von Rahmenrichtlinien und Schulbüchern einklagte, war eine Neukonzeption der Vereinigten Staaten, die weniger auf Hierarchie denn auf gegenseitiger Anerkennung basierte.[100] Entsprechend forderte sie ein völlig neues Curriculum, das

seeks to go beyond the model of a nation-state coterminous only with Euro-immigrant America, to one coterminous as a 'world' civilization, with all its peoples:

---

96 King, zit. nach Cornbleth/Waugh, *The Great Speckled Bird*, S. 82.

97 Zit. nach Cornbleth/Waugh, *The Great Speckled Bird*, S. 69f.

98 Sylvia Wynter, „Letter to the California State Board of Eucation members," September 9, 1990. Enclosure 1: „America as a ‚World': A Black Studies Perspective and ‚Cultural Model' Framework," S. 1-26. Enclosure 2: „A Cultural Model Critique of the Textbooks „America will be". S. 1-62.

99 Cornbleth/Waugh, *The Great Speckled Bird*, S. 61; Elizabeth Stage und Charlotte Crabtree, „Summary of Public Comments." Sacramento. October 5, 1990, Anlage, S. 3.

100 Cornbleth/Waugh, *The Great Speckled Bird*, S. 61ff.

and therefore, for the first time in recorded history, coterminous (as a land that's not been yet but yet must be) with humankind.[101]

Darüber hinaus wurde auch von vielen anderen Stellen eine dezidiert multikulturalistische Kritik an den Schulbüchern laut. So kritisierte Jessea Greenman von der *Gay and Lesbian Alliance Against Defamation*:

When we read your books, it is like looking in a mirror and not seeing ourselves reflected.[102]

Aus der Gruppe der Asian Americans konstatierte Henry Der (*Chinese for Affirmative Action*):

While, in comparison to existing textbooks, the recommended textbooks make progress in promoting student understanding of the fundamental issues and ethical dilemmas that have contributed to the development of our nation, to a large extent, these textbooks maintain a dominant, Eurocentric perspective at the exclusion of some racial, ethnic groups like Chinese Americans.[103]

Repräsentanten verschiedener jüdischer Organisationen kritisierten, die jüdische Religion werde in den Houghton Mifflin-Schulbüchern einer wesentlich kritischeren Analyse unterzogen als das Christentum; Sprecher muslimischer Gruppen warfen den Büchern eine nicht akkurate Darstellung des Islam vor, und für die Gruppe der *Hispanics* kritisierte u.a. Sam Rios, Direktor der *Chicano Studies* an der California State University in Saramento, die Houghton Mifflin-Serie werde der mexikanisch-amerikanischen Geschichte gegenüber nicht gerecht.[104]

Die *textbook*-Kontroverse: Zustimmung und Unterstützung

So harsch und öffentlichkeitswirksam die multikulturalistisch argumentierende Kritik und Ablehnung der zur Annahme empfohlenen Schulbücher auch war, so nachdrücklich und engagiert stellte sich auch die Zustimmung dar, die sich im Lauf der Kontroverse in verschiedenen Formen – in öffentlichen Stellungnahmen in Zeitungen und in Briefen an das *California State Board of Education* – artikulierte.

---

101 Zit. nach Reinhold, „Class Struggle", S. 47.
102 Zit. nach Cornbleth/Waugh, *The Great Speckled Bird*, S. 86.
103 Zit. nach ebd., S. 87.
104 Trombley, „Pluralism and Unity."

So erhielt das *California State Board of Education* grundsätzliche Unterstützung von verschiedenen exponierten Institutionen und herausragenden Akteuren in der Debatte um multikulturelle Erziehung. Zu nennen sind hier Lynne V. Cheney, die in ihrer Eigenschaft als Vorsitzende des *National Endowment for the Humanities* dem Präsidenten des *State Board*, Joseph D. Carrabino, nicht nur ihre grundsätzliche Unterstützung zusicherte und das kalifornische *History-Social Science Framework* als „bestes Geschichts- und Sozialkunde-Curriculum der Nation" lobte, sondern auch Unterstützung für die Curriculum-Kommission im Zusammenhang mit dem Annahme-Prozeß signalisierte:

> When concerns are well-founded and accurate, they must, of course, be addressed, exactly as I understand the Curriculum Commission is doing. When they are neither well-founded nor based on a correct understanding of what historical scholarship is, they should not be allowed to have effect.[105]

Noch eindeutigere Unterstützung für die kalifornische Politik kam von Chester E. Finn, Professor für *Education and Public Policy*, ein exponierter Multikulturalismus-Kritiker und Direktor des konservativen *Educational Excellence Network*: Während das kalifornische *History-Social Science Framework* und die Bücher von Houghton Mifflin in der Tat die „ganze Geschichte" erzählten, betrieben die Kritiker der Schulbücher letztlich die Fragmentierung der Gesellschaft in „sich bekriegende Stämme". Demgegenüber möge, so die Aufforderung Finns, das *State Board of Education* ein Signal senden und die *Curriculum Commission* in dem Beharren unterstützen, das ‚unum' nicht dem ‚pluribus' zu opfern.[106]

Auch Diane Ravitch, eine der Hauptautorinnen des *Framework*, meldete sich in der Schulbuch-Kontroverse wiederum mehrfach zu Wort: So heißt es in ihrem Schreiben an Joseph D. Carrabino, den Präsidenten des *California State Board of Education* vom 7. August 1990:

> I am writing to you and the State Board to urge you to resist the pressure groups that are trying to fractionate the state's history curriculum [...]. I urge you to support the

105 Cheney, Lynne V., „Letter to President Joseph D. Carrabino and Members of the California State Board of Education." Chairman d. National Endowment for the Humanities, Sept. 13, 1990, S. 1.

106 Chester E. Finn, Educational Excellence Network, „Letter to Honorable Joseph D. Carrabino, President, State Board of Education," August 7, 1990.

professional evaluation of materials and to adopt the textbooks recommended by the Curriculum Commission.

Unübersehbar ist in ihrer Argumentation die Insistenz auf der integrativen Aufgabe von Geschichtsschreibung und schulischer Erziehung:

Today the loudest voices are those who have no sense of the common good, who want only to divide our nation into antagonistic racial and ethnic groups. It should not be the purpose of public education to contribute to the disintegration of our national community. [...]

Weitere Unterstützung erhielten die Schulbücher von Houghton Mifflin und die Curriculum Commission unter anderem durch den American Textbook Council, die California Media and Library Educators Association (CMLEA), die California Association of County Superintendents of Schools (Curriculum Subcommittee), durch Gilbert T. Sewall, den Herausgeber der Social Studies Review, durch Audrey Tieger, die ehemalige Präsidentin des California Council for the Social Studies, die Christian Educators Association International und – zumindest indirekt – den National Council on Religion and Public Education sowie durch Privatpersonen und Lehrer, aber auch Sprecher verschiedener Minderheiten.[107]

Der kalifornische Ansatz – die Politik des State Board of Education

Die kalifornische Regierungspolitik verstand sich hinsichtlich des Problemfeldes multikultureller Erziehung und Bildung – gerade auch in Abgrenzung zur Vorgehensweise in New York State – als prinzipiell konsensorientiert und an einer „neutralen“ Konzeption von Geschichtsunterricht ausgerichtet. Diese sollte sowohl der faktischen, historischen wie aktuellen Diversität der kalifornischen und amerikanischen Bevölkerung wie auch der Notwendigkeit des Erhalts einer gemeinsamen nationalen und bürgerschaftlichen Identität Rechnung tragen. Das *California Department of Education/State Board of Education* wie auch die Curriculum-Kommission verwahrten sich gegen die vorgebrachte grundsätzliche Kritik einer eurozentischen Tendenz der Bücher: Zum

107 Massell, „Curriculum Reform“, S. 80.

einen beharrten sie auf dem pluralistischen und multikulturalistischen Charakter der Materialien, und zum anderen reduzierten sie die vorgebrachten Einwände auf die angebliche Forderung nach einer „feel good-history“, die „negative“ Aspekte der Geschichte der eigenen Gruppe in den Geschichtsbüchern aussparen wolle. So konstatierte die Curriculum-Kommission in ihrer Empfehlung an das *State Board*:

> The purpose of history cannot be to expunge all such episodes from this record in the mistaken interest of filiopietism or children's self-esteem, but instead must be to help children to learn from them.[108]

Damit einher ging die harsche öffentliche Kritik an den Gegnern der Houghton Mifflin-Bücher, wie sie von dem 1983 gewählten kalifornischen *Superintendent of Public Instruction*, Bill Honig, der den Kritikern die Orientierung an gemeinsamen demokratischen Prinzipien absprach, geäußert wurde:

> They do not like the idea of common democratic principles [...] The question is, Are you also going to talk about the political and moral values that are essential for us to live together?[109]

Während sich also das *State Board of Education* immer wieder explizit zu Multikulturalismus und Diversität wie auch zum offenen, benevolenten und konsensorientierten Dialog bekannte, so ist doch evident, daß dem kalifornischen Ansatz eine ganz spezifische, konkurrierende Konzeptionen ausschließende Version von Multikulturalismus zugrundelag. Offenkundig wurde der Konflikt im Kontext des Annahme-Prozesses der Houghton Mifflin-Schulbücher. Zur Diskussion standen hier zum einen der Multikulturalismus des *Framework* und der Schulbücher, die einen nicht zu übersehenden Akzent auf die Aspekte des Gemeinsamen, Einenden, auf das „Unum“ legten und sich ganz offensichtlich konform zur Idee eines „pluralistischen Multikulturalismus“[110] verhielten. Dem gegenüber postulierten die Kritiker der Rahmenrichtlinien und Schulbücher eine Konzeption von Multikulturalismus, die den erstgenannten als bloß „additiven Multikulturalismus“ erscheinen ließ und selbst hingegen als „transformativer Multikulturalismus“[111] einen wirklichkeitsverändernden Anspruch erhob. Gleichwohl konnte sich das gemäßigte, „pluralistische“

108 Stage/Crabtree, „Adoption Recommendations,“ S. 10.
109 Zit. nach Reinhold, „Class Struggle,“ S. 47.
110 Ravitch, „Multiculturalism Yes, Particularism No,“
111 Cornbleth/Waugh, *The Great Speckled Bird*.

Konzept von Multikulturalismus in Kalifornien durchsetzen. Zu Beginn des kalifornischen Reformprozesses war Multikulturalismus keineswegs das zentrale Thema gewesen; vielmehr war die Bestellung des *Blue Ribbon Advisory Committee* und des *Framework Committee* im Kontext eines bildungspolitischen Reformansatzes zu sehen. Auch fehlte ein den New Yorker Bedingungen vergleichbarer Druck auf einen Politiker oder eine Behörde von Seiten entsprechender „multikulturalistisch" motivierter und argumentierender Interessengruppen. Zudem nahmen 1987, zum Zeitpunkt der Erstellung des *History-Social Science Framework*, Fragen von multikultureller Erziehung und Bildung noch nicht eine so herausragende Stellung auf der nationalen Agenda ein, wie sie das 1989 tun sollten. Das wirkte sich auch auf die personelle Zusammensetzung der einschlägigen Komitees aus, die weniger durch die Repräsentation der verschiedenen ethnischen Gruppen als durch die Auswahl einschlägiger Experten bestimmt wurde. Eine gezielte Bestellung dieser Komitees ist zwar nicht ohne weiteres nachweisbar, doch legen gleichwohl verschiedene Faktoren eine gewisse Steuerung nahe. Bei der Erstellung des *Framework* waren Charlotte Crabtree und Diane Ravitch die Hauptautorinnen. Crabtree nahm eine exponierte Stellung im im Vorhaben der nationalen Standardisierung von Anforderungen und Inhalten im Geschichtsunterricht ein und saß gemeinsam mit Gilbert T. Sewall im Beratergremium des konservativen, von der Olin Foundation geförderten *American Textbook Council*. Diane Ravitch war spätestens seit dem Ende der 1980er Jahre als dezidierte Kritikerin eines von ihr als „partikularistisch" perzipierten Multikulturalismus bekannt und trat auf nationaler Ebene – in den folgenden Jahren – durch einschlägige Publikationen und Stellungnahmen hervor.[112] Nach der Erstellung und Zirkulation des ersten – zu umfangreichen – Entwurfs war durch die Curriculum-Kommission ein Unterausschuss aus Crabtree und Ravitch gebildet worden, der die Aufgabe hatte, die neuen Rahmenrichtlinien zu verfassen, was zu einiger Unruhe unter anderen Mitgliedern des *Framework Committee* führte, die sich offensichtlich übergangen fühlten.[113] Gleichzeitig fanden Kritiker der kalifornischen Vorgehensweise hier ein Indiz für ein möglicherweise nicht hinreichend demokratisches Prozedere.

112 Ravitch, „Education and the Public Good," dies., „Diversity and Democracy," dies., „Multiculturalism. E Pluribus Plures."

113 Diane Massell, „California – History/Social Studies Case Study." Draft. December 15, 1992, S. 3.

Hinsichtlich der Steuerung des Implementierungsprozesses dieser „pluralistischen“ Multikulturalismus-Konzeption durch die kalifornischen Institutionen ist zudem hinzuweisen auf die Praxis der Curriculum-Kommission, Briefe verschiedener exponierter Institutionen und Personen, die die Annahme der eingereichten Schulbücher befürworteten, gemeinsam mit ihrer Vorlage an das *State Board* weiterzuleiten, nicht aber diejenigen Schreiben, in denen die Annahme der Bücher abgelehnt wurde.[114] Bemerkenswert sind weiterhin Schreiben von seiten des *State Board*, mit der offenkundig die lokalen Schulbehörden von der Einführung der Schulbücher überzeugt werden sollten. So wies Bill Honig, *State Superintendent of Public Instruction*, in einem Schreiben vom 9. Januar 1991 – also wenige Monate nach der Annahme der Schulbücher – an die *School Board Presidents* und *County* und *District Superintendents* mit einem fast überschwenglichen Lob darauf hin, wie sehr die angenommenen Schulbücher dem *Framework* entsprächen, das seinerseits Standards für Lehrinhalte und -methoden gesetzt habe.[115] Und mit einem Folgeschreiben vom 15.1.1991 an *Selected County and District Superintendents/Selected Associate Superintendents of Curriculum* wurden im gleichen Zusammenhang Argumentationshilfen für „möglicherweise auf lokaler Ebene entstehende Kontroversen“[116] versandt. Kurz und bündig wurde erklärt, die Schulbücher seien im Evaluationsprozeß hinreichend diskutiert worden, Kritik sei weder damals noch heute von Relevanz gewesen:

> The state level adoption process has been thorough, receiving more scrutiny than any other adoption in the last decade.[117]

Verfolgten die bildungspolitischen Institutionen Kaliforniens so mit einiger Entschiedenheit „ihre“, d.h. eine „pluralistische“ Multikulturalismus-Konzeption, so sahen sich die kalifornischen Reformbemühungen im Rahmen der Konzeption und Publikation der Rahmenrichtlinien auch

114 Cornbleth/Waugh, *The Great Speckled Bird*, S. 86.

115 Bill Honig, „Letter to School Board Presidents/County and District Superintendents: Opportunity to Support Implementation of the History-Social Science Framework.“ January 9, 1991.

116 Bill Honig, „Letter to Selected County and District Superintendents/ Selected Associate Superintendents of Curriculum: District Assistance on Issues Surrounding the 1990 adoption of History-Social Science Instructional Materials.“ January 15, 1991, S. 1.

117 Ebd., S. 2.

kaum dem Druck multikulturalistisch argumentierender Gruppen ausgesetzt.

Hingegen kann von der massiven Einflußnahme eines konservativen, Multikulturalismus-kritischen Netzwerks ausgegangen werden: Zu nennen sind, nicht zuletzt zur Illustration der personellen Verbindungen, beispielsweise Diane Ravitch und Chester Finn, die 1982 gemeinsam das *Educational Excellence Network* gegründet hatten, aus dem Ende der 1980er Jahre die *Bradley Commission on History in the Schools* hervorgegangen war, die wiederum von Kenneth Jackson und Paul Gagnon geleitet wurde. Jackson hatte dem *New York State Social Studies Review and Development Committee* angehört und einen „Dissenting Comment" zu *One Nation, Many Peoples* geschrieben; Gagnon war an dem kalifornischen Schulbuch-Evaluierungsprozeß maßgeblich beteiligt. Zu den Mitgliedern der *Bradley Commission* zählten außerdem Diane Ravitch und Charlotte Crabtree, die beiden Hauptautorinnen des kalifornischen *History-Social Science Framework.* In diesem Zusammenhang wäre weiterhin hinzuweisen auf den von Gilbert Sewall geleiteten *American Textbook Council*, Herausgeber der *Social Studies Review.* Mitglieder des Beratergremiums des *Council* waren u.a. Gagnon, Crabtree, Kenneth Jackson und der kalifornische *Superintendent of Public Instruction*, Bill Honig. 1991 wurde Diane Ravitch *Assistant Secretary* im *Office of Educational Research and Improvement* im *U.S. Department of Education*, Paul Gagnon folgte ihr bald, um dort für sie zu arbeiten. Im gleichen Jahr erhielt die Universität von Kalifornien in Los Angeles Gelder vom *Department of Education* und dem *National Endowment for the Humanities* (geleitet von Lynne Cheney, die, wie gezeigt, ebenfalls den kalifornischen Ansatz unterstützte) für ein von Charlotte Crabtree geleitetes Projekt zur Entwicklung nationaler Standards für den Geschichtsunterricht. Dem Beratergremium des Projekts gehörten wiederum u.a. Kenneth Jackson, Gary Nash und Gilbert Sewall an.[118]

Diesem Netzwerk gelang es in wesentlich stärkerem Umfang noch als in New York State, Gang und Inhalt des Reformprozesses mitzubestimmen. Waren die Kritiker des New Yorker Ansatzes weitgehend auf die öffentliche Auseinandersetzung und Formulierung ihrer Vorwürfe beschränkt, gelang es ihnen in Kalifornien, nicht zuletzt aufgrund

118 Cornbleth/Waugh, *The Great Speckled Bird*, S. 14ff.; Ellen Messer-Davidow, „Die Neue Rechte der USA im Kampf um die Hochschulen. Zum institutionellen Netzwerk einer Kampagne," *Das Argument* 35, 6 (202) (1993), S. 925-940.

personeller Verbindungen und der grundsätzlichen Übereinstimmung des kalifornischen *Department of Education* mit den von Ravitch u.a. vertretenen Konzeptionen, den Institutionalisierungsprozeß des kalifornischen Ansatzes multikultureller Erziehung aktiv gestaltend zu beeinflussen. Insgesamt also lassen Entwicklung und Gestaltung des kalifornischen Diskussions- und Reformprozesses wenig Zweifel an der Entschlossenheit der kalifornischen Bildungspolitik, eine spezifische, „pluralistische" respektive „additive" Konzeption von Multikulturalismus in den Geschichts- und Sozialkunde-Unterricht zu implementieren.

Zusammenfassung

Mit bemerkenswerter Dynamik haben die Kontroversen um Multikulturalismus und Differenz in den späten 1980er und frühen 1990er Jahren Eingang in die Institutionen, in Diskussions- und Reformprozesse des amerikanischen Bildungssystems gefunden. Gerade die Auseinandersetzungen und Reformbemühungen in Kalifornien und New York State liefern Beispiele der institutionellen Verarbeitung respektive der Institutionalisierung dieser Diskussionen.

Die bildungspolitischen Debatten in Kalifornien und New York State fanden dabei vor einem vergleichbaren gesellschaftlichen Hintergrund statt. Dieser war zum einen bestimmt durch die wachsende ethnische und kulturelle Heterogenität von Bevölkerung und Schülerschaft sowie durch die Häufung schulischer Probleme bei Angehörigen verschiedener ethnischer Gruppen. Zum anderen standen die Reformbemühungen im diskursiven Kontext der allgemeinen Kontroversen um Multikulturalismus, Differenz und die gesellschaftliche wie politische Verarbeitung der Spannung von Individual- und Gruppenrechten, in deren Rahmen *multiculturalism* und *diversity* sich als sehr interpretationsfähige, verschiedensten Positionen als Referenzpunkte dienende Konzepte etabliert hatten. Ende der 1980er Jahre hatte die Kontroverse eine solch exponierte Stellung auf der nationalen Agenda erreicht, daß die bildungspolitischen Institutionen sich ihr kaum entziehen konnten und entsprechende Reformen von Unterrichtsinhalten und -materialien offenbar unumgänglich schienen.

Vor diesem gemeinsamen Hintergrund jedoch unterschieden sich die spezifischen Auslöser für die Reformanstrengungen wie auch deren Entwicklung in beiden Staaten deutlich voneinander.

In New York State wurden die Reformanstrengungen vor allem ausgelöst von dem Bemühen um eine Bildungspolitik, die der ethnischen Heterogenität und kulturellen Vielfalt des Staates wie der Vereinigten Staaten insgesamt Rechnung tragen sollte. Die ausdrückliche Orientierung an Multikulturalismus bzw. an „multiplen“ Perspektiven prägte die Reformbemühungen. Die Zielvorgabe einer stärkeren Repräsentation von Minderheiten in Unterricht und Lehrplänen spiegelte sich in der gezielten Integration ihrer Vertreter in den mit der Erarbeitung von Reformvorschlägen betrauten Kommissionen und dem stärkeren Einfluß multikulturalistischer Positionen wie auch in der stärkeren inhaltlichen Ausrichtung an multikulturalistischen Annahmen und Konzepten wider. Dies gilt vor allem für den ersten, 1989 erschienenen Bericht *A Curriculum of Inclusion*, aber auch – in abgeschwächter Form – für *One Nation, Many Peoples: A Declaration of Cultural Interdependence* von 1991. Bemerkenswert ist im Kontext dieses zweiten Berichts und des Programms *Understanding Diversity* (1991) jedoch die Akzentverschiebung hin zur ausdrücklichen Betonung der Vereinbarkeit von kultureller Vielfalt und nationaler Einheit, wie sie in *A Curriculum of Inclusion* nicht feststellbar war.

Im Vergleich zu New York State verfolgten die kalifornischen Reformbemühungen umfassender formulierte und weniger spezifisch auf das Problemfeld wachsender ethno-kultureller Differenz ausgerichtete Zielvorgaben. Die Auseinandersetzung mit Aspekten multikultureller Erziehung und Bildung war nur Teil, nicht alleiniges Augenmerk des Reformprojekts. Dies fand in der personellen Besetzung der entsprechenden, mit der Erarbeitung von Richtlinien u.ä. betrauten Kommissionen wie auch in prozeduralen Vorgaben und Stellungnahmen des *State Board of Education* und Bill Honigs seine Entsprechung. Inhaltlich waren die Reformen geprägt von der grundlegenden Orientierung des kalifornischen *State Board of Education* an einer „pluralistischen“ respektive „additiven“ Konzeption von Multikulturalismus, die ihren Ausdruck in der Ausgestaltung der Rahmenrichtlinien und der schließlich angenommenen Schulbücher fand und die in dem stärkeren Einfluß der Vertreter „pluralistischer“ Positionen reflektiert wurde. Unübersehbar ist so die Abgrenzung von weitergehenden, „transformativen“ Multikulturalismus-

Konzepten und die im Vergleich zu New York State stärkere Gewichtung des „unum“.

Schien in beiden Fällen die institutionelle Auseinandersetzung mit den durch die Multikulturalismus-Debatte und demographische Entwicklungen aufgeworfenen Fragen unumgänglich, so unterschieden sie sich unübersehbar hinsichtlich des Charakters und Ausmasses der unternommenen und realisierten Reformbemühungen. Die unterschiedlichen Akzentuierungen von Differenz und Einheit in den Diskussionen beider Staaten fanden ihren Niederschlag in Inhalt und Gestaltung der erarbeiteten und angenommenen Berichte, Rahmenrichtlinien und Schulbücher und implizierten damit letztlich auch jeweils eigene Interpretationen nationaler Identität bzw. des Verhältnisses von „pluribus“ und „unum“. Dabei blieb der kalifornische Ansatz der verstärkten Thematisierung von Kultur und Geschichte von Minoritäten bei gleichzeitiger Akzentuierung nationaler Einheit und herausragender Stellung westlicher Kultur- und Wertvorstellungen im Rahmen der vorherrschenden liberal-pluralistischen Interpretation amerikanischer Identität. Die Erweiterung des nationalen Selbstverständnisses um die verstärkte Repräsentation von Minderheiten und deren Geschichte und Kultur, wie sie die kalifornischen Rahmenrichtlinien und die darauf basierenden Schulbücher charakterisieren, mag so als multikulturalistischer Minimal-Erfolg erscheinen, leitete jedoch keinen multikulturellen Paradigmenwechsel ein.

Das New Yorker Beispiel – und insbesondere der Bericht *A Curriculum of Inclusion* von 1989 – dagegen steht für den Versuch fundamentaler Neu-Interpretation nationaler Identität und einer konsequenten Repräsentation multipler Perspektiven und Identitäten in Unterricht und öffentlicher Bildung. *A Curriculum of Inclusion* erscheint so beispielhaft für den Versuch, eine Unterrichtsreform zu konzipieren, die die Realisierung eines „transformativen“ Multikulturalismus bedeutete. Damit ging dieser Bericht zumindest stellenweise über die vorherrschende Interpretation von „pluribus“ und „unum“ hinaus und erzeugte massive Kritik. Die folgenden Stellungnahmen des New Yorker *State Board of Education*, der Bericht *One Nation: Many Peoples: A Declaration of Cultural Interdependence* und das Programm *Understanding Diversity* repräsentierten demgegenüber den Versuch einer Redefinition der eigenen Position innerhalb eines liberal-pluralistischen Interpretationsmusters der Bestimmung von Vielfalt, Einheit und nationaler Identität.

Radikalere Neu-Interpretationen oder die bildungspolitische Institutionalisierung eines „transformativen" Multikulturalismus haben sich damit in den hier untersuchten Diskussions- und Reformprozessen qua mangelnder Konsensfähigkeit als kaum durchsetzungsfähig erwiesen. Ebenso wenig jedoch wollten oder konnten sich die entsprechenden bildungspolitischen Institutionen dem von den Diskussionen um Multikulturalismus und Differenz ausgelösten Reformdruck entziehen. Sie konnten sich deshalb auch der – wenn auch begrenzten – Implementierung multikultureller Reformen nicht gänzlich verweigern.

Literatur

Alexander, Francie, und Charlotte Crabtree, „California's New History-Social Science Curriculum Promises Richness and Depth," *Educational Leadership* (Sept. 1988), S. 10-13.

Auster, Lawrence, „The Regents' Round Table," *National Review*, (December 8, 1989), S. 8f.

Bennett, William J., „Why Western Civilization?," *National Forum,* June 69, 3 (1989), S. 3-6.

Bennett, William J., *The De-Valuing of America. The Fight for Our Culture and Our Children* (New York [u.a]: Summit Books, 1992).

Cornbleth, Catherine und Dexter Waugh, *The Great Speckled Bird. Multicultural Politics and Education Policymaking* (New York: St. Martin's, 1995).

Finn, Chester E./Educational Excellence Network, „Letter to Honorable Joseph D. Carrabino, President, State Board of Education," August 7, 1990.

Fullinwider, Robert K., „Multicultural Education: Concepts, Policies, and Controversies," in: ders. (ed.), *Public Education in an Multicultural Society. Policy, Theory, Critique.* (Cambridge,UK/New York: Cambridge UP, 1996), S. 3-22.

Gagnon, Paul, „A Look at the New California Framework: Turning Point for Social Studies Reform?" *American Educator* (Fall 1988), S. 36-48.

Garraty, John Arthur, *The Story of America: Beginnings to 1914* (Austin: Holt, Rinehart and Winston, 1991)

Hirsch, E. D., *Cultural Literacy. What Every American Needs to Know* (Boston: Houghton-Mifflin, 1987).

Lopez, Tomas, „The American Dream is For All Americans. A Position Statement on Multicultural Issues for the California Department of Education," *California Reader* 25, 2 (Winter 1992), S. 29-32.

McConnell, Scott und Breindel, Eric, „Head to Come. Is 'white nationalism' the problem?" *New Republic* (January 8, 15, 1990), S. 18-21.

Meier, Deborah, „Bush and the Schools: A Hard Look," *Dissent* (Summer 1991), S. 329-331.

Messer-Davidow, Ellen, „Die Neue Rechte der USA im Kampf um die Hochschulen. Zum institutionellen Netzwerk einer Kampagne," *Das Argument* 35, 6 (202) (1993), S. 925-940.

New York State, *Racial/Ethnic Distribution of Public School Students and Staff in New York State 1991-92* (Albany, N.Y.: University of the State of New York, State Dept. of Education, Information Center on Education, 1991-92).

Pinar, William F., „Notes on Unterstanding Curriculum as a Racial Text," in: Cameron McCarthy und Warren Crichlow (eds.), *Race, Identity and Representation in Education* (New York/London: Routledge, 1993).

Ravitch, Diane, „Education and the Public Good," *National Forum* (June 1989), S. 35-38.

Ravitch, Diane, „Diversity and Democracy: Multicultural Education in America," *American Educator* (March 1990), S. 17-20, S. 46-48.

Ravitch, Diane, „Multiculturalism. E Pluribus Plures," *American Scholar* 59 (Summer 1990), S. 337-354.

Ravitch, Diane, „Multiculturalism Yes, Particularism No," *Chronicle of Higher Education* (October 24, 1990).

Reinhold, Robert, „Class Struggle. Cowgirls and Bantu Migration: In Its Controversial New Textbooks, California is Rewriting History," *The New York Times Magazine* (Sept. 29, 1991), S. 26-52.

Schlesinger, Arthur M., Jr., *The Disuniting of America* (New York/London: Norton, 1992).

„The Stupidification of America," *New Perspectives Quarterly* 7, 4 (Fall 1990).

Trombley, William, „Pluralism and Unity Vie in History Textbooks Battle," *Los Angeles Times* (Oct. 9, 1990).

U.S. Bureau of the Census, *Statistical Abstract of the United States: 1993. The National Data Book* (Washington, D.C.: GPO, 113th ed. 1994)

Briefe und Manuskripte

California State University/California Department of Education, „Working Together for the Education of All Students." Briefing Paper 1992.

Cheney, Lynne V., „Letter to President Joseph D. Carrabino and Members of the California State Board of Education." Chairman d. National Endowment for the Humanities, Sept. 13, 1990.

History-Social Science Curriculum Framework and Criteria Committee, *History-Social Science Framework for California Public Schools Kindergarten Through Grade Twelve* (Sacramento: California Department of Education, 1988).

Honig, Bill, „Letter to School Board Presidents/County and District Superintendents: Opportunity to Support Implementation of the History-Social Science Framework." January 9, 1991.

Honig, Bill, „Letter to Selected County and District Superintendents/ Selected Associate Superintendents of Curriculum: District Assistance on Issues Surrounding the 1990 adoption of History-Social Science Instructional Materials." January 15, 1991.

Massell, Diane, „California – History/Social Studies Case Study." Draft. December 15, 1992.

Massell, Diane, „Curriculum Reform in California and New York: A Tale of History-Social Science and Social Studies Standards. Case Study," in: Diane Massell et al., „Formulating Content Standards: Case Studies and Implications for National Content Standards. A report prepared for the National Education Goals Panel." Draft. New Brunswick et al. 1993.

New York State Board of Regents, „The Regents Goals for Elementary, Middle, and Secondary School Students," (Albany: NY State Education Department, rev. ed. 1991).

New York State Task Force on Minorities, „Equity and Excellence: A Curriculum of Inclusion." Albany, N. Y., 1989.

New York State Social Studies Review and Development Committee, „One Nation, Many Peoples: A Declaration of Cultural Interdependence." Albany, N.Y., 1991.

Sobol, Thomas, „Letter to the Honorable the Members of the Board of Regents." Albany, NY, February 2, 1990.

Sobol, Thomas, „Letter to Interested Persons." Albany, NY, February 22, 1990.

Sobol, Thomas, „Letter to the Honorable the Members of the Board of Regents." Albany, NY, July 12, 1991.
Sobol, Thomas, „Remarks by Thomas Sobol." Vortrag beim 85. Annual Meeting der Organization of American Historians in Chicago, Illinois. April 4, 1992.
Stage, Elizabeth, und Charlotte Crabtree, „Adoption Recommendations of the Curriculum Development and Supplemental Materials Commission to the State Board of Education." Sacramento: California Department of Education, 1990.
Stage, Elizabeth, und Charlotte Crabtree, „Summary of Public Comments." Sacramento. October 5, 1990.
Wynter, Sylvia, „Letter to the California State Board of Eucation members," September 9, 1990. Enclosure 1: „America as a ‚World': A Black Studies Perspective and ‚Cultural Model' Framework," S. 1-26. Enclosure 2: „A Cultural Model Critique of the Textbooks „America will be". S. 1-62.
Yee, Gary, „Values in Conflict. A Case Study." Manuskript. 10.6.1991.

Mitgliedschaft in den USA: Debatten um Einwanderung, Staatsbürgerschaft und Wahlrecht

Dietrich Herrmann

Einwanderungs- und Einbürgerungsrecht und staatsbürgerliche Rechte

Einer der kollektiven Selbstbeschreibungsdiskurse der amerikanischen Gesellschaft verläuft mittelbar im Rahmen von Diskussionen über konkrete Einwanderungspolitik. In den Debatten über Einwanderung spielen von der Kolonialzeit bis in die Gegenwart nicht nur Zweckmäßigkeitserwägungen, sondern stets auch Überlegungen hinsichtlich des kollektiven Selbstverständnisses eine bedeutende Rolle.

In der Kolonialzeit war die Einwanderung von Freien keinerlei Beschränkungen unterworfen, während etliche Kolonien noch vor der Revolution zunächst den Import von Sklaven und „indentured servants" (Leibeigenen auf Zeit), dann auch die Sklaverei an sich abschafften. Sklaverei und der weitere Import von Sklaven war einer der entscheidenden Konfliktpunkte in den Diskussionen um die amerikanische Verfassung.[1]

Die Auseinandersetzungen über Einwanderungspolitik erreichten in der Kolonialzeit nicht das Ausmaß der späteren Konflikte im 19. und 20. Jahrhundert, doch war auch die Einwanderung von Freien eine keineswegs unumstrittene Angelegenheit. Als geradezu paradigmatisches Beispiel für die kolonialen Konflikte um Einwanderung werden immer wieder Benjamin Franklins Tiraden gegen die „Palatine Boors", die Deutschen angeführt, wobei diese Äußerungen offenbar eher spontaner

1 Der gefundene Kompromiß sah ein Importverbot nicht vor 1808 (also zwanzig Jahre nach dem Verfassungskonvent) und die Möglichkeit einer Pro-Kopf-Besteuerung vor. US-Verfassung, Art. 1, Sec. 9, Satz 1.

Ausdruck einer Verärgerung über Geschäftskonkurrenten waren als eine grundsätzliche Abneigung und Abwertung der Deutschen.[2] Die Konflikte bestanden nicht über die Frage der Einwanderung an sich als viel mehr über die Rechte der neu Eingewanderten.

Einbürgerung ebenso wie die Gewährung von einzelnen Rechten oblag den einzelnen Provinz- bzw. Kolonialparlamenten, die wiederum an Vorgaben aus England gebunden waren. Dabei neigten die Institutionen in Nordamerika aus eigenem Interesse zu liberalerer Gewährung von Einbürgerung oder bestimmten Rechten, meist Handels- oder Gewerberechten. Insbesondere hinsichtlich der konfessionellen Anforderungen zeigten sich die Provinz- oder Kolonialparlamente weniger restriktiv als das Mutterland. Während Katholiken und Juden in England im 18. Jahrhundert nahezu keine Möglichkeit zur Einbürgerung hatten, waren sie in den nordamerikanischen Kolonien zwar ebenfalls nicht vollkommen gleichgestellt, aber doch erheblich freier. Die Interessen von Kolonien und Mutterland divergierten zunehmend auch in diesem Bereich: Während die Kolonien Einwanderung und Besiedelung für ihre weitere Entwicklung als fundamental wichtig erachteten, wollte England nicht von seinen restriktiven Einbürgerungsregeln abweichen.[3]

In der Praxis konnten Einwanderer auch ohne die offizielle Einbürgerung mit Bestätigung englischer Behörden auch *lokale* bzw. *regionale* Rechte erhalten, wenn dies im Interesse der jeweiligen Provinz oder Kolonie war. Dies konnte bis hin zur Gewährung des aktiven oder passiven Wahlrechts reichen. An dieser Stelle zeigt sich bereits eine Trennung der Mitgliedschaft im lokalen bzw. regionalen Gemeinwesen von der Mitgliedschaft in der übergreifenden politischen Einheit, die sich dann nach der Revolution – freilich unter ganz anderen Vorzeichen – fortsetzt.[4]

Die Bedeutung des Konflikts über Einbürgerung von Einwanderern wird unter anderem dadurch illustriert, daß Jefferson in der Unabhängigkeitserklärung als eine der „repeated injuries and usurpations" des engli-

---

2 Franklins Äußerungen u. a. in Albert Henry Smyth (ed.), *The Writings of Benjamin Franklin* (New York, London: Macmillan, 1907), Bd. 3, S. 72. Zu Franklin und seiner vermeintlichen Deutschenfeindlichkeit siehe Glenn Weaver, „Benjamin Franklin and the Pennsylvania Germans," *William and Mary Quarterly* 3rd series 14 (1957), S. 536-559.

3 Edward A. Hoyt, „Naturalization under the American Colonies: Signs of a New Community," *Political Science Quarterly* 67 (1952), S. 248-266.

4 Ebd.

schen Königs dessen Verweigerung einer angemessenen Einbürgerungsregelung anführt. Der König wird darin beschuldigt, mit dieser Weigerung die Einwanderung, die Besiedelung und die Ausdehnung des Territoriums verhindern zu wollen.

Nach der Unabhängigkeit setzten die Einzelstaaten die unterschiedliche und widersprüchliche Praxis von Einbürgerung und Gewährung von staatsbürgerlichen Rechten aus der Kolonialzeit fort; eine Praxis, die trotz nivellierender Regelung in den Articles of Confederation für viel Verwirrung sorgte. Danach war die Einbürgerung die Angelegenheit jedes Einzelstaates, doch sollten die Bewohner eines Einzelstaates (mit Ausnahmen von Straftätern, Landstreichern und Fürsorgeempfängern) in allen anderen Staaten den gleichen Schutz und die gleichen Rechte genießen. Diese Regelung ermöglichte theoretisch, daß Ausländer strengere Einbürgerungsregelungen in einem Staat umgehen konnten, indem sie sich in einem anderen Staat mit lockeren Einbürgerungsregelungen naturalisieren ließen. So blieb letztlich offen, ob die Einbürgerung eine *bundesstaatliche* oder eine *einzelstaatliche* Angelegenheit war.[5]

In der Verfassung ist dann aber ein entscheidender Passus zu finden, der die Einbürgerung eindeutig zu einer Angelegenheit erklärt, die die Vereinigten Staaten in ihrer Gesamtheit betrifft: „The Congress shall have Power ... To establish an uniform Rule of Naturalization."[6] Dieser auf Initiative Madisons eingefügte Satz war auf instrumenteller Ebene eine Reaktion auf die gegensätzliche Einbürgerungspraxis der Staaten und die daraus resultierenden Konflikte und darüberhinaus ein symbolisches Bekenntnis zu nationaler Einheit. Über die Notwendigkeit einer einheitlichen Einbürgerungsregelung bestand im Verfassungskonvent Konsens; lediglich über die Mindestwohndauer in den USA als Voraussetzung für Einbürgerung und das (passive) Wahlrecht wurde gestritten.[7]

Die Debatten in der verfassunggebenden Versammlung 1787 illustrieren den bereits bestehenden Gegensatz zwischen der Hoffnung, daß durch liberale Einbürgerungs- und Wahlrechts-Regelungen viele europäische Einwanderer angezogen werden könnten, und dem Mißtrauen, neue Einwanderer könnten noch zu ihren Herkunftsländern loyal sein und

---

5 Articles of Confederation, Art. IV; James H. Kettner, *The Development of American Citizenship, 1608-1870* (Chapel Hill: University of North Carolina Press, 1978), S. 220.

6 Verfassung Art. 1, Sec. 8.

7 Debatten am 9. und 13.8.1787; *Madison's Notes of 1787* (http://www.constitution.org/dfc/dfc_0000.htm).

somit eine Gefahr für die Vereinigten Staaten darstellen.[8] Vor allem James Madison stellte die Bedeutung der politischen Einheit in den Vordergrund. Er und Benjamin Franklin warnten davor, die Verfassung durch illiberale Einschränkungen hinsichtlich der Einbürgerung und des Wahlrechts zu belasten.[9]

In den Debatten über die Ratifizierung spielte Einwanderung und Einbürgerung keine bedeutende Rolle. Die in der Revolutionszeit und in der Folge brisante Frage der politischen Loyalität zur Regierung der neuen Vereinigten Staaten stellte demgegenüber in den Hintergrund, daß die ethnische Heterogenität von den politischen Führern nicht als Problem aufgefaßt wurde. Umgekehrt formulierte John Jay im 2. Federalist eine pathetische Beschreibung der durch die Vorsehung geschaffenen Einigkeit des amerikanischen Volkes, und zwar sowohl nach der Herkunft als auch nach ihren Gewohnheiten, Traditionen und politischen Überzeugungen.

> Providence has been pleased to give this one connected country to one united people–a people descended from the same ancestors, speaking the same language, professing the same religion, attached to the same principles of government, very similar in their manners and customs, and who, by their joint counsels, arms, and efforts, fighting side by side throughout a long and bloody war, have nobly established general liberty and independence.[10]

Madison unterstrich im 42. Federalist die Notwendigkeit einer einheitlichen Einbürgerungsregelung und belegte dies mit den gegensätzlichen Regelungen und der unterschiedlichen Praxis in den einzelnen Staaten sowie aus der in den Articles of Confederation unklar formulierten Regelung, in der der Staatsbürger- (bzw. Einwohner-) Status in einem Staat die gleiche Rechtsstellung auch in anderen Staaten nach sich ziehen sollte, was in der Rechtspraxis zu allerlei Verwirrungen geführt hatte.[11] Sowohl in den Beratungen der Constitutional Convention selbst wie in

---

8 Siehe insbesondere die Debatten an den Tagen 26.7., 8.8., 9.8., 10.8., 13.8.1787, *ebd.*

9 Constitutional Convention 9.8. *Madison's Notes of 1787* (http://www.constitution.org/dfc/dfc_0000.htm)

10 Federalist Papers Nr. 2, Willi Paul Adams, „The Founding Fathers and the Immigrants," *La Révolution Américaine et l'Europe. Colloques Internationaux du Centre National de la Recherche Scientifique*, (Paris: CNRS, 1979), S. 138. Jays Formulierung betont den Aspekt der *Einigkeit*; häufig wurde ihm damit ein Bekenntis zur *Einheitlichkeit* unterstellt.

11 Federalist Nr. 42. Vgl. z. B. Kettner, *The Development of American Citizenship*, S. 213-224.

den darauffolgenden Ratifizierungsdebatten wird die enge Verknüpfung zwischen abstrakter „Mitgliedschaft" und staatsbürgerlichen Rechten, an erster Stelle das Wahlrecht, deutlich. Die Debattenbeiträge stellten nicht die Frage, was es bedeutete, ein Amerikaner zu sein, sondern fragten nach den prinzipiellen ebenso wie ganz konkreten Folgerungen aus dem Staatsbürgerstatus bzw. der Ausübung staatsbürgerlicher Rechte durch Einwanderer.

Die konkrete Situation mit Tausenden von Loyalists auf dem Territorium der neuen Vereinigten Staaten brachte auch ein anderes, sehr praktisches Problem mit sich. Neben der territorialen Abgrenzung, die nach dem erfolgreichen Unabhängigkeitskrieg durch den Frieden von Paris 1783 weitgehend erreicht war, war nun eine Abgrenzung notwendig, wer zu den Mitgliedern des neu entstandenen Gemeinwesens, zu den Bürgern der Vereinigten Staaten gezählt werden konnte. Die Lösung dieses Problems wurde auf der theoretischen Grundlage der gerade entwickelten Vertragstheorien vorgenommen. Diese Theorien gingen davon aus, daß die gegenseitige Loyalität nicht auf einem natürlichen, theoretisch immerwährenden Abhängigkeitsverhältnis beruhte, sondern auf einem Vertrag zwischen Souverän und Individuum, der das explizite oder zumindest implizite Einverständnis der Beteiligten voraussetzte.

Die Theorie vom Vertragscharakter des Untertanenverhältnisses zwischen Souverän und Untertanen erleichterte auch die theoretische Legitimierung des Abfalls der Kolonien vom Mutterland, denn die alte Theorie vom Untertanenrecht ging von einer immerwährenden Loyalität aus, einen Vertrag konnte man aber auflösen, insbesondere dann, wenn argumentiert werden konnte, daß einer der Vertragspartner seinen Verpflichtungen nicht gerecht wurde.

Ein anderes praktisches Problem während der unmittelbaren Nachrevolutionszeit stellten die Loyalisten auf dem Territorium des neuen Staatenbundes dar. Auf sie wurde das Prinzip des *individual consent* angewendet: eine Person gab mit dem Verbleib auf dem Territorium der USA implizit ihre Zustimmung zu dem Vertrag und verweigerte umgekehrt durch den Wegzug auf britisches Gebiet (z. B. Kanada) innerhalb einer angemessenen Zeit diese Zustimmung.

Damit wurde die alte britische Vorstellung von der „perpetual allegiance" endgültig aufgegeben. Bereits bei der Loslösung der Kolonien vom Mutterland war diese Theorie zugunsten der Vorstellung von Loyalität auf Basis eines tatsächlichen oder imaginären Vertrages aufgegeben worden. Ein solcher Vertrag aber war *kündbar*. Dies war dann auch die Grundlage für die Vorstellung von Staatsbürgerschaft in der Folge der Revolution. Als das Loyalistenproblem allmählich an Bedeutung abnahm, wurde die Rechtsprechung hinsichtlich der Anerkennung des Staatsbürgerstatus von Loyalisten und deren Nachkommen liberaler.[12]

Bei der Ausgestaltung des ersten Einbürgerungsgesetzes 1790 debattierte der Kongreß vor allem darüber, welche Rechte eigentlich mit der Staatsbürgerschaft verbunden sein sollten. Dabei wurden das aktive und passive Wahlrecht ebenso angesprochen wie das Recht auf Grundbesitz oder das Recht, ein Erbe anzutreten. Es zeigte sich schnell, daß es zu keiner einheitlichen U. S.-Staatsbürgerschaft im Sinne eines einheitlichen Rechtekatalogs kommen würde, da die Einzelstaaten nicht bereit waren, ihre Souveränität darüber an den Kongreß abzutreten, wer auf ihrem Territorium wählen und gewählt werden durfte, wer Grundbesitz erwerben konnte. Das hatte zur Folge, daß die U.S.-Staatsbürgerschaft mit allgemeinen Regeln über deren Erlangung zwar formal etabliert wurde, doch war diese Staatsbürgerschaft insofern nicht sehr bedeutungsvoll, als sie nicht direkt ein notwendiges oder gar hinreichendes Kriterium für die Erlangung bestimmter Rechte in den Einzelstaaten wurde. So hatten nicht einmal die gebürtigen Amerikaner die genannten Rechte; auf der anderen Seite konnten in einigen Staaten auch Nicht-Staatsbürger elementare Rechte wie das Wahlrecht oder die Gewerbefreiheit erlangen.[13]

Im Ergebnis blieb die Ausgestaltung der staatsbürgerlichen Rechte also den einzelnen Staaten überlassen; die Staatsbürgerschaft alleine war allenfalls ein Kriterium unter mehreren für den Besitz bestimmter Rechte wie Wahlrecht, Recht auf Grundbesitz usw. Von den künftigen Staatsbürgern wurde zwei Jahre Wohnsitz in den USA, „good moral character" und ein Eid auf die Verfassung erwartet.[14]

---

12 Kettner, *The Development of American Citizenship*, Kap. 7 u. ders., „The Development of American Citizenship in the Revolutionary Era: The Idea of Volitional Allegiance," *American Journal of Legal History* 18 (1974), S. 208-242.

13 Hierzu der nächste Abschnitt, S. 177ff.

14 Frank G. Franklin, *The Legislative History of Naturalization in the United States From the Revolutionary War to 1861* (Chicago: University of Chicago Press, 1906). Abriß der Debatte über das erste Einbürgerungsgesetz von 1790 im Kongreß, S. 33-48; *Annals of Congress*, 1st Congress, 2nd Session, S. 1147-1161.

Die enge Verbindung zwischen Staatsbürgerschaft als Mitgliedschaft und der Geltung konkreter Rechte wird deutlich anhand von konkreten Streitfällen um den Staatsbürgerstatus von einzelnen Personen, die auf den Streit um ein staatsbürgerliches Recht zurückgingen, wie der Fall von Albert Gallatin zeigt. Der gebürtige Schweizer Gallatin war in den Senat gewählt worden, wo von politischen Gegnern dessen *passives Wahlrecht* in Frage gestellt wurde, da er angeblich noch nicht die dafür erforderlichen neun Jahre amerikanischer Staatsbürger war.[15] Der Fall illustriert zudem die bis zur Verabschiedung des 14. Amendment nicht vollständig geklärte Spannung zwischen einer mittelbaren US-Staatsbürgerschaft (über die Staatsbürgerschaft in einem Einzelstaat) und einer unmittelbaren US-Staatsbürgerschaft.[16]

Ebenso wie im Fall Gallatin spielte bei den Debatten um die Einbürgerungsgesetze von 1795, 1798 und 1800 das Mißtrauen gegenüber potentiellen negativen äußeren Einflüssen eine zentrale Rolle. Bereits 1795 wurde unter dem Eindruck außenpolitischer Verwicklungen mit Frankreich die Mindestwohndauer als Voraussetzung für die Einbürgerung auf fünf Jahre verlängert. Die Kongreßmehrheit fürchtete, Frankreich könnte mit Hilfe eingebürgerter Einwanderer die politische Stimmung im Lande kippen. Die weitere Verschärfung auf 14 Jahre Mindestwohndauer 1798 war eine vorwiegend parteitaktische Maßnahme der Federalists und wurde nach Jeffersons Wahlsieg 1800 wieder rückgängig gemacht.

Die Debatte über die Verschärfung des Einbürgerungsgesetzes wurde in engem Zusammenhang mit den Rechten und Pflichten geführt. Die Verfechter einer 14-jährigen Aufenthaltsdauer als Voraussetzung für die Einbürgerung argumentierten etwa, daß die Einwanderer ja schließlich alle Rechte behielten, bis auf das passive Wahlrecht für Ämter in der Bundesregierung (damit implizierend, daß die übrigen Regelungen Sache der Einzelstaaten waren). Insofern waren den politischen Handelnden die unterschiedlichen Stufen einer Mitgliedschaft im Gemeinwesen USA durchaus bewußt.

Die Gewährung der einzelnen Rechte war nach wie vor eine Angelegenheit der Einzelstaaten, weshalb die U.S.-Staatsbürgerschaft für sich genommen bis zu den Verfassungsänderungen nach dem Bürgerkrieg

15 US-Verf., Art. 1, Sec. 3, 3.

16 Siehe hierzu Kettner, *The Development of American Citizenship*, S. 232-235.

als Kriterium für die Mitgliedschaft im Gemeinwesen USA letzlich nicht entscheidend war.

Sehr viel bedeutsamer als die Regelung und Praxis von Einwanderung und Einbürgerung sind für die erste Hälfte des 19. Jahrhunderts die Debatten über das Wahlrecht in den amerikanischen Einzelstaaten. In der ersten Hälfte des 19. Jahrhunderts wurden viele Territorien besonders im Mittelwesten der USA als Staaten in die Union aufgenommen; hier mußten neue Verfassungen entworfen werden; parallel dazu wurden in vielen Gründungsstaaten die Verfassungen überarbeitet. In den verfassunggebenden Versammlungen zwischen 1815 und 1855 nahm vor allem die Frage des Wahlrechts einen besonderen Rang ein.[17]

In der Bundesgesetzgebung geschah zwischen 1800 und 1866 im Bereich Einwanderung und Einbürgerung wenig[18] – aus einer Reihe von Gründen: Erstens lag der Schwerpunkt der politischen Macht bis zum amerikanischen Bürgerkrieg bei den Einzelstaaten, zweitens bestand ein Grundkonsens für die fortgeltende Öffnung von Einwanderung als Grundlage für die Entwicklung der neuen Staaten und Territorien im Westen, drittens war die amerikanische Bundespolitik bis zum Ende des Bürgerkrieges blockiert durch die alles dominierende Auseinandersetzung über die Sklaverei. Dies brachte es mit sich, daß die Einzelstaaten und Territorien eine weitgehend eigenständige Einwanderungs- und Einbürgerungspolitik betrieben. Für die prinzipiell ohnehin freie Einwanderung bedeutete dies oftmals eine offensive Anwerbung von Einwanderern aus Europa im Auftrag sowohl von Territorien und Staaten als auch von Siedlungsgesellschaften.[19] Die Staaten und Territorien wollten mit der Anwerbung von Einwanderern das Bevölkerungs- und Wirtschaftswachstum beschleunigen. Die Territorien suchten durch verstärkte Ansiedelung ihre Anerkennung als Staaten zu erreichen, und die Staaten glaubten, ihr politisches und wirtschaftliches Gewicht innerhalb der Union stärken zu können.

Wichtige Anreize bei der Anwerbung von Einwanderern boten daher die schnelle Gewährung von Rechten und Privilegien für neue Siedler, insbesondere in den Staaten und Territorien des Mittleren Westens. Dies

17 Diese Debatten werden im nächsten Abschnitt vertieft untersucht.

18 Eine Ausnahme ist die Einführung von Einwanderungsstatistiken seit 1819.

19 Ingrid Schöberl, *Amerikanische Einwandererwerbung in Deutschland 1845-1914* (Stuttgart: Steiner, 1990).

führte in Verbindung mit dem Tatsache, daß die Frontier-Gesellschaften des Mittleren Westens ohnehin erheblich egalitärer waren als die in vieler Hinsicht aristokratisch geprägten ehemaligen Kolonien an der Ostküste, zur schnelleren Einführung von allgemeinem und gleichem Wahlrecht für weiße Männer als in den Gründungsstaaten. In vielen Staaten wurde Einwanderern das Wahlrecht bereits dann gegeben, wenn sie sechs Monate Wohnsitz nachweisen konnten und ihren Willen zur Einbürgerung bekundet hatten.[20] Ähnlich großzügig wurde die Gewährung des Rechts auf Grundbesitz und der Gewerbefreiheit gehandhabt.

In der Mitte des 19. Jahrhunderts entwickelten sich in den Vereinigten Staaten einige fremdenfeindliche Strömungen, die sich vor allem gegen die wachsende Einwanderung von Katholiken aus Deutschland und Irland wendeten. Ein Ziel der American Party und der sogenannten „Know-Nothings" war es, die Mindestaufenthaltsdauer als Voraussetzung für die Einbürgerung auf 21 Jahre zu erhöhen und die Einbürgerung zur Voraussetzung für das Wahlrecht zu machen. Trotz teilweise beeindruckender Wahlerfolge in einzelnen Staaten und in den Kongreßwahlen von 1856 waren die Nativisten nicht stark genug, eine Abstimmung über ein neues Einbürgerungsgesetz herbeizuführen. Letztendlich wurden die fremdenfeindlichen Strömungen überlagert vom Konflikt über Fortbestand oder Abschaffung der Sklaverei, was auch die Know-Nothings in einen nordstaatlichen und einen südstaatlichen Flügel spaltete.[21]

Der Konflikt über die Sklaverei prägte auch die Entwicklung des Staatsbürgerschaftsrechts. Die in der Verfassung bereits angelegte Spannung zwischen der Staatsbürgerschaft eines Einzelstaates und der Staatsbürgerschaft des Bundes und den daraus abzuleitenden Rechten fand ihren deutlichsten Ausdruck in der Kontroverse um den rechtlichen

---

20 Siehe S. 144ff.

21 Roger Daniels, *Coming to America: A History of Immigration and Ethnicity in American Life* (New York: Harper-Collins, 1990), S. 266-270; Thomas J. Archdeacon, *Becoming American. An Ethnic History* (New York/London: Free Press/Macmillan, 1983), S. 70-84. Ausführlicher zu den *Know-Nothings* u.a. Ray Allen Billington, *The Protestant Crusade, 1800-1860; a Study of the Origins of American Nativism* (New York: Rinehart, 1938).

Status von Dred Scott mit dem Höhepunkt der Entscheidung des Supreme Court 1856.

Der Sklave Dred Scott war von seinem Besitzer John Emerson aus dem Sklavenstaat Missouri in den freien Staat Illinois und das freie Territorium von Wisconsin mitgenommen worden und war einige Jahre später mit Emerson wieder nach Missouri zurückgekehrt. Nach dem Tode Emersons hatte Scott auf seine Freiheit mit der Argumentation geklagt, durch seinen Wohnsitz auf freiem Territorium mit Einverständnis seines Besitzers habe er seine Freiheit erhalten. Ein fast identischer Fall war 1836 auch so entschieden worden. Der Supreme Court von Missouri entschied jedoch gegen ihn mit der Begründung, der Sklavenstatus habe während seiner Abwesenheit nur geruht und sei nun seit der Rückkehr nach Missouri wieder in Kraft. Nach der Wiederverheiratung von Emersons Frau mit einem abolitionistischen Kongreßabgeordneten wurde Scott bewußt an einen New Yorker Verwandten verkauft. Durch die „diversity of citizenship"-Regelung[22] waren nun die Bundesgerichte zuständig. Das Distriktsgericht für Missouri ließ die Klage von Scott als Staatsbürger zwar zu, doch erkannte im Ergebnis auf den Sklavenstatus von Scott. Die Mehrheit des Supreme Court beabsichtigte, bei der Berufung durch Scott einer Entscheidung aus dem Wege zu gehen, in dem sie auf die Zuständigkeit der Justiz in dem Staat des letzten Wohnsitzes von Scott (d.h. Missouri) verweisen würde. Und da der Supreme Court von Missouri auf den Sklavenstatus von Scott erkannt hatte, Scott also Eigentum und somit weder Bürger noch Ausländer war, würde der U. S. Supreme Court die Klage zurückweisen müssen. Da die Richter, die eine Minderheitsmeinung vertraten, für diesen Fall eine heftiges Minderheitenvotum ankündigten, sah sich die Mehrheit mit Chief Justice Roger Taney an der Spitze der Möglichkeit beraubt, eine inhaltliche Positionierung zu vermeiden.

In seiner Urteilsbegründung erklärte Taney, daß weder Scott noch irgendein anderer Schwarzer als Bürger der Vereinigten Staaten im Sinne der Verfassung gelten könne. Er unterschied zwischen einer Staatsbürgerschaft der USA und der Staatsbürgerschaft einzelner Bundesstaaten (*federal citizenship* und *state citizenship*); daher könne die *federal citizenship* nicht aus der *state citizenship* abgeleitet werden. *Federal citizenship* und „people of the United States" waren für ihn identisch: „They both describe the political body who, according to our republican institutions,

22 U.S.-Verfassung, Art.3, Sec. 2, 1.

form the sovereignty, and who hold the power and conduct the government through their representatives. They are, what we call the 'sovereign people,' and every citizen is one of this people, and a constituent member of this sovereignty."

Taney argumentierte weiter, daß zur Zeit des Inkrafttretens der Verfassung (1789) die Schwarzen nicht als Teil des politischen Gemeinwesens des Bundes angesehen worden seien. Die entscheidende Frage aus Taneys Perspektive war daher, ob Schwarze zur Zeit der Ratifizierung der Verfassung nicht nur Bürger einzelner Staaten waren, sondern ob sie Bürger der Vereinigten Staaten waren, ob ihr Bürgerstatus also *nationalen* Charakter hatte. Taney verneinte diese Frage, indem er unter anderem auf die niedrigere Stellung der Schwarzen verwies, die sie beispielsweise durch die Regelungen in der Verfassung hinsichtlich des Sklavenhandels und der Verfolgung flüchtiger Sklaven hatten, wobei er hier allerdings von Sklaven und Flüchtigen auf die Schwarzen überhaupt verallgemeinerte. Als weiteren Beleg für die Stellung der Schwarzen sah er die Regelung in den Einbürgerungsgesetzen seit 1790, nach der nur die Einbürgerung von weißen Ausländern zugelassen war. Taney übersah hier die Möglichkeit der „kollektiven Einbürgerung" aller „Einwohner" (und damit auch der Schwarzen) in Territorien, die durch Vertrag oder Abtretung Teil der Vereinigten Staaten geworden waren. Einzelstaaten könnten zwar zu Bürgern ihres Staates machen, wen immer sie wollten, doch sei daraus noch keine „Bundesstaatsbürgerschaft" abzuleiten. Richter Curtis zeigte indes in seiner umfangreichen *dissenting opinion*, daß gleichwohl aus der Staatsbürgerschaft im Einzelstaat die Bundesstaatsbürgerschaft zu folgern war, und daß Schwarze zum Zeitpunkt der Verfassunggebung Bürger von Einzelstaaten waren und somit auch die Staatsbürgerschaft des Bundes besaßen.[23] Taney fand aber im Supreme Court eine Mehrheit für seine Deutung der Geschichte der USA als eine im Kern aus Weißen bestehende Gesellschaft.

---

23 Scott v. Sandford, 60 U.S. 393 (1856). Kettner, *Development of American Citizenship*, 327f.

Die amerikanische Staatsbürgerschaft nach dem Bürgerkrieg

Nach dem Ende des Bürgerkriegs wurde mit den Verfassungsänderungen von 1866 bis 1870 der Staatsbürgerschaftsstatus der Schwarzen zunächst formal geklärt. Die Schwarzen wurden nun zu Bürgern erklärt, und in das Einbürgerungsgesetz wurde eine Erweiterung aufgenommen, nach der ein Antragsteller weiß oder afrikanischer Abstammung sein müsse. Von entscheidender Bedeutung für die weitere Entwicklung wurde dann das 14. Amendment, welches den Dualismus zwischen den Staatsbürgerschaften der Einzelstaaten und des Bundes überwand, die Staatsbürgerschaft für alle in den USA geborenen und eingebürgerten Personen festschrieb und mit der „equal protection clause" ein Diskriminierungsverbot verankerte. Damit markierte das 14. Amendment den Rahmen der amerikanischen Staatsbürgerschaft, innerhalb derer eine Rechtsgleichheit postuliert wurde.

> All persons born or naturalized in the United States, and subject to the jurisdiction thereof, are citizens of the United States and of the State wherein they reside. No State shall make or enforce any law which shall abridge the privileges or immunities of citizens of the United States; nor shall any State deprive any person of life, liberty, or property, without due process of law; nor to deny to any person within its jurisdiction the equal protection of the laws. [24]

Weder in einem der Amendments noch im neuen Einbürgerungsgesetz wurde dagegen der Status der Indianer und der asiatischen Einwanderer und ihrer Nachkommen eindeutig geklärt. Die Indianer hatten seit der Kolonialzeit keinen einheitlichen Rechtsstatus. Ihr Status hing vom Verhältnis ihres Stammes zur amerikanischen Regierung sowie, vor allem in späterer Zeit, von dem „Grad ihrer Zivilisiertheit" ab. Ein Weg zur Staatsbürgerschaft führte über einen Vertrag des Stammes mit der Bundesregierung, der eine Bestimmung über Staatsbürgerstatus enthielt und damit alle Mitglieder des Stammes kollektiv zu Staatsbürgern machte.[25] Ein zweiter Weg führte über die sichtbare Trennung eines Stammesmitglieds von seinem Stamm, beispielsweise durch Ansiedelung als Farmer. Der Farmer entsprach dem Idealbild des individuell denkenden und für sich selbst handelnden, eigenverantwortlichen Amerikaners. Die dadurch dokumentierte „Zivilisiertheit" sowie der Grund-

24 U.S. Verfassung, 14. Amendment, Sec. 1.

25 Technisch betrachtet war dies jedoch keine Einbürgerung.

besitz oder die Steuerzahlung wurden mithin zur Vorbedingung für die amerikanische Staatsbürgerschaft und die Ausübung der damit verbundenen Rechte gemacht. Die Auseinandersetzungen über den Staatsbürgerstatus, die im Verlauf des 19. Jahrhunderts zumeist vor Gericht ausgetragen wurden, gingen jeweils zurück auf die Verwehrung konkreter staatsbürgerlicher Rechte, sei es das Recht auf Grundbesitz, das Wahlrecht oder um die Zuständigkeit von Gerichtsbarkeit bei strafrechtlichen oder privatrechtlichen Verfahren. In der Folge des Ersten Weltkriegs wurde den Indianern, die für die Vereinigten Staaten in den Krieg gezogen waren, analog zur automatischen Einbürgerung der rekrutierten Einwanderer, der Staatsbürgerstatus verliehen; 1924 erhielten alle Indianer die amerikanische Staatsbürgerschaft unabhängig vom Grad ihrer „Zivilisierung" oder ob sie innerhalb oder außerhalb einer Stammesgemeinschaft lebten.[26]

Den asiatischen Einwanderern und ihren Nachkommen wurden ebenfalls die Einbürgerung und staatsbürgerliche Rechte für lange Zeit vorenthalten. Abgesehen von einigen wenigen, kamen erstmals mit dem kalifornischen Goldrausch seit 1849 chinesische Einwanderer in nennenswerter Anzahl in die Vereinigten Staaten. Die Rechte und Freiheiten dieser Einwanderer wurden jedoch sofort eingeschränkt: Eine Sondersteuer in Höhe von 20 Dollar mußten demnach seit 1850 diejenigen Goldgräber zahlen, die „von der Einbürgerung ausgeschlossen waren". Dies war eine Formulierung, die fortan zur rechtlichen Diskriminierung von chinesischen und japanischen Einwanderern benutzt wurde, weil sie eine ungeliebte Konkurrenz darstellten, und die auch noch 100 Jahre später in etlichen Gesetzen zu finden war. Auch das Gesetz, das 1924 im Effekt den totalen Einwanderungsstopp für asiatische Einwanderer verfügte, bediente sich der Wendung „der von der Einbürgerung ausgeschlossenen Personen".

Das Einbürgerungsgesetz von 1870 war bewußt formuliert worden, um den Schwarzen zwar den Staatsbürgerstatus zu geben, gleichzeitig aber Indianer und Asiaten weiterhin von der Einbürgerung auszuschließen. Die Formulierung im 14. Amendment „All persons born or naturalized in the United States, and *subject to the jurisdiction thereof*, are citizens of the United States ..." war ursprünglich eine Formulierung, die die Kinder von ausländischen Diplomaten von der Staatsbürgerschaft

26 Zur Entwicklung des Staatsbürgerrechts von Indianern und asiatischen Einwanderern ausführlich Seite 154ff. unten.

ausschließen sollte. Faktisch aber diente sie lange Zeit Behörden und untergeordneten Gerichten dazu, Indianer und Kinder asiatischer Einwanderer von der amerikanischen Staatsbürgerschaft und den damit verbundenen Rechten auszuschließen. Erst mit der Entscheidung *U. S. v. Wong Kim Ark* von 1898 bekräftigte der Supreme Court die Staatsbürgerschaft der Kinder asiatischer Einwanderer.[27]

Die Versuche von Einzelstaaten, die Einwanderung von bestimmten Personengruppen auf gesetzlichem Wege zu beschränken, wurden vom Supreme Court in den Entscheidungen *Henderson v. Mayor of New York* und *Chy Lung v. Freeman et al.* 1875 für verfassungswidrig erklärt und damit dem Kongreß in Washington mit Verweis auf die Interstate and Foreign Commerce Clause[28] die alleinige Zuständigkeit für die Einwanderungspolitik übertragen. Auf Druck der westlichen Staaten verabschiedete der Kongreß im gleichen Jahr ein erstes Bundesgesetz zum Verbot der Einwanderung von Prostituierten und Kriminellen. Dies markiert den Beginn einer eigenen Einwanderungspolitik der Bundesregierung.[29]

Der „Chinese Exclusion Act“ von 1882 verbot die Einwanderung chinesischer Arbeiter, und im gleichen Jahr wurde ein Gesetz zum Ausschluß von Geisteskranken und mutmaßlichen Fürsorgeempfängern („persons likely to become a public charge“/LPC) verabschiedet, einige Jahre später folgten Gesetze zum Ausschluß von Vertragsarbeitern. Während diese Regelungen gegen einzelne Personen bzw. einzelne Personengruppen gerichtet waren, setzte noch in den 1880er Jahren eine Bewegung zur generellen Beschränkung von Einwanderung ein. 1893 wurde in Massachusetts die *Immigration Restriction League* gegründet, deren Lobby-Arbeit beim Kongreß die Verabschiedung von Gesetzentwürfen zur Einführung von Lesetests 1896, 1913, 1915 und 1917 bewirkte, doch erst 1917 war die Mehrheit im Kongreß groß genug, um das präsidentielle Veto zu überstimmen. Die Lesetests hatten das Ziel, Einwanderer aus den Ländern Süd- und Osteuropas auszuschließen.

1906 folgte mit dem neuen Einbürgerungsgesetz allmählich eine bundesweite, vor allem technische Standardisierung der Einbürgerungsverfahren; Kenntnisse der englischen Sprache und des amerikanischen politischen Systems sowie die Ablehnung anarchistischer Ideologien

---

27 169 U. S. 649.

28 U. S. Verfassung Art. I, Sec. 8.

29 *Henderson v. Mayor of New York* 92 U. S. 259 und *Chy Lung v. Freeman et al.* 92 U. S. 275, Daniels, *Coming to America*, S. 272, Archdeacon, *Becoming American*, S. 144.

wurden nun vorausgesetzt. Diese Standardisierung wurde von einem neugegründeten Bureau of Naturalization kontrolliert.[30] Doch während sich die Staaten an der Westküste gegen die weitere Einwanderung einsetzten und sich in Neu-England die Kräfte der *Immigration Restrictionists* formierten, setzten Staaten im Süden und Nordwesten die Anwerbung von Einwanderern fort. Die Regionen, die zur Jahrhundertwende noch Einwandererwerbung betrieben, taten dies jedoch differenziert: So bestimmte North Carolina in einem Gesetz von 1907, daß sich die Anwerbung von Einwanderern auf die USA, Kanada sowie andere Völker teutonischen, keltischen oder sächsischen Ursprungs beschränken solle. Darüber hinaus enthielt dieses Gesetz, wie ähnliche Gesetze anderer Bundesstaaten, eine Reihe von Formulierungen, die klarstellen sollten, daß „unerwünschte" Einwanderer nicht angeworben werden sollten, wozu neben Kriminellen, Prostituierten und Geisteskranken eben im Verständnis der Bevölkerung häufig auch Asiaten gehörten. Texas richtete 1876 etwa eine „cordial invitation to the good and industrious immigrant", West Virginia bemühte sich 1879 um „sober and industrious immigrants". Der Staat South Carolina hielt in seinem Gesetz zur Förderung der Einwanderung von 1904 ausdrücklich fest: „That immigrants shall be confined to white citizens of the United States, citizens of Ireland, Scotland, Switzerland, France, and all other foreigners of Saxon origin."[31]

Die asiatischen Einwanderer, die vorwiegend an der Westküste lebten, waren nicht nur von der Einbürgerung ausgeschlossen; eine Reihe von kommunalen und einzelstaatlichen Gesetzen und Verordnungen enthielt ihnen wichtige Rechte wie das Recht auf Grundbesitz oder das Recht auf die Vererbung von Grundbesitz vor oder machten ihnen die Ausübung von Gewerbe durch zusätzliche Auflagen besonders schwer. Versuche, auf dem Weg über die Gerichte die eigenen Rechte zu erkämpfen, waren nur bedingt erfolgreich.[32]

---

30 Dietrich Herrmann, *„Be an American!" Amerikanisierungsbewegung und Theorien zur Einwandererintegration* (Frankfurt/M.: Campus, 1996), S. 90.

31 U. S. Immigration Commission [Dillingham-Commission], *Report*. 42 Bände (Washington: GPO, 1911), Bd. 39.

32 Lucy Salyer, *Laws Harsh as Tigers: Chinese Immigrants and the Shaping of Modern Immigration Law* (Chapel Hill, N. C.: University of North Carolina Press, 1995); Charles J. McClain, *In Search of Equality: The Chinese Struggle against Discrimination in Nineteenth Century America* (Berkeley: University of California Press, 1994); ders. und Laurence Wu McClain, „The Chinese Contribution to the Development of American Law," in: Sucheng Chan (ed.), *Entry Denied: Exclusion*

Die Möglichkeiten von Asiaten zur Einwanderung wurden 1917 weiter beschränkt, und 1924 wurde das Tor bis auf unbefristete Zeit ganz geschlossen.[33] Auch Versuche von bereits früher eingewanderten Asiaten, die amerikanische Staatsbürgerschaft zu erlangen, scheiterten. Rassistische Vorbehalte hatten vor dem Supreme Court stärkeres Gewicht als Qualifikationen, die im Falle der Indianer oder europäischer Einwanderer die Einbürgerung ermöglicht hatten, wie die Steuerzahlung, untadelig geleisteter Kriegsdienst oder ein hohes Maß an kultureller Assimilation.[34]

Die Einwanderungspolitik rückte seit der Jahrhundertwende immer stärker ins Zentrum der öffentlichen Debatte. 1910 hatten Einwanderer der ersten Generation einen Anteil von 14,7 Prozent an der Gesamtbevölkerung; die durch Industrialisierung und Urbanisierung gewachsenen sozialen Nöte, die sich in den Einwanderervierteln der Großstädte konzentrierten, ließen für viele Amerikaner eine drastische Beschränkung der Einwanderer als notwendig erscheinen. Der Bericht der gemeinsam von Präsident Roosevelt und dem Kongreß einberufenen Immigration Commission („Dillingham Commission") schien zudem die weitverbreitete Auffassung zu bestätigen, die sogenannten „new immigrants", Einwanderer aus Süd- und Osteuropa, assimilierten sich bei weitem nicht so gut wie die früher eingewanderten Briten, Deutschen und Skandinavier. Als Gradmesser für die Assimilation dienten der Kommission die Kenntnis der englischen Sprache, der Anteil der Eingebürgerten innerhalb einer Einwanderernationalität, sowie die Bereitschaft zur Erwerbung eines eigenen Hauses.[35] Diese Kriterien entsprachen im wesent-

and the Chinese Community in America, 1882-1943 (Philadelphia: Temple UP, 1991), S. 3-24.

33 Die Einwanderung von Japanern war bereits 1908 durch das sogenannte „Gentlemen's Agreement" zwischen Präsident Theodore Roosevelt und der japanischen Regierung praktisch ausgeschlossen worden. Der totale Ausschluß asiatischer Einwanderung galt von 1924 bis 1943 (Chinesen) bzw. 1946 (Filipinos und Inder) und 1952 (Aufhebung des vollständigen Einwanderungsverbots für alle Asiaten).

34 Zum Argumentationsgang der betreffenden Gerichtsurteile gegenüber den entsprechenden Auseinandersetzungen hinsichtlich der Staatsbürgerschaft von Indianern unten 154ff.

35 Siehe hierzu U. S. Immigration Commission, *Report*, Bd. 1, S. 14, für den Kontext der Dillingham-Commission, die voreingenommenen Untersuchungsmethoden siehe Herrmann, *„Be an American!"*, S. 60-72.

lichen den Kriterien, die für die gelungene Zivilisierung von Indianern und damit als Voraussetzung für deren Zulassung zur Staatsbürgerschaft dienten. In der Diskussion um Einwanderungsbeschränkung und die Amerikanisierung von Einwanderern hatte sich damit allmählich eine Reihe von Topoi herausgeschält, die ein Bild des idealen amerikanischen Staatsbürgers skizzierten: Eigenständige Lebensweise, Kenntnis der englischen Sprache, europäische, besonders nord- oder westeuropäische Abstammung, Religiosität – besonders in einer protestantischen Variante, während umgekehrt Leben im (Indianer-) Stamm oder in der ethnischen *community*, asiatische, indianische oder afrikanische Herkunft, Atheismus oder Zugehörigkeit zu einer nicht-protestantischen Religionsgemeinschaft als Hindernisse galten.

Die Debatte war zugleich stark von soziopolitischen Einflüssen geprägt: Erstens verstärkte sich das Bewußtsein für eine dringende Lösung des Einwanderungsproblems durch die Industrialisierung, Urbanisierung und Entstehung von Einwanderergettos. Zweitens verbreitete die soziale und politische Bewegung des Progressivismus einen ausgeprägten Optimismus: Gesellschaftliche Reformen, wie sie von den jungen amerikanischen Sozialwissenschaften und missionarischen Sozialarbeitern („social gospel") gefordert worden waren, erschienen machbar. Drittens trug der innenpolitisch (Überwindung der sektionalen Spaltung) wie außenpolitisch (Imperialismus) wirksame *New Nationalism* zu einer Stärkung des nationalen Bewußtseins bei, das seine volle Entfaltung im Ersten Weltkrieg erfuhr.[36]

36 Hierzu umfassend Herrmann, *„Be an American!"*, Kap. 1 u. 2.

Wahlrechtsdebatten

Das Wahlrecht ist das zentrale Recht, das mit der Staatsbürgerschaft eines demokratischen Staates verknüpft ist. Es markiert im amerikanischen Fall in der Gegenwart auch den Hauptunterschied zwischen dem Status des „Permanent Resident Alien“ (= Inhaber der „Green Card“) und des Staatsbürgers. Da das Wahlrecht für eine ganze Personengruppe nicht selten den Ausschlag in Wahlen geben konnte, ist es nicht verwunderlich, daß sich der Streit über den Staatsbürgerschaftsstatus einer Person oder Personengruppe zumeist am Wahlrecht entzündete. Doch über die konkrete Bedeutung weit hinaus hat das Wahlrecht eine symbolische Bedeutung als sichtbarster Ausdruck der vollen Mitgliedschaft in einem politischen Gemeinwesen. Dies ist, wie im folgenden zu sehen ist, in den Debatten um Erweiterungen oder Beschränkungen der Wählerschaft den Konfliktparteien stets bewußt. Für die Bürgerrechtsbewegung war der Kampf um das Wahlrecht somit nicht nur ein Kampf um das Recht zur konkreten Wahlausübung selbst, sondern stets ein Kampf um Inklusion und soziale Anerkennung.[37]

Das Wahlrecht[38] in den nordamerikanischen Kolonien war höchst unterschiedlich geregelt, in allen Fällen jedoch weit von einem allgemeinen und gleichen Wahlrecht entfernt. Zumeist wurde das Wahlrecht lokal bestimmt; selbst innerhalb der Kolonien konnte es große Unterschiede geben. In der Praxis galt oft schlicht und einfach das Gewohnheitsrecht; d. h. wer bei den letzten Wahlen gewählt hatte, konnte erneut wählen. Die „Beschränkungen“ hatten aber ohnehin eine sehr begrenzte Bedeutung: Arme Leute hatten gar nicht unbedingt das

37 Judith N. Shklar, *American Citizenship: The Quest For Inclusion* (Cambridge, Mass.: Harvard UP, 1991), S. 16-18: „When there is no standing involved, the franchise is simply not valued.“

38 Für die Kolonialzeit und die frühe Republik kann nur bedingt von Wahl-„Recht“ gesprochen werden, da die Praxis der politischen Mitwirkung lokal sehr unterschiedlich sein konnte, aber damit noch nicht ein „Rechts“-Anspruch verbunden war, der sich aus der Verfassung oder einem Gesetz ableiten ließ. In Ermangelung einer adäquaten Übersetzung für den englischen Begriff „suffrage“ wird hier gleichwohl weiterhin der Ausdruck Wahlrecht verwendet.

Interesse, einen so hohen Aufwand für die Ausübung des Wahlrechts zu betreiben. Zwei oder drei Arbeitstage allein für die Teilnahme an einer für sie persönlich nur bedingt wichtigen Wahl mußten etwa für einen einfachen Bauern vom Lande ein zu großes Opfer sein.[39]

In der Revolutionszeit war ein egalitäres Wahlrecht in Übereinstimmung mit dem Naturrechtsdenken, das als Grundlage für die Auseinandersetzung mit der britischen Kolonialmacht diente, nicht vorstellbar, weil in der Praxis noch zu große Vorbehalte gegenüber einer Beteiligung des „Mobs" an den Wahlen bestanden. Gleichzeitig lag die Machtbasis in den meisten Kolonien bzw. Einzelstaaten noch deutlich bei den grundbesitzenden Schichten. Besonders in den frühen Verfassungskonventen herrschte dementsprechend ein breiter Konsens, daß eine Begrenzung der Wählerschaft notwendig war. Allerdings unterschieden sich die Kriterien zum Ausschluß und die diesen zugrundeliegenden Argumentationen deutlich.

Einerseits wurden Wahl und Wählerschaft wie die Teilhabe an einem Unternehmen verstanden. Nur derjenige, der ein begründbares Interesse an den politischen Entscheidungen hat, hat umgekehrt ein Anrecht zur Mitwirkung im politischen Gemeinwesen und kann damit Anspruch auf das Wahlrecht erheben.

Ein anderer Begründungszusammenhang entspringt der republikanischen Tradition: Um das „Common Good" zu gewährleisten, sollten an politischen Entscheidungen nur diejenigen mit einem „ordentlichen Charakter" mitwirken dürfen. Als Maßstäbe für den „ordentlichen Charakter" wurden wiederum unterschiedliche Kriterien zugrundegelegt: Die Zugehörigkeit oder Nähe zu einer konfessionellen Gemeinschaft, die Zugehörigkeit zu einer Rasse, der Besitz von Grund und Boden, „ordentliche" berufliche Tätigkeit, Kenntnisse der englischen Sprache, eine Mindestwohndauer.

Dementsprechend unterschieden sich die Methoden zum Ausschluß von der Teilnahme an der Wahl, sei es durch Eigentumsqualifikationen

---

39 Robert J. Dinkin, *Voting in Provincial America: A Study of Elections in the Thirteen Colonies, 1688-1776* (Westport, Conn.: Greenwood, 1977), S. 3f.; ausführlich auch Chilton Williamson, *American Suffrage: From Property to Democracy 1760-1860* (Princeton, N. J.: Princeton UP, 1960), Kap. 1-3. Ebenso hatte das „demokratischere" Wahlrecht in den neuen Territorien und Staaten im Westen in der ersten Hälfte des 19. Jahrhunderts eine begrenzte Bedeutung, da auch dort das Interesse an der Wahlteilnahme nicht sehr hoch war. Williamson, *American Suffrage*, S. 215.

bzw. Steuerzahlung oder durch „Charaktertest".[40] In den Diskussionen über die Wahlrechtsbegrenzungen in den Verfassungskonventen blieben die Argumentationsmuster ineinander verschränkt; oft genug wurde vor allem der Grundbesitz als Voraussetzung und als Gradmesser für den Charakter angeführt.

In der Praxis wurden in South Carolina 1716 Juden und freie Schwarze nicht zur Wahl zugelassen, in anderen Kolonien durften Katholiken oder Menschen, die einen zweifelhaften Ruf hatten, nicht wählen. In Massachusetts meinten die dort dominierenden Puritaner, nur die Beschränkung des Wahlrechts auf Angehörige ihrer Kirche könnte das Gemeinwohl sichern. Moralische Anforderungen an potentielle Wähler waren fast ausschließlich auf Neu-England begrenzt. Zum Teil war es erforderlich, den eigenen guten Charakter nachzuweisen, teils konnte die Teilnahme an der Wahl verweigert werden, wenn ein Verstoß gegen den Moralkodex bekannt geworden war.

Den Stellenwert von (Grund-) Besitz als Gradmesser für den Charakter und die Tugend eines Mannes und damit als Kriterium für das Wahlrecht illustriert ein Redebeitrag in der Massachusetts Constitutional Convention von 1820/21:

> Without the security of property, neither arts, nor manufactures, nor commerce, nor literature, nor science can exist. It is the foundation upon which civilization rests. There would be no security for life and liberty, if property were not secure.[41]

Die meisten Staaten sahen die Beschränkung über die Eigentumsqualifikationen als ausreichend an, denn in der Praxis waren dadurch nahezu alle Schwarzen und neuen Einwanderer von der Wahl ausgeschlossen. Georgia und Maryland beschränkten das Wahlrecht auf weiße Männer und verlangten zudem eine Mindestaufenthaltsdauer von sechs Monaten bzw. einem Jahr. South Carolina stellte dieselben Bedingungen und verlangte zusätzlich von seinen Wählern die Anerkennung der personalen Existenz Gottes und den Glauben an das Jüngste Gericht. In der Praxis wurde aber offenbar niemandem aufgrund dieser

---

40 Kirk H. Porter, *A History of Suffrage in the United States* (Chicago: University of Chicago Press, 1918), S. 1-19.

41 Merrill D. Peterson (ed.), *Democracy, Liberty, and Property: The State Constitutional Conventions of the 1820s* (Indianapolis: Bobbs-Merrill, 1966), S. 76.

Regelung die Teilnahme an einer Wahl verwehrt, und in der nächsten Verfassung zehn Jahre später war dieser Satz verschwunden.[42]

Die Regelung des Wahlrechts war auch nach der Revolution und der Verabschiedung der Bundesverfassung eine einzelstaatliche Angelegenheit. Der Verfassungskonvent von 1787 wagte nicht, in diese Domäne der Einzelstaaten einzugreifen; es wurden lediglich einige allgemeine Beschränkungen für das passive Wahlrecht in die Verfassung aufgenommen, so das Mindestalter für Abgeordnete, Senatoren und Präsident, ebenso die Voraussetzung, daß Abgeordnete und Senatoren sieben bzw. neun Jahre die Staatsbürgerschaft besitzen mußten und der Präsident gebürtiger Amerikaner sein muß.[43]

In der Folge kam es in den Einzelstaaten zu einer immer stärkeren Kodifizierung des Wahlrechts. Die Eigentumsqualifikationen verschwanden allmählich, während für die Begrenzung des Wahlrechts auf andere Weise zunächst keine unmittelbare Notwendigkeit gesehen wurde. Die neu in die Union aufgenommenen Staaten spielten eine Vorreiterrolle bei der Einführung eines allgemeinen (weißen, männlichen) Wahlrechts. In *Vermont*, das 1791 als Staat aufgenommen wurde, galt bereits seit 1777 das allgemeine Wahlrecht von Männern; ähnliche Regelungen galten in anderen neuen Staaten, und die Ausweitung des Wahlrechts auf alle weißen Männer in benachbarten Staaten wie *New Hampshire* ist auf die Vorbilder der neuen Staaten zurückzuführen. Der Trend zu einem egalitären Wahlrecht war allerdings nicht ganz einheitlich: Anders als in *Kentucky* (1792) wurden in die Verfassung des neuen Staates *Tennessee* (1794) Eigentumsqualifikationen für das Wahlrecht aufgenommen, wobei allerdings die Entscheidungen in beiden Staaten jeweils sehr knapp ausgefallen waren.

In einigen Staaten wurden die Eigentumsqualifikationen aufgeweicht bzw. ganz aufgehoben, doch war dies ein langsamer Prozeß, besonders in den bevölkerungsreichen und wirtschaftlich starken Staaten *New York*, *Virginia* und *Pennsylvania*. In den Verfassungen der neuen Staaten *Ohio* (1803) und *Louisiana* (1812) wurden die Regelungen zum Wahlrecht immer präziser. Ohio beschränkte das Wahlrecht auf weiße Männer und schloß bestimmte Gruppen wie geistig Behinderte, Schwerkriminelle,

42 „Acknowledge the being of a God and belief in a future state of rewards and punishments." South Carolina Constitution 1778; Porter, *A History of Suffrage in the United States*, S. 21.

43 Letztere Regelung enthielt nur die Ausnahme für diejenigen, die zum Zeitpunkt der Ratifizierung der Verfassung bereits Staatsbürger waren.

Betrüger ebenso aus wie Soldaten und Matrosen, für die das enge Wohnsitzrecht galt. Louisiana machte dagegen wiederum Steuerzahlung zur Voraussetzung für die Wahl, andererseits räumte es die Wahlmöglichkeit für neue Siedler ein, die staatliches Land gekauft hatten. Das Wahlrecht in Louisiana machte als erstes Staatsbürgerschaft ausdrücklich zur Voraussetzung.

In *Maryland* wurde 1809 eine neue Verfassung verabschiedet, die Steuerzahlung und Eigentum als Kriterien abschaffte, nun aber die Wählerschaft auf weiße Männer mit Staatsbürgerschaft und einem Jahr Wohnsitz beschränkte. In *South Carolina* wurde 1810 eine Verfassung angenommen, in der alternativ zur Eigentumsqualifikation die Mindestwohndauer von sechs Monaten im Wahlbezirk sowie zwei Jahren im Staat für die Erlangung des Wahlrechts als ausreichend angesehen wurde. Dies zeigt, daß in South Carolina Dauerhaftigkeit und Stabilität als wünschenswerte Kriterien angesehen wurden, um das Wohl des Staates zu gewährleisten.

Die Loslösung des nördlichen Teils von Massachusetts und Gründung des neuen Staates *Maine* hing nicht zuletzt mit der Verbitterung zusammen, die über das restriktive Wahlrecht bestand. Somit enthielt die Verfassung des neuen Staates 1819 keine Beschränkung auf der Grundlage von mangelndem Grundbesitz oder Steuerzahlung. Die verfassunggebende Versammlung rechtfertigte gegenüber dem Wahlvolk ihre Entscheidung mit der angeblichen Nutzlosigkeit der Eigentums- oder Steuerqualifikationen. Außerdem würden diese allzuoft nach Belieben gedehnt.[44]

In Maine wurde auch freien Schwarzen die Wahl gestattet, doch hatte dies angesichts der geringen Zahl von Schwarzen ohnehin kaum praktische Bedeutung. In der Verfassung des ebenfalls neuen Staates *Alabama* (1819) im Süden hatte das Wahlrecht von Schwarzen keine Chance.

Das Wahlrecht in der im gleichen Jahr verabschiedeten neuen Verfassung von *Connecticut* enthielt noch einige konservative Elemente: Voraussetzung für das Wahlrecht waren entweder Grundbesitz in einer bestimmten Höhe oder die Ableistung von einem Jahr Militärdienst oder die Zahlung einer Steuer an den Staat. Als zusätzliche Bedingung wurde „good moral character“ genannt.

---

44 Almosenempfänger waren allerdings weiterhin vom Wahlrecht ausgeschlossen. Porter, *A History of Suffrage in the United States*, S. 50f., Williamson, S. 190.

In den zwanziger Jahren fanden in New York, Massachusetts und Virginia Versammlungen zur Revision der Verfassungen statt. Die Beibehaltung oder Abschaffung der Eigentumsqualifikationen stand dabei im Mittelpunkt der Überlegungen zur Revision des Wahlrechts. Die dort und in den Verfassungskonventen von Michigan (1835) und Pennsylvania (1837/38) geführten Auseinandersetzungen werden unten ausführlicher dargestellt.[45]

Besonders in den neuen Staaten entlang der Frontier im Westen ergaben Unterscheidungen nach Besitz oder Steuerzahlung wenig Sinn; in der verfassunggebenden Versammlung von *Missouri* wurde gar der (erfolglose) Vorschlag gemacht, das Wahlalter auf 18 Jahre zu senken. In den neuen Staaten war die Gesellschaft egalitärer, anders als in den Gründungsstaaten an der Ostküste hatten sich dort noch keine ökonomischen und sozialen Hierarchien entwickelt. Dies war ein wesentlicher Grund, weshalb Eigentumsqualifikationen dort geringere Chancen hatten. Ebenso war das Wahlrecht dort zunächst noch nicht mit den Konflikten um Einwanderung, freien Schwarzen und den Rechten von Frauen verknüpft. In den Gründungsstaaten an der Ostküste waren dagegen konkrete Konflikte in der Wirschafts- und Handelspolitik Hindernisse für die Abschaffung der Eigentumsqualifikationen.

Die Argumentationslinien für eine Ausweitung des Wahlrechts verliefen kurz gefaßt folgendermaßen: Zunächst argumentierten Steuerzahler erfolgreich für eine Abschaffung der Landbesitz-Qualifikationen mit dem in der Revolution benutzten Slogan „No taxation without representation". Diese wurden zugunsten von Steuerzahler-Regelungen aufgegeben. Ein weiteres Argument war jedoch der gleichfalls aus der Revolution stammende Satz, daß Staatlichkeit ihre Berechtigung nur mit dem „Consent of the Governed" behalte. Die Frage war, wer „the people" sind: Grundbesitzer, Steuerzahler oder schlicht und einfach, wie die Radikalen argumentierten, alle Männer über 21 Jahre.[46]

Konflikte während des Krieges von 1812 zeigten dann erstmals den engen Bezug zwischen Wehrdienst und dem Recht zur Mitwirkung im politischen Gemeinwesen: Junge und weniger wohlhabende Wehrdienstleistende waren verärgert darüber, daß sie nicht wählen durften, während gebürtige Briten und Franzosen, wenn sie über genügend Besitz verfügten, das Wahlrecht erhielten. Dies unterstützte die Bewegung

---

45 Siehe unten S. 132ff.

46 Porter, *A History of Suffrage in the United States*, S. 29.

gegen die noch bestehenden Beschränkungen des Wahlrechts nach Eigentumskriterien.

Die Verfassungen am Anfang des 19. Jahrhundert markieren insofern eine Veränderung, als sie erstmals ausdrücklich „white“ und „male“ als Voraussetzung nannten, was in der Folge in alle Verfassungen aufgenommen wurde. Zuvor waren die Beschränkungen vor allem Teil örtlicher Regelungen.

In der Auseinandersetzung über die Beibehaltung von Eigentumsqualifikationen als Voraussetzung für die Ausübung des Wahlrechts spielte schon die zu erwartende Einwanderung eine Rolle. Die Eigentumsqualifikationen sollten dazu dienen, den Staat vor den pöbelhaft und aufrührerisch verschrieenen irischen Einwanderern in den Städten und vor den deutschen Einwanderern auf dem Lande zu „schützen“. Dieses Argument traf auf große Zustimmung besonders bei denen, für die Amerika immer noch in erster Linie für die Amerikaner da sein sollte und die gar die Partizipation eingebürgerter Einwanderer ablehnten. Erst als die neuen Territorien und Staaten im Westen einen hohen Bedarf an Einwanderern zeigten, traten diese Vorurteile in den Hintergrund.[47]

Den Slogans „No taxation without representation“ und „consent of the governed“, die zur Begründung des Wahlrechts für Schwarze in die verfassunggebenden Versammlungen eingeführt wurden, setzten Gegner eines Wahlrechts für Schwarze deren angeblich soziale und intellektuelle Minderwertigkeit entgegen.

Weitverbreitet war das Argument, Schwarze, Indianer, Asiaten und andere Einwanderer seien aufgrund ihrer mangelnden Kenntnis des politischen Systems und seiner Regeln nicht in der Lage, ihrer Verantwortung als Wähler gerecht zu werden. In Louisiana wurde so z. B. argumentiert, die Einwanderer – darunter wurden dann auch die Zugezogenen aus anderen Bundesstaaten gerechnet – seien nicht mit dem nur in Louisiana geltenden Römischen Recht vertraut, deshalb müsse man ihnen das Wahlrecht verwehren bzw. eine Mindestwohndauer von vier Jahren zur Bedingung machen.

Von den Verfechtern einer höheren Mindestwohndauer als Bedingung der Wahlausübung wurde daher argumentiert, das Römische Recht sei derart kennzeichnend für die Ordnung Louisianas, daß nur die-

47 Porter, *A History of Suffrage in the United States*, S. 58f.

jenigen, die damit vertraut waren, vollgültige Mitglieder der Gemeinschaft sein konnten.[48]

In der verfassunggebenden Versammlung von Pennsylvania 1837 wurde das Argument zugunsten der Schwarzen eingebracht, man dürfe ihnen nicht allein aufgrund der Hautfarbe das Wahlrecht verwehren; im Gegensatz zu anderen Beschränkungen wie Lesetest oder Eigentumsqualifikationen könne er über seine Hautfarbe nicht entscheiden. Dem wurde der Vergleich der Situation von Schwarzen mit der von Frauen und Minderjährigen, die auch kein Wahlrecht besaßen, entgegengehalten. Das Wahlrecht sollte auf all diejenigen beschränkt bleiben, durch die Frieden und Wohlstand der Gesellschaft gefördert würden.[49]

Kompromißvorschläge hatten aufgrund ihrer inneren Widersprüchlichkeit geringe Chancen. Dies galt beispielsweise für die Idee, daß neben einem allgemeinen Wahlrecht für Weiße auch diejenigen Schwarzen wählen sollten, die Besitzqualifikationen erfüllten oder deren strafrechtliche Unbescholtenheitnachgewiesen war. Doch auch der Vorschlag eines Lesetests als Voraussetzung für die Erlangung des Wahlrechts konnte sich nirgendwo durchsetzen. Ein Lesetest hätte neben einer großen Zahl von Einwanderern und Schwarzen eben auch eine bedeutende Zahl von einheimischen Weißen von der Wahl ausgeschlossen, was wiederum politisch nicht durchsetzbar war.

Die Wahlrechtsentwicklung der vierziger und fünfziger Jahre ist gekennzeichnet durch die gegensätzlich verlaufenden Debatten über das Wahlrecht von Einwanderern. In den nordöstlichen Staaten war die wachsende Zahl von Einwanderern aus Irland eine Herausforderung für die einheimischen Bewohner. In New York, Pennsylvania, Massachusetts und anderen Staaten wurden etliche Versuche unternommen, die Einwanderer von der Ausübung des Wahlrechts fernzuhalten, da sie eine Gefahr für die etablierte Macht zu sein schienen. Zum einen wurde die Mindestwohndauer im jeweiligen Bundesstaat heraufgesetzt, für Eingebürgerte galten verlängerte Fristen. Zum anderen wurden Überlegungen angestellt, über Lese- und Schreibtests die meist lese- oder schreibunkundigen Iren von der Wahl fernzuhalten. Doch solche Versuche scheiterten, weil die Lesetests auch einen beträchtlichen Teil der einheimischen Bevölkerung von der Wahl ausgeschlossen hätten.

48 Porter, *A History of Suffrage in the United States*, S. 103f.

49 „The elective franchise should only be given to those through whom the peace and prosperity of society would be promoted.“ Porter, *A History of Suffrage in the United States*, S. 88.

Eine gegenläufige Entwicklung zeigte sich dagegen im Westen, vor allem in den Staaten um die großen Seen, in Michigan, Indiana, Wisconsin, die in der Jahrhundertmitte das Ziel großer Einwandererströme waren. Ihnen war an einer schnellen Besiedelung gelegen, und daher waren sie bereit, Maßnahmen zu ergreifen, um Einwanderer anzulocken, und ihnen alsbald volle Rechte einzuräumen. Da nur das formale Einbürgerungsrecht eine Angelegenheit der Bundesregierung war, konnten aber unterhalb dieser Ebene Regelungen getroffen werden, die den Zugezogenen innerhalb kürzester Zeit politische und wirtschaftliche Rechte einräumte.

Insbesondere die Tatsache, daß ein solches Wahlrecht für Einwanderer ein halbes Jahrhundert später, nach dem Ende der größten Besiedelungsphase, wieder abgeschafft wurde, und daß auch in diesen Staaten der Trend zu einer restriktiven Regelung des Wahlrechts obsiegte, zeigt, daß kein *grundsätzlicher* Unterschied zwischen den Staaten des Mittleren Westens und des Nordostens bestand. Die gegensätzliche Entwicklung in der Mitte des 19. Jahrhunderts sowie in der Folge demonstrieren aber, wie die Vergabe von bürgerlichen Rechten an Angehörige einzelner Gruppen der Bevölkerung (Einwanderer, Zugezogene, Schwarze, Menschen asiatischer Herkunft, Indianer, Frauen) alltagspolitischen Erwägungen unterworfen war. Daß es vor dem 14. Amendment zu keiner Veränderung des Staatsbürgerrechts gekommen war, konnte mit den noch gegensätzlichen Interessen der Staaten im Osten, Süden und Westen erklärt werden; es war aber deutlich, daß in den verschiedenen Regionen des Landes dezidiert unterschiedliche Vorstellungen darüber herrschten, wer als vollgültiges Mitglied der Gesellschaft gelten konnte. Die formale US-Staatsbürgerschaft sagt noch sehr wenig über die tatsächliche Anerkennung als Mitglied der regionalen oder lokalen Gesellschaft aus. Die US-Staatsbürgerschaft war im 19. Jahrhundert immer nur ein Kriterium unter mehreren für die Zuerkennung des Wahlrechts, und durchaus nicht das wichtigste.

Die Festlegung der Regeln für das Wahlrecht oblag den Einzelstaaten, die Staatsbürgerschaft selbst war eine Angelegenheit der Bundesregierung. Die „Know-Nothings" versuchten auf zwei Wegen den Einfluß der Einwanderer zurückzudrängen: Einerseits in den Einzelstaaten durch verlängerte Mindestwohndauer als Voraussetzung für die Gewährung des Wahlrechts, andererseits durch einen Antrag, die Mindestwohndauer als Voraussetzung für die Einbürgerung von fünf auf 21 Jahre hochzusetzen bei gleichzeitiger Einführung einer Bestimmung, daß die Einzelstaaten nur noch Staatsbürgern das Wahlrecht geben durften. Die Anträge im Kongreß scheiterten jedoch, nicht zuletzt aus machtpolitischen Erwägungen im Kontext des Konflikts über die Sklaverei.[50]

Bei der Staatwerdung Kaliforniens stellte sich die Frage nach dem Status der ehemaligen mexikanischen Staatsbürger, unter denen nicht wenige Indianer waren. Der Verfassungskonvent beschloß jedoch, nur weiße männliche Bürger zum Wahlrecht zuzulassen, neben Schwarzen und Asiaten auch Indianer vom Wahlrecht auszuschließen, obwohl etliche von ihnen vorher mexikanische Staatsbürger gewesen waren.[51]

In den neuen Staaten des mittleren Westens waren die verfassunggebenden Versammlungen und Einzelstaatsparlamente mit der Situation konfrontiert, über das Wahlrecht von verschiedenen Minderheiten-Gruppen parallel entscheiden zu müssen. Das konnte zu Abstufungen führen. Beispielsweise waren Schwarze und „unzivilisierte" Indianer in *Minnesota* vom Wahlrecht ausgeschlossen, „zivilisierte" Indianer durften theoretisch ebenso wählen wie (europäische) Einwanderer, diese noch vor ihrer Einbürgerung, wenn sie eine Mindestaufenthaltsdauer von sechs Monaten nachwiesen.[52] Der Ausschluß von Schwarzen aber war direktes Steuerungsinstrument zur Verhinderung der Zuwanderung von freien Schwarzen in die neuen Staaten des Mittleren Westens.

---

50 Porter, *A History of Suffrage in the United States*, S. 128f.

51 Porter, *A History of Suffrage in the United States*, S. 126f.

52 Porter, *A History of Suffrage in the United States*, S. 130f.

Wahlrechtsdebatten in den Verfassungskonventen von New York, Michigan und Pennsylvania

Bei der genaueren Analyse der Wahlrechtsdebatten in den Verfassungskonventen der Einzelstaaten in den 1820er bis 1840er Jahren zeigt sich, daß die Veränderungen in der gesellschaftlichen Struktur die naturrechtliche Grundlage des Wahlrechts wachsen ließ.

1821 tagte ein Verfassungskonvent in *New York*. Dort galt bis dahin ein Wahlrecht, das die Wahlteilnahme nur denjenigen gestattete, die einen Grundbesitz mit einem bestimmten Mindestwert nachweisen konnten. Dies traf insbesondere die vielen landlosen Handwerker und Arbeiter ebenso wie die Pächter von Grund und Boden im westlichen Teil des Staates. Zur Zeit der Revolution waren noch ungefähr 75 Prozent der erwachsenen Männer für die Erste Kammer wahlberechtigt, für den Senat etwa 40 Prozent. Diese Anteile waren aber Anfang des 19. Jahrhunderts deutlich gesunken.[53] Somit war der zentrale Konflikt über das Wahlrecht vorgezeichnet: Das Ausmaß der Ausweitung der Wahlbevölkerung über die Abschaffung von Eigentumsqualifikationen. Demgegenüber nahm der Streit über die weitere Einbeziehung von Schwarzen einen geringeren Raum ein.

Die Ausweitung des Wahlrechts für die erste Kammer („assembly") traf noch auf einen weiten Konsens; der große Streit entzündete sich aber am Wahlrecht für den Senat. Nach der Idee des „balanced government" bestand der Sinn eines Zwei-Kammer-System gerade in der unterschiedlichen Zusammensetzung der Kammern, die auf einer verschiedenen Wählerschaft mit unter Umständen konkurrierenden Interessen beruhte. Im konkreten Fall wurde die erste Kammer als Vertretung des Volkes und der Senat als die Repräsentation des (Grund-) Besitzes verstanden.

Verfechter der Ausweitung des Wahlrechts hoben aber auf die prinzipielle Gleichheit der Wahlbevölkerung in Amerika ab, anders als in England, wo es verschiedene Stände mit unterschiedlichen Interessen gebe. Der Delegierte Sanford:

---

53 Peterson (ed.), *Democracy, Liberty, and Property*, S. 135f.

Here there is but one estate—the people. To me, the only qualifications seem to be the virtue and the morality of the people. ... The principle is ... that those who bear the burthens of the state should choose those that rule it. ... It appeared the only reasonable scheme that those who are to be affected by the acts of the government, should be annually entitled to vote for those who administer it.[54]

Verfechter einer Wahlrechtsbeschränkung für den Senat hoben demgegenüber die große Bedeutung hervor, die der Grundbesitz und die Landwirtschaft für die Gesellschaft spielten. Sie behaupteten, daß vor allem die Landwirtschaft Gewähr für die die Ausübung des Wahlrechts notwendige Tugend biete, und daß der Grundbesitz die größten Lasten der Gesellschaft trage und in Notzeiten die wichtigste Sicherheit für den Staat biete. Dem entgegneten die Verfechter eines egalitären Wahlrechts auch für den Senat, daß die Sicherheit des Staates vor allem bei den Angehörigen der Miliz liege. Die Tugend sei keineswegs konzentriert bei den Reichen, sondern mindestens ebenso in den ärmlichen Hütten der Siedler im Westen beheimatet. Der Delegierte Buel begründete die Forderung nach dem egalitären Wahlrecht, weshalb die Vertretung nicht auf der Basis von Eigentum geregelt sein dürfe, mit dem Selbstverständnis der Gesellschaft:

Our community is an association of persons—of human beings—not a partnership founded on property.[55]

Zwar sei der Schutz von Eigentum eine der wichtigen Aufgaben des Staates, doch eben nur eine von mehreren Aufgaben, und daher sei eine parlamentarische Repräsentation von Eigentum nicht gerechtfertigt. Vielmehr sollte gewährleistet sein, daß Bürger aufgrund ihrer Tugend und Intelligenz in das Parlament gewählt werden könnten und nicht aufgrund ihrer Zugehörigkeit zu einer Klasse oder Berufsgruppe. Buel bestritt, daß vorhandene Interessensgegensätze im Parlament repräsentiert sein mußten.[56]

---

54 *Reports of the Debates and Proceedings of the Convention of the State of New York* Held at the Capitol, in the City of Albany, on the 28th Day of August, 1821. By L. H. Clarke (New York: Seymour, 1821) [im folgenden: *New York Convention 1821*], S. 97.

55 *New York Convention 1821*, S. 125; Peterson (ed.), *Democracy, Liberty, and Property*, S. 205.

56 *New York Convention 1821*, S. 125f., Peterson (ed.), *Democracy, Liberty, and Property*, S. 205f.

In Anlehnung an die Rhetorik der Revolutionszeit erinnerten etliche Delegierte, darunter der spätere Präsident Van Buren, an den Zusammenhang von Besteuerung und Repräsentation im Parlament. Sie leiteten daraus ab, daß alle besteuerten Personen ein Recht auf Repräsentation auch im Senat hatten.[57]

Der Zusammenhang zwischen Besteuerung und Wahlrecht blieb sogar bei der paradoxen neuen Regelung des Wahlrechts für Schwarze erhalten: Während für Weiße jegliche Eigentums- oder Steuerqualifikation mit der Begründung abgeschafft wurde, diese Einschränkungen seien undemokratisch, durften Schwarze nur dann wählen, wenn sie einen Besitz im Wert von mehr als 250 Dollar nachweisen konnten; zur Wahl nicht zugelassene Schwarze hatten damit das „Privileg" der Steuerfreiheit.[58] Kennzeichnend für die herrschende Auffassung der New Yorker Convention hinsichtlich der Beteiligung von Schwarzen ist der Beitrag des New Yorker Justizkanzlers James Kent, der die Schwarzen für einen verkommenen Teil des Gemeinwesens hielt, ihnen aber dennoch nicht auf Dauer das Wahlrecht verwehren wollte. Das Wahlrecht für wohlhabende Schwarze werde ihnen einen Ansporn und eine Perspektive geben.

> The blacks were in some respects a degraded portion of the community, but he was unwilling to see them disfranchised, and the door eternally barred against them. The proviso would not cut them off from all hope, and might in some degree alleviate the wrongs we had done them.—It would have the tendency to make them industrious and frugal, with the prospect of participating in the right of suffrage.[59]

Die deutlichste Ablehnung des Wahlrechts für Schwarze kam von seiten der radikalen Demokraten, die vehement für ein egalitäres Wahlrecht (weißer Männer) für assembly und Senat eingetreten waren. Sie begründeten ihre Haltung mit mangelnder Tugend, fehlenden Qualifikationen und damit, daß die Schwarzen von den Lasten der Staatsbürgerschaft wie dem Milizdienst befreit seien und nur wenige von ihnen Steuern zahlen müßten.

> The minds of the blacks are not competent to vote. They are too much degraded to estimate the value, or exercise with fidelity and discretion that important right. It would be unsafe in their hands. Their vote would be at the call of the richest purchaser. If this class of people should hereafter arrive at such a degree of intelligence and

57 *New York Convention 1821*, S. 129ff.
58 *New York Convention 1821*, S. 180-183.
59 *New York Convention 1821*, S. 180.

virtue as to inspire confidence, then it will be improper to confer this privilege upon them. At present emancipate and protect them; but withhold that privilege which they will inevitably abuse. Look at your jails and penitentiaries. By whom are they filled? By the very race, whom it is now proposed to clothe with the power of deciding upon your political rights.[60]

Überhaupt maßen viele Delegierte der Tugend der Wählerschaft eine große Bedeutung für die Entscheidung über die Zweckmäßigkeit der einen oder anderen Staatsform bei, die sich dann eben auch in den konkreten Fragen des Wahlrechts ausdrückte. Der Delegierte Duer konstatierte, daß das Funktionieren einer republikanischen Staatsform von der Anpassung an die Gewohnheiten und Eigenarten der Menschen abhänge.

Where the people were sunk in vice and profligacy, it was perhaps the worst government that could be instituted. But where the body of the people were intelligent and moral—where there existed habits of attachment to liberty and subordination to law, a republican form of government was, of all others, the most excellent.[61]

Der Delegierte King wollte demnach Militärdienstleistende und Straßenarbeiter von der Wahl ausschließen, denn bei ihnen sah er die Gewähr nicht gegeben, daß sie unabhängig und unbeeinflußt von anderen ihre Wahlentscheidung trafen. Trotz solcher Einwände wurde die Exklusion von Milizangehörigen und Straßenarbeitern abgelehnt.[62]

Der zentrale Konflikt über das Wahlrecht in der verfassunggebenden Versammlung von *Pennsylvania* 1837/38 bestand in der Frage, ob in der neu zu entwerfenden Verfassung das Wahlrecht *expressis verbis* auf Weiße beschränkt werden sollte. Anders als etwa in New York war das Wahlrecht in Pennsylvania schon seit der Revolutionszeit nahezu egalitär, so daß die Frage der Abschaffung von Besitz- oder Steuerqualifikationen dort kein Thema mehr war.

Auch die Konflikte über die Rechte von Einwanderern und Indianern sowie Eigentums- und Steuerqualifikationen, die in den Debatten von Verfassungskonventen anderer Staaten zur gleichen Zeit noch große Bedeutung besaßen, spielten 1837/1838 in Pennsylvania keine Rolle

---

60 So insbesondere die Delegierten Young und Van Buren, *New York Convention 1821*, S. 101f., vgl. Peterson (ed.), *Democracy, Liberty, and Property*, S. 137f.

61 *New York Convention 1821*, S. 138.

62 *New York Convention 1821*, S. 139f., 143ff.

mehr. Die Sklaverei wurde in Pennsylvania auf der Grundlage der ersten Verfassung im Jahre 1780 formell abgeschafft. Da erst nach und nach mehr Schwarze ihre Freiheit erhielten, waren zum Zeitpunkt der Verabschiedung von Pennsylvanias zweiter Verfassung 1790 die freien Schwarzen noch keine zahlenmäßig signifikante Größe, so daß offenbar kein direkter Regelungsbedarf gesehen wurde. In der Praxis konnten einzelne Schwarze an Wahlen teilnehmen, wobei ein Dissens im Verfassungskonvent von 1837/38 darüber bestand, ob diese Teilnahme an Wahlen als rechtens anzusehen war.

Die Gegner des Wahlrechts für Schwarze argumentierten im wesentlichen auf zwei Ebenen: Erstens war es die Frage der Zweckmäßigkeit, d. h. daß es für das politische Gemeinwesen, seine Stabilität sowie die Qualität der politischen Entscheidungen zweckmäßiger sei, wenn die Schwarzen nicht mitwählten. Zweitens war es die Frage nach dem grundsätzlichen Charakter des politischen Gemeinwesens in Pennsylvania und der gesamten Vereinigten Staaten.

Auf der einen Seite versuchten sie zu zeigen, daß Schwarze nicht die für die Wahl notwendigen charakterlichen und intellektuellen Eigenschaften mitbrachten und daß eine Teilnahme von Schwarzen insgesamt schädlich sei für das Gemeinwesen. Es war im Konvent unbestritten, daß einige Schwarze den als notwendig erachteten Anforderungen gerecht wurden, keineswegs jedoch alle. Die Schwierigkeit bestand dann darin, ein meßbares Kriterium für diese Anforderungen zu finden, eine Schwierigkeit, die nicht überwunden werden konnte. Von mehreren Delegierten wurde darauf verwiesen, daß eine massenhafte Teilnahme von Schwarzen an der Wahl das Verhältnis zu den Schwesterstaaten im Süden, in denen noch die Sklaverei erlaubt war, erheblich belasten würde. Schließlich befürchteten etliche Delegierte, ein absolut oder nahezu uneingeschränktes Wahlrecht für Schwarze könne freie Schwarze und Freigelassene aus allen anderen Staaten anziehen und so zu einer allmählichen Dominanz von Schwarzen in Pennsylvania führen.[63]

Auf der zweiten Ebene argumentierten die Gegner des Wahlrechts für Schwarze, daß Schwarze aufgrund grundsätzlicher natürlicher Unterschiede zu den Weißen nicht politisch aktiver Teil des Gemeinwesens

---

63 *Proceedings and Debates of the Convention of the Commonwealth of Pennsylvania to Propose Amendments to the Constitution. Commenced at Harrisburg, May 2, 1837.* Reported by John Agg, Stenographer (Harrisburg: Packer, Barrett, and Parker, 1838), Bd. 9, S. 332f., 349-357 (im folgenden zitiert als *Pennsylvania Convention 1837/38* mit Bandangabe).

sein konnten. Der Delegierte Martin, der die weiße Hautfarbe zur Voraussetzung für das Wahlrecht machen wollte, unterschied beispielsweise zwischen „natürlichen Rechten", die er den „Farbigen" ohne weiteres zugestehen wollte; diese gelte es zu erhalten, doch ihnen „gesellschaftliche Rechte" einzuräumen oder sie in die Wählerschaft einzugliedern, sei eine Verletzung des „Naturrechts", so wie er es verstand. Die Trennungslinie zwischen den Rassen sei vom Schöpfer derart stark markiert, daß es unzweckmäßig und auf grausame Weise ungerecht sei, die Rassen zu vermischen. Die Einwände, daß die Entscheidung, ob eine Person als schwarz oder als weiß zu gelten habe, in der Praxis nicht zu treffen sei, würden widerlegt durch die positiven Erfahrungen in anderen Einzelstaaten mit dieser Regelung.[64]

Dagegen stand die Auffassung, das Wahlrecht sei ein Recht aller Mitglieder eines Gemeinwesens, das man den Schwarzen nicht allein aufgrund ihrer Hautfarbe oder Abstammung vorenthalten könne. Befürworter des Wahlrechts machten aus ihrer Abneigung gegenüber Schwarzen keinen Hehl, doch meinten sie, dies rechtfertige keineswegs einen Ausschluß der Schwarzen von der politischen Mitwirkung. Die Prinzipien der Selbstbestimmung und der Reziprozität von Steuerpflicht und Repräsentation stünden dem entgegen.[65]

In der Auseinandersetzung zwischen Gegnern und Befürwortern des Wahlrechts für Schwarze nahm die jeweilige Interpretation der Geschichte eine zentrale Bedeutung ein. Für die Gegner des Schwarzen-Wahlrechts waren sowohl Pennsylvania als auch die Vereinigten Staaten insgesamt organisch-gewachsene Gemeinschaften von Weißen. Dies habe sich in der Geschichte des Ausschlusses der Schwarzen von der Einbürgerung, von der Teilnahme an Gerichtsverfahren, von der Milizpflicht sowie in der weitgehenden gesellschaftlichen Ausgrenzung der Schwarzen immer wieder gezeigt, erklärte der Delegierte Sterigere. „The people of this state are for continuing this commonwealth, what it always has been, a community of white persons."[66]

Der Delegierte Sturdevant sah in der Beschränkung des Wahlrechts auf Weiße nur eine Festschreibung der bisherigen Praxis, die sich auf einen entsprechenden Willen der Gründungsväter gründete. Zu diesem Zweck rekurrierte er auf die Definitionen der Begriffe „citizen" und

64 *Pennsylvania Convention 1837/38*, Bd. 9, S. 321.
65 *Pennsylvania Convention 1837/38*, Bd. 9, S. 332; Bd. 10, S. 9-11 und *passim*.
66 *Pennsylvania Convention 1837/38*, Bd. 9, S. 357.

„freeman“, die nach seiner Deutung stets nur die Weißen eingeschlossen habe. Er bezog sich auf die früheren Verfassungen von Pennsylvania von 1776 und 1790, die Bundesverfassung von 1787 sowie die eine Reihe von Gesetzen in Pennsylvania, aus denen er den Ausschluß der Schwarzen herauslas. Hinsichtlich der Bundesverfassung erklärte er:

> In this constitution the words „citizen,“ „freemen,“ and „people,“ are used as in the present constitution of Pennsylvania, and most securely could not have been supposed to include either slaves or free negroes.[67]

Um seine Position zu untermauern, rekapitulierte er die Geschichte der Schwarzen und der ihnen zugestandenen Rechte seit der Revolution. Schwarze hätten beispielsweise kein Anrecht auf ein Gerichtsverfahren vor einer Jury gehabt. Obwohl in der Unions-Verfassung im zweiten Amendment festgeschrieben war, daß „the right of the people to keep and bear arms shall not be infringed“, sei zumindest in allen Sklavenstaaten den Schwarzen das Waffentragen ausdrücklich verboten. Von daher seien sie zweifellos nicht zu „the people“ zu rechnen. Auf gleiche Weise rekonstruierte Sturdevant den Sprachgebrauch des Begriffs „freeman“. Zur Zeit der Verfassung von 1790 habe der Begriff Schwarze nicht mit eingeschlossen, was er anhand des Milizparagraphen in der Verfassung erläuterte.[68]

Die Gegner des Wahlrechts für Schwarze entwickelten somit ein Narrativ der amerikanischen Geschichte, das ihre gegenwärtige politische Position stützte. Dieses Narrativ stellte die amerikanische Gesellschaft im Kern als eine Gesellschaft weißer Männer dar, die mit gleichen Rechten, also auch dem Wahlrecht, ausgestattet waren. In diesem Narrativ wird die egalitäre Rhetorik der Revolutionszeit keineswegs geleugnet. Das ubiquitäre „all men are created equal“ aus Jeffersons Unabhängigkeitserklärung erhält aber eine abstrakte Bedeutung. Für die aktuelle, konkrete Frage des Wahlrechts für Schwarze habe diese Aussage keine Konsequenz. Eine Variante hierzu ist die Interpretation, das Wahlrecht selbst gehöre gar nicht zu den von Jefferson formulierten „inalienable rights“, sondern dazu gehörten bürgerliche Rechte. Das Wahlrecht sei demgegenüber ein „Privileg“, das die Gesellschaft nach Zweckmäßigkeitserwägungen gewähren konnte. Über den Charakter des Wahlrechts[69]

---

67 *Pennsylvania Convention 1837/38*, Bd. 9, S. 326.

68 *Pennsylvania Convention 1837/38*, Bd. 9, S. 326.

69 An dieser Stelle muß noch einmal auf die im Englischen verwendeten Begriffe verwiesen werden. In der Regel wird der Begriff „suffrage“ benutzt, die Begriff-

als Privileg im Gegensatz zu einem Naturrecht bestand breiter Konsens. Der Delegierte Sturdevant erklärte seine Bereitschaft, die Schwarzen nahezu auf eine Stufe zu stellen mit den Weißen, mit der zentralen Ausnahme des Wahlrechts:

I would place him nearly on an equality with the white, as the condition of his race would warrant. I would secure him those civil and religious privileges peculiar to our institutions, but never, Sir, would I concede to him, that *political*, that *conventional right*, which was purchased with the blood and treasures of our ancestors—the right of voting and being voted for.[70]

Die Beschwörung der Opfer „unserer Vorfahren" hatte darüber hinaus die Funktion, die Rechte als Errungenschaft der weißen Gesellschaft darzustellen, an denen die Vorfahren der Schwarzen keinen Anteil hatten. Nirgendwo, so der Delegierte Woodward, hätten die Schwarzen ihre Zustimmung zu dieser Regierungsform („consent of the governed") gegeben, somit seien sie auch weiterhin vom Wahlrecht auszuschließen.[71] Der Delegierte Agnew schloß,

the history of Pennsylvania proves that the African race never were considered a part of the sovereignty of Pennsylvania. They were not looked upon as being a part of the community at all, and consequently they could not have the right to vote, unless they were admitted according to the rules and ordinances of society which then existed, and which is as yet to be found in the laws and constitutions of those times.[72]

Im Kontrast zu dieser eher primordial-ethnozentrischen Deutung der amerikanischen Geschichte stand die Position der Befürworter des Wahlrechts für Schwarze, für die im Zentrum der amerikanischen und pennsylvanischen Geschichte elementare politische Prinzipien standen. Für sie waren die Vereinigten Staaten und insbesondere Pennsylvania politische Gemeinwesen, die sich auf die Geltung von Naturrechten gründete, wie sie in der Unabhängigkeitserklärung festgeschrieben waren. Die in der Praxis noch üblichen Diskriminierungen aufgrund von Hautfarbe oder Abstammung interpretierten sie als Abweichung von den Idealen der Revolution. Auf dem Wege zur vollen Geltung sei nach der

---

lichkeit „citizens' right to vote", die in den Nach-Bürgerkriegs-Amendments 14 und 15 erscheint und für die Bürgerrechtsbewegung der sechziger Jahre eine zentrale Rolle spielt, wird in diesen Debatten nicht so häufig gebraucht, da ja gerade das *Recht* auf die Wahlteilnahme umstritten war.

70 *Pennsylvania Convention 1837/38*, Bd. 9, S. 328 (Hervorhebung im Original).

71 *Pennsylvania Convention 1837/38*, Bd. 10, S. 19f.

72 *Pennsylvania Convention 1837/38*, Bd. 9, S. 369.

Abschaffung der Sklaverei die Festschreibung des Wahlrechts für alle Männer unabhängig von Wohlstand, Herkunft oder Hautfarbe zwingend notwendig. Der Delegierte Maclay kommentierte den Antrag, das Wahlrecht auf Weiße zu beschränken:

> The proposition now before us ... is an attempt to introduce a new provision into our constitution, altogether at variance with those principles of justice and philanthropy, which have so long and so highly distinguished Pennsylvania in all parts of the civilized world, and especially in all parts of what may be denominated the christian world.[73]

Wenn man das Wahlrecht abhängig mache von bestimmten Anforderungen, die jeder aufgrund gleichen Rechts und Gelegenheit erreichen könne, sei dies gerecht – oder in der Sprache der Verfassung, Wahlen seien frei und gleich. Doch die Hautfarbe zum Kriterium für das Wahlrecht zu machen – etwas, das niemand selbst bestimmen könne – sei eine willkürliche Regelung, die nicht mit den Grundsätzen von Vernunft und Gerechtigkeit vereinbar sei.[74]

> I am ready to admit that the people of colour, as they are called, in their present depressed and uncultivated condition, are not a desirable species of population. I should not prefer them as a matter of choice. But this is not the question,– for, whether they be desirable or not, we find them here,– and here without any fault on their part,– born in the country. ... That a free man born and brought up in the commonwealth and always subject to the laws of the commonwealth is not a citizen in the place of his birth, is to my mind, the strangest doctrine that I ever heard in political science.[75]

Dem Argument, die Farbigen könnten alle natürlichen Rechte ausüben, aber eben nicht das Privileg des Wahlrechts, setzte Maclay die Frage entgegen, wie dann gewährleistet sei, daß man ihnen nicht morgen das nächste Recht entziehen werde. Ein anderer Delegierter ergänzte, die Argumente, die zur politischen Versklavung legitimierten, könnten ebensogut die persönliche Sklaverei rechtfertigen. Um seine Unterstützung für das Wahlrecht für Schwarze deutlich zu machen, hielt der gleiche Delegierte eine Philippika über die charakterlichen Vorzüge und intellektuelle Leistung von Schwarzen, in die er Zitate renommierter Persönlichkeiten einstreute.[76]

---

73 *Pennsylvania Convention 1837/38*, Bd. 9, S. 332.
74 *Pennsylvania Convention 1837/38*, Bd. 9, S. 331f.
75 *Pennsylvania Convention 1837/38*, Bd. 9, S. 332f.
76 *Pennsylvania Convention 1837/38*, Bd. 9, S. 337-346.

Die Befürworter des Wahlrechts für Schwarze hatten insgesamt ein optimistisches Menschenbild, aufgrund dessen sie die Entwicklungsmöglichkeiten der Schwarzen hoch einschätzten und sie somit im Grunde für fähig erachteten, das Wahlrecht auszuüben. Doch selbst bei denjenigen Delegierten, die prinzipiell dieses optimistische Menschenbild teilten, bestand eine Skepsis hinsichtlich der gegenwärtigen Verfassung der Schwarzen. Nur so ist ein Kompromißvorschlag des Delegierten Scott in der Pennsylvania-Convention zu deuten. Scott schlug vor, das Einzelstaats-Parlament zu ermächtigen, nach 1860 das Wahlrecht für Schwarze einzuführen. Einerseits gebe dies den Schwarzen eine Perspektive, andererseits könne diese Zeit genutzt werden, um die Schwarzen auf die Verantwortung vorzubereiten. Gleichzeitig könne die Zeit als Bewährung dienen.[77]

Der Delegierte Merrill ordnete das skeptische Menschenbild bei den Gegnern des Wahlrechts für Schwarze in den Zusammenhang des aristokratischen Denkens der Kolonialzeit. Mit dem aristokratischen Prinzip seien in der Vergangenheit viele Ungerechtigkeiten legitimiert worden.

> This incapacity for self-government was a dangerous doctrine to be put forth in this country, because if it is held that one description of men are incapable of self-government—it may also be held that another description are equally incapable.[78]

Damit stellte er die Gegner des Wahlrechts für Schwarze in eine Reihe mit der britischen Kolonialmacht.

Zusammen mit den Beiträgen anderer Delegierter, die zugunsten des Wahlrechts für Schwarze sprachen, läßt sich das konkurrierende Argumentationsmuster herausdestillieren: Schwarze hätten bereits zu Kolonialzeiten in verschiedenen Kolonien, auch sklavenhaltenden Kolonien, gewählt; Schwarze seien an der Gründung der Vereinigten Staaten beteiligt gewesen, sie hätten die Delegierten zum Verfassungskonvent von Philadelphia 1787 mitgewählt. Zu dem hier beschworenen Gewohnheitsrecht wurde erneut die Erfüllung von Pflichten und das Ableisten von Diensten für das Gemeinwesen als Rechtfertigung für die Gewährung von Rechten angeführt, konkret die Mitwirkung schwarzer Milizionäre und Soldaten im Unabhängigkeitskrieg und im Krieg gegen Großbritannien von 1812, wo schwarze Soldaten durch den General und späteren Präsidenten Jackson besonders geehrt wurden – ein weiteres

---

77 *Pennsylvania Convention 1837/38*, Bd. 10, S. 52-59. Dieser Vorschlag erhielt noch eine geringere Zustimmung als das sofortige Wahlrecht für Schwarze. *Ebd.*, S. 106f.

78 *Pennsylvania Convention 1837/38*, Bd. 10, S. 12-14.

Indiz für die Legitimität des Wahlrechts für Schwarze.[79] Darüberhinaus wurde darauf verwiesen, daß bereits der Verfassungskonvent Pennsylvanias von 1790 die Beschränkung des Wahlrechts auf freie *weiße* Bürger abgelehnt hatte.[80]

Es blieb nicht aus, daß die von den beiden Seiten zur Stützung ihrer Position entwickelten Narrative der amerikanischen Geschichte Widersprüche in sich trugen. So wiesen die Befürworter des Wahlrechts für Schwarze gar daraufhin, daß selbst im Sklavenstaat North Carolina freie Schwarze unter bestimmten Bedingungen an Wahlen teilnehmen konnten.[81]

Auf einer ganz anderen Argumentationsschiene ohne historische Bezüge versuchten einzelne Delegierte das Wahlrecht für Schwarze zu legitimieren, nämlich mit naturrechtlichen Argumenten. So fragte der Delegierte Chauncey in der Pennsylvania Convention 1837/38:

> Is a human being—a part of the community—born upon your soil, any thing but a citizen? What else can you make of him? He is not a slave, he is a freeman born within your jurisdiction—born within the circle of your political privileges. He is a human being. And, I ask, where is the law—where is the principle—where is the standard of morality by which you can determine that he is any thing in the world else than a citizen? Who is a citizen, if he be not a citizen? I ask gentlemen in regard to their own rights—how you acquire them? Do you not take the book and swear that you were born on this soil, or that you were born on another, but will become a good citizen of this commonwealth? Certainly you do. I ask you what else can you make of a human being, but a citizen? The law is universal—it tells you who is a citizen and who is not.[82]

Ebenso wiederkehrende Argumente waren die Aspekte von Steuerzahlung, Grundbesitz und Bildung als Voraussetzung für das Wahlrecht, um ein Mindestmaß an Tugend, Verantwortungs- und Gemeinschaftssinn zu gewährleisten, womit ein direkter Vergleich zur Situation von Einwanderern gezogen wurde. Als Beispiel für eine Berücksichtigung dieser Aspekte kann die Regelung in der Verfassung von New York von 1821 gesehen werden, die neben allen weißen Männern denjenigen schwarzen Männern das Wahlrecht einräumte, die einen Grundbesitz im

---

79 *Pennsylvania Convention 1837/38*, Bd. 10, S. 5-14, 34, 49.

80 *Pennsylvania Convention 1837/38*, Bd. 10, S. 45.

81 *Pennsylvania Convention 1837/38*, Bd. 9, S. 355.

82 *Pennsylvania Convention 1837/38*, Bd. 10, S. 69.

Wert von mindestens 250 Dollar und einen dreijährigen Wohnsitz im Staate nachwiesen.[83]

Die Delegierten in den Verfassungskonventen bezogen sich einerseits eng auf örtliche Gegebenheiten mit nur lokal relevanten Argumenten, stellten aber andererseits die über die regionale Einzelstaatspolitik weit hinausgehende, grundlegende Bedeutung ihrer Diskussionen heraus. Amerika habe, so der Delegierte Wilkins in Michigan 1835, eine besondere Verantwortung als Beispiel und Vorbild für die Welt:

> To us, as American citizens, was committed the great cause of popular institutions. The eyes of the world were fixed upon us, watching the issue of our experiment. If we failed, the best hopes of man were blasted; if we failed, the last blow for freedom will have been struck, and the knell of popular rights sounded.[84]

Ein wiederkehrendes Argument bei den Befürwortern des Wahlrechts für Schwarze ist der Aspekt der Glaubwürdigkeit nach innen und außen. Wie stünden die Vereinigten Staaten da, wurde gefragt, wenn sie selbst sechzig Jahre nach der Unabhängigkeit nicht die in der Unabhängigkeitserklärung proklamierten Ideale versuchten umzusetzen, wie hier in der konkreten Frage des gleichen Wahlrechts für alle.[85] In den Debatten wurde wiederholt der negative Vergleich mit dem zaristischen Rußland eingebracht. Der Ausschluß der Schwarzen vom Wahlrecht entspreche dem dortigen „Tyrannenrecht“, nicht aber den demokratisch-republikanischen Grundsätzen.[86]

---

83 *New York Convention 1821*, S. 168-188, *Pennsylvania Convention 1837/38*, Bd. 9, S. 351, 352.

84 Harold M. Dorr (ed.), *The Michigan Constitutional Conventions of 1835-36, Debates and Proceedings* (Ann Arbor: University of Michigan Press, 1940), S. 160-162 (im folgenden *Michigan Convention 1835*), S. 177.

85 *Pennsylvania Convention 1837/38*, Bd. 9, S. 354f.

86 *Michigan Convention 1835*, S. 160f.

Wahlrecht für Einwanderer und Indianer? Debatten in der Constitutional Convention von Michigan 1835

In einigen Territorien des Mittleren Westens stießen die Verfassungskonvente seit den dreißiger Jahren auf die Frage, die vom Verfassungskonvent des Bundes 1787 offengelassen worden war: Zwar enthielt die Bundes-Verfassung auf Drängen Madisons die Klausel von der Einheitlichkeit der Einbürgerungsregelung, doch fehlte eine Definition der Rechte und Pflichten, die mit dem formalen Status der (Bundes-) Staatsbürgerschaft verbunden waren. Diese Kompetenz lag bei den Einzelstaaten – die Konzentration dieser Kompetenz beim Kongreß war 1787 nicht denkbar gewesen. Damit war aber de facto die Einheitlichkeit der Einbürgerung und die Einheitlichkeit der Staatsbürgerschaft, die Madison vorgeschwebt hatte, ausgehöhlt – ein Dilemma, dessen sich die Verfassungskonvente bewußt waren. Neben den ohnehin schon bestehenden Unterschieden bei der Gewährung von bürgerlichen und ökonomischen Freiheiten zwischen den Einzelstaaten und Territorien manifestierten sich wachsende Kontraste bei der Gewährung des Wahlrechts für Einwanderer. Nach der allmählichen Abschaffung von Eigentums- und Steuerqualifikationen, die ärmere Weiße ebenso wie die meisten Einwanderer, Schwarze und Indianer gleichermaßen von der aktiven politischen Partizipation ausschlossen, schien eine Notwendigkeit zu bestehen, nun den Ausschluß von Schwarzen, Indianern und Einwanderern aus bestimmten Ländern explizit zu machen.

Diese Problemlage zeigte sich bei den Territorien im Mittleren Westen vor allem an dem ungeklärten Status von Einwanderern. Für die Constitutional Convention des Territoriums von *Michigan*, die 1835 nach der Anerkennung als Staat durch den Kongreß der Vereinigten Staaten strebte, manifestierte sich die gegenüber New York oder Pennsylvania andere Ausgangslage. Wie andere Staaten und Territorien in dieser Region war Michigan aufgrund seiner noch dünnen Besiedelung darum bemüht, neue Siedler anzuwerben. Zu diesem Zweck galt es, gesetzliche Regelungen möglichst attraktiv für neue Siedler und Einwanderer zu machen. Dazu gehörten neben den wirtschaftlichen Freiheiten in erster Linie politische Mitwirkungsrechte wie das Wahlrecht. Die frühe Zulassung zum Wahlrecht war also in erster Linie ein Mittel zur Erreichung eines konkreten politischen Ziels, der zügigen Besiedelung des Staates. Gerechtfertigt wurde die frühe Zulassung mit der Tugend der Einwanderer, die diese mit ihrem Pioniergeist unter Beweis stellten.

Der Verfassungskonvent von Michigan erkannte, daß die Gewährung des Wahlrechts an noch nicht eingebürgerte Einwanderer die Kompetenz des Kongresses zur einheitlichen Regelung der Einbürgerung entwerten würde. Einige Delegierte stellten daher in Frage, ob der Konvent überhaupt berechtigt sei, das Wahlrecht unabhängig von der Staatsbürgerschaft zu vergeben. Schließlich war der Verfassungskonvent nicht vollkommen frei in seiner Entscheidung, denn der Kongreß in Washington mußte den Verfassungsentwurf bei seiner Entscheidung über die Aufnahme Michigans als Staat berücksichtigen.[87]

Der Konflikt über das Wahlrecht für noch nicht eingebürgerte Einwanderer drehte sich um folgende Fragen: Erstens, inwieweit ist es prinzipiell richtig, Personen, die nicht Bürger des Staates sind, politisch partizipieren zu lassen, und zweitens, bringen neue Einwanderer überhaupt die als notwendig erachteten Kenntnisse an Sprache und Institutionen und das Gemeinschaftsgefühl mit amerikanischen Bürgern mit?

Gegner des Wahlrechts für nicht eingebürgerte Einwanderer argumentierten, die Staatsbürgerschaft müsse in der Tradition der Vorfahren heilig gehalten werden und dürfe daher nicht undifferenziert an alle daran Interessierten vergeben werden. Der Delegierte McClelland erinnerte daran, daß mit der Beendigung der Hervorhebung des römischen Stadtbürger-Status durch Kaiser Caracalla der nationale Charakter verlorengegangen sei, der Stolz des Landes zerstört und dessen Ehre geschwunden.

> If the name of American citizen was to be desecrated by the adoption of such principles, there no longer existed the grand distinction between them and foreigners. No longer could they with conscious pride boast of those peculiar privileges which elevate the American character and rendered the name of American citizen so dear, so sacred, and so much venerated. ...
>
> If they [the states] granted to foreigners the privilege of the electors, on the broad principle contended for, did they not so far forth make them citizens? And if they possessed all other rights and privileges of a citizen, what was the difference between them.[88]

Der Delegierte Woodbridge lehnte die Zulassung der Einwanderer zum Wahlrecht mit dem Hinweis ab, nur das amerikanische Volk sei der

---

87 *Michigan Convention 1835*, S. 173-179, hinsichtlich der konkreten Befürchtungen S. 190f.

88 *Michigan Convention 1835*, S. 186f.

Souverän; nur die Mitglieder der Gesellschaft sollten wählen dürfen, einer Gesellschaft, die sich aus Angehörigen der anglo-amerikanischen Familie zusammensetzte:

As the *only* means, then, by which this *sovereign* power may be exercised, it is the highest, the most vitally important, of *all powers*; it is the condensation, it is the spirit, the moving springs of all imaginable powers in a „Representative Democracy," as the American government had perhaps been fitly called here. Who, then, are to exercise this high power? I answer, sir it is the *people* who are the *members* of this community. It is those who constitute its elemental, its constituent parts; it is those, and those *only*, who are of this Anglo-American family; in a word, its *citizens*!—none else have a right to participate in this high privilege. Aliens can take no part in this matter. It is not consistent with the spirit nor the nature of *any* republican government that they should! Montesque [sic], Vattel, all writers on natural and national law, ancient and modern, European and American, agree in this proposition. When the framers of the constitution of the United States adopted the phraseology „We the people of the United States," &c. [sic], did they mean the people of Great Britain or Germany? They meant, sir, the citizens of the United States, and none other.[89]

Die Befürworter des Wahlrechts für noch nicht eingebürgerte Einwanderer wünschten in erster Linie eine schnelle Besiedelung Michigans, die den wirtschaftlichen Wohlstand der Region voranbringen würde und auch angesichts militärischer Bedrohungen von britisch-kanadischer Seite eine große Bedeutung hätte. Der Delegierte Norvell drückte dies in den Worten aus:

The encouragement presented, in the proposition now before the committee, to the migration of foreigners to the state, would bring among us, more rapidly, the intelligent and industrious laborers of other countries, the most productive class of every nation; and the invaluable results would soon be seen in the increased cultivation, prosperity and wealth of this beautiful Peninsula. ... It was [...] important that we should realize, as soon as possible, the acquisition of a numerous population, attached from principle and gratitude to our liberal institutions; able and willing to defend our soil, our families and our homes.[90]

Dem Einwand, die Einzelstaaten hätten möglicherweise gar nicht das Recht zur eigenständigen Ausweitung des Wahlrechts auf noch nicht eingebürgerte Einwanderer, begegneten die Befürworter dieser Ausweitung

---

89 *Michigan Convention 1835*, S. 226.
90 *Michigan Convention 1835*, S. 194.

mit dem Hinweis auf den Wortlaut der Verfassung, wo formal den Einzelstaaten das Recht zur Regelung des Wahlrechts belassen wurde.[91]

Eine prinzipielle Entkoppelung des Wahlrechts vom Staatsbürgerstatus strebten jedoch auch die Befürworter des Wahlrechts für Einwanderer nicht an. Sie betrachteten die Einwanderer als *künftige* Staatsbürger. Das Wahlrecht wurde an die Abgabe der *Declaration of Intention* (zur Einbürgerung) des Einwanderers geknüpft. So wurden auch im Konvent zur Reform der Verfassung von Michigan 1850 Forderungen laut, das Wahlrecht denjenigen zu entziehen, die nach fünf Jahren Wohnsitz immer noch nicht die Staatsbürgerschaft erworben hatten.[92]

Die Problematik des Wahlrechts für Indianer unterschied sich grundlegend von der des Wahlrechts für Schwarze, weist aber Ähnlichkeiten auf mit der Debatte über das Einwandererwahlrecht. Bei Schwarzen wurde der ehemalige Sklavenstatus als Makel betrachtet, da von vielen Verfassunggebern im Sklavenstatus ein diametraler Gegensatz gesehen wurde zum Ideal des unabhängigen, eigenständig handelnden Bürgers. Dagegen konnten in der Theorie seßhaft gewordene und von der Landwirtschaft lebende Indianer diesem Ideal nahe kommen. In Michigan vertraten 1835 Delegierte gar die Auffassung, der Begriff „white“ schließe Indianer mit ein, er sei lediglich zum Ausschluß von Schwarzen in die Gründungsdokumente eingefügt worden.[93] Ein expliziter Einschluß der Indianer als Wahlberechtigte in den Text der Verfassung hatte keine Chance. Die Auffassung, daß viele Indianer und Mischlinge als seßhafte Farmer die als notwendig erachtete Intelligenz und Tugend mitbrächten, blieb unwidersprochen. Zudem herrschte die Überzeugung, daß Mischlinge und seßhafte Indianer in der Praxis nicht vom Wahlrecht ausgeschlossen würden. Gegen die explizite Gewährung des Wahlrechts für alle Indianer sprach nach Ansicht einiger Delegierter jedoch der noch unzivilisierte Zustand der nomadisch lebenden Indianer; nach den Worten des Delegierten Williams waren sie „a worthless set of vaga-

---

91 *Michigan Convention 1835*, S. 201.

92 *Report of the Proceedings and Debates in the Convention to Revise the Constitution of the State of Michigan 1850* (Lansing: Ingals, 1850), http://moa.umdl.umich.edu/cgi-bin/moa/sgml/moa-idx?notisid=AEW7788 (künftig: *Michigan Convention 1850*), S. 282f.

93 *Michigan Convention 1835*, S. 246f. Die Eingruppierung von Asiaten war für Michigan 1835 noch kein Problem.

bonds". Eine Einschränkung des Wahlrechts für Indianer und Mischlinge auf die steuerzahlenden und seßhaften stieß jedoch auf den Widerstand der Puristen, die sich gerade erfolgreich gegen die Einführung von Steuer- und Eigentumsqualifikationen bei Weißen gewehrt hatten.[94]

Die Deutung von Jeffersons „... all men are created equal" im Wahlrechtsstreit

Die Interpretation und Einordnung des Satzes „that all men are created equal and that they are endowed by their Creator with certain inalienable rights, that among these are life, liberty and the pursuit of happiness" aus der von Thomas Jefferson entworfenen Unabhängigkeitserklärung illustriert die unterschiedlichen bis gegensätzlichen Versuche zur Selbstbeschreibung Amerikas: Die Vereinigten Staaten als ein primär auf die Geltung des Rechts gegründete politische Gemeinschaft oder als eine Gemeinschaft von Menschen desselben kulturellen, ethnischen oder religiösen Ursprungs.

Die Befürworter des Wahlrechts für Schwarze sahen in der Unabhängigkeitserklärung den Ausgangspunkt jeglicher Argumentation. Die in ihr formulierten naturrechtlichen Ideen bildeten für sie die Grundlage für die amerikanische politische Gemeinschaft. Von den Gegnern des Wahlrechts für Schwarze wurde das Gleichgeschaffenheitspostulat entweder als abstrakt gemeint interpretiert ohne eine direkte Bedeutung für konkrete Rechte im politischen Gemeinwesen. Das Wahlrecht sei kein Naturrecht, sondern ein politisches Recht, insofern stünde die Verweigerung des Wahlrechts für Schwarze nicht im Gegensatz zur Unabhängigkeitserklärung. So erklärte der Delegierte Sterigere:

> That all men are born free and equal, and are endowed by nature with certain inalienable rights, such as life, liberty, &c. [sic], no one disputes. These are the fundamental rights which belong to a man from his birth in all countries and under all governments. They are not civil and political rights. These depend on the constitutions and the forms of government, in the countries in which individuals reside.
>
> The right of voting is a political, not a natural right, else it might be exercised in all countries, by persons of all ages, sexes, colours and conditions; by foreigner,

94 *Michigan Convention 1835*, S. 246-249.

whether naturalized or not, as well as citizens, without regard to residence, payment of taxes or any thing else.[95]

Der gleiche Einwand war auch bereits in den Verfassungskonventen von New York 1821 und Michigan 1835 gemacht worden. In Michigan hatten die Delegierten Calkin und Crary erklärt, die Gleichgeschaffenheit beziehe sich lediglich auf den Naturzustand, wohingegen mit der Bildung von Gesellschaften einige natürliche Rechte aufgegeben werden müßten. Diejenigen, die sich zu einer Gesellschaft zusammenschlössen, hätten auch das Recht, die Regeln dieser Gesellschaft zu bestimmen. Wenn man es also nicht für zweckmäßig erachte, die Schwarzen mit einzuschließen, so würden damit niemandes natürliche Rechte verletzt. In der New Yorker Convention von 1821 hatte der Delegierte Ross erklärt:

That all men are born free and equal, is a maxim true only in a state of nature. In society, this general equality is restrained for the public good. On this principle, the blacks are excluded. They are required to perform no duty, bear no burthens. The blacks are besides a peculiar people, unacquainted with civil liberty, and incapable of appreciating its benefits. We exclude aliens, we exclude minors, we exclude the better part of creation, as my friend from Oneida has called them; we exclude the aborigines, a people vastly more acute than the African, and the only rightful proprietors of the soil; and no complaints are made. Yet these are all born „free and equal.“ [96]

Ein anderes Argument gegen eine wörtliche Interpretation der Unabhängigkeitserklärung bestand darin, die Gültigkeit der Aussagen nur auf Weiße zu beschränken. Die Tatsache der eigenen Sklavenhaltung zeige, daß Jefferson seine Formulierungen nicht auf die Schwarzen bezogen habe. Die Gründerväter hätten, so der Delegierte M'Cahen in der Pennsylvania Convention 1837-38, die Auffassung vertreten, die Neger seien eine von den Weißen grundsätzlich verschiedene Rasse, was der Delegierte Earle wiederum bestritt. Jefferson habe bei der Bezeichnung „men“ in der Unabhängigkeitserklärung an alle Menschen unabhängig von ihrer Hautfarbe gedacht.[97]

---

95 *Pennsylvania Convention 1837/38*, Bd. 9, S. 366.

96 *Michigan Convention 1835*, S. 160-162; *New York Convention 1821*, S. 98, vgl. S. 100.

97 *Pennsylvania Convention 1837/38*, Bd. 9, S. 380. Jefferson gebrauchte den Begriff „men“ u. a. in einem Satz, in dem er den von der britischen Regierung geförderten Sklavenhandel „mit Menschen“ kritisierte. *Pennsylvania Convention 1837/38*, Bd. 10, S. 32.

Politische und soziale Inklusion und Exklusion

Ein wesentliches Kriterium für Inklusion oder Exklusion einer bestimmten Gruppe war deren Bewertung in den Augen der weißen Kernbevölkerung: Beispielsweise werden von Befürwortern des Wahlrechts für Einwanderer vor der Einbürgerung die Einwanderer pauschal als tugendsame, eifrige, selbständig handelnde, intelligente, freiheitsliebende, am Gemeinwohl interessierte und die amerikanischen Institutionen respektierende Menschen, die sich von der ansässigen Bevölkerung unwesentlich unterscheiden, dargestellt, während Gegner der Ausweitung des Wahlrechts der Masse der Einwanderer diese als positiv gewerteten Eigenschaften absprachen.[98] Die gleiche Argumentationsweise ist hinsichtlich der Indianer – und mit wesentlichen Abweichungen – der Schwarzen festzustellen. Für neue Einwanderer und Indianer galt die Annahme, daß sie sich in entsprechender Umgebung, den „zivilisierenden" Einflüssen ausgesetzt, zu Staatsbürgern mit entsprechenden Eigenschaften entwickeln würden. Bei Schwarzen (sowie später bei Asiaten)[99] hingegen wurden häufiger biologistische Argumente eingebracht, die ihnen die Entwicklungsfähigkeit prinzipiell absprachen. Dennoch ist beispielsweise in der Regelung von New York von 1829-30, die begüterten Schwarzen das Wahlrecht einräumte, sowie in der Diskussion ähnlicher Modelle unter anderem in Pennsylvania und Michigan die Zivilisierungs-Ideologie auch mit Bezug auf die Schwarzen erkennbar.

Die Debatte über das Wahlrecht brachte auch unterschiedliche Vorstellungen von der politischen und sozialen Gemeinschaft zum Ausdruck. Die politische Gemeinschaft umfaßte die Personen, die über das aktive und passive Wahlrecht politisch partizipierten. Unklar war aber das Verhältnis zur sozialen Gemeinschaft. Die Gegner des Wahlrechts für Schwarze im Konvent von Pennsylvania wiesen die Befürworter süffisant darauf hin, daß sie einerseits für die Inklusion der Schwarzen in die politische Gemeinschaft einträten, aber nicht bereit seien, sie als gesellschaftlich gleich zu akzeptieren, also auch die Schwarzen als Schwiegersöhne und -töchter anzunehmen.[100] Dieser konstitutive Zusammenhang von sozialer und politischer Gemein-

---

98 Beispielsweise der Delegierte Norvell in der Michigan Convention 1835, S. 203f.

99 Vgl. hierzu die Debatten um den Staatsbürgerstatus von Asiaten seit Ende des 19. Jahrhunderts S. 165ff.

100 *Pennsylvania Convention 1837/38*, Bd. 9, S. 322, 391.

schaftsbildung wurde in der Pennsylvania Convention vom Delegierten Woodward sehr exakt angesprochen.

Not that every man, must associate with every man in the community, but I hold there must be that free and unrestrained interchange of sentiments on public questions, which can only attend a state of general equality, if we would properly prepare the mass of men to exercise political suffrage. Every man, from the highest to the lowest, has his sphere, and his appropriate circle of friends, and in his daily intercourse with them, both in the business and the pleasures of life, opinions become formed and matured, which when all men come out on terms of exact equality to vote, manifest themselves and influence whatever decision is to be made by the popular voice. And these separate circles or little societies which wealth or adventitious circumstances, and not our political institutions, have made distinct, have connecting links that extend the opinions thus formed by the contact of minds, from and to the extremities of the body politic, and keep up a sympathy between the whole and all its parts; and here is the foundation of universal suffrage. For suffrage is only the expression of the opinions which are perpetually maturing under the influence of social intercourse and equality.

[...] what is to qualify them to vote, save that social equality with them which involves all the horrors of amalgamation, and which is opposed to the instincts of our nature? Shall we then amalgamate with them, marry and intermarry with them, and establish between us and them the close and tender relations which bind society together? God forbid it. [101]

Die Zulassung der Schwarzen zum Wahlrecht fand im Konvent von Pennsylvania 1838 keine Mehrheit. Auch die Versuche, wenigstens begüterte oder besonders gebildete Schwarze zuzulassen, oder aber in einer Klausel das Parlament zu ermächtigen, ab 1860 eine Zulassung zu beschließen, um damit den Schwarzen eine Perspektive für die politische Partizipation zu geben, scheiterten. Die Tatsache, daß diese Ausnahmeregelungen noch weniger Unterstützung erhielten als das allgemeine Wahlrecht für Schwarze, zeigte, daß ein Ausschluß nur durch eine so markante Unterscheidung wie die Hautfarbe begründbar erschien.[102]

Es wird deutlich, daß die Veränderungen im Wahlrecht in der Folge ökonomischer und gesellschaftlicher Veränderungen fast zwingend notwendig wurden: Während in einer Agrargesellschaft Landbesitz als Kriterium für die wirtschaftliche Bedeutung eines einzelnen gelten konnte (und somit als Bedingung für das Wahlrecht), mußten in einer sich industrialisierenden Gesellschaft, in der Handwerker sowie Stadt-

101 *Pennsylvania Convention 1837/38*, Bd. 9, S. 322., Bd. 10, S. 5, 22f. (Zitat).

102 Diese Interpretation wird durch die Redebeiträge gestützt. *Pennsylvania Convention 1837/38*, Bd. 10, S. 106-132.

bewohner überhaupt eine größere wirtschaftliche und gesellschaftliche Rolle spielen, andere Definitionen von wirtschaftlicher Eigenständigkeit (zum Beispiel die Steuerzahlung) an Bedeutung zunehmen. In den Frontiergesellschaften des mittleren Westens erlaubte die nahezu vollständige Abwesenheit von festen sozialen und ökonomischen Hierarchien ein – zumindest für weiße Männer – egalitäres Wahlrecht. Ebenso zeigte sich am Beispiel Michigan, wie der Drang zur Besiedelung und zum Aufbau des jeweiligen Territoriums eine liberale Gewährung des Wahlrechts für Einwanderer ermöglichte. Den Zusammenhang zur Besiedelungssituation unterstreicht die Tatsache, daß die in der zweiten Hälfte des 19. Jahrhunderts weitverbreitete Praxis des Wahlrechts für noch nicht eingebürgerte Einwanderer mit dem Ende der Besiedelungsphase an der Jahrhundertwende aufgegeben wurde. Zur Zeit des Ersten Weltkriegs gab es diese Praxis noch in sieben Staaten; Arkansas gab sie 1925 als letzter Staat auf.[103]

Wahlrechtsentwicklung nach dem Bürgerkrieg

Grundsätzliche Veränderungen im Wahlrecht brachten die Verfassungsänderungen nach dem Bürgerkrieg. Es darf jedoch nicht verkannt werden, daß das Wahlrechtsgesetz und das 15. Amendment, das den Schwarzen das Wahlrecht einräumte, nicht etwa von den Nordstaaten den Südstaaten aufgezwungen wurde, weil im Norden eine feste Überzeugung vorherrschte, daß Schwarze vollgültige Mitglieder der Gesellschaft waren und daher das Wahlrecht erhalten sollten. Dieser Schritt war in erster Linie eine pragmatische Entscheidung, da den Republikanern die Mehrheit verloren zu gehen drohte und sie glaubten, mit diesem Schritt wenigstens für eine gewisse Zeit Mehrheiten sichern zu können.

Während in der Phase der Reconstruction (1865-1877) Schwarze unter dem Schutz der Unionstruppen am politischen Prozeß aktiv teilnahmen, wurde ihnen dies nach 1877 erneut verwehrt. Dies geschah einerseits durch Gesetze, also über die „Grandfather-Clauses", nach denen nur die Nachkommen bisheriger Wähler zur Wahl zugelassen wurden, durch Lesetests oder Kopfsteuern als Voraussetzung zur Teil-

---

103 Leon E. Aylsworth, „The Passing of Alien Suffrage," *American Political Science Review* 25, 1 (Feb. 1931), S. 114-116.

nahme an den Wahlen, und andererseits durch direkten Ausschluß der Schwarzen von der Teilnahme an den entscheidenden Vorwahlen der Demokratischen Partei.

Diese Hindernisse wurden erst allmählich durch einige Entscheidungen des Supreme Court, und vollends erst in den sechziger Jahren des zwanzigsten Jahrhunderts (Verbot der Poll-Tax, Voting Rights Act) abgebaut. Der Zugang zum Wahlrecht blieb vor allem in der innergesellschaftlichen Diskussion um die Überwindung der Rassendiskriminierung ein wichtiger Gradmesser für die volle Mitgliedschaft von Einzelpersonen und Personengruppen im Gemeinwesen der USA.

Der Staatsbürgerstatus von Indianern und asiatisch-stämmigen Amerikanern im 19. und 20. Jahrhundert

Zwischen Stammeszugehörigkeit und Staatsbürgerschaft: Die Indianer

In der Kolonialzeit wurden Indianer juristisch in Abhängigkeit von ihren Lebensumständen behandelt. *Nicht eroberte* Indianerstämme wurden in der Regel formal wie fremde Nationen betrachtet, deren Angehörige wie Ausländer; einzelne, unter den Weißen lebende Indianer konnten unter Umständen einen anderen Status haben. Während der Kolonialzeit war der Status der Indianer ohnehin kaum formalisiert. Allerdings standen einige Stämme unter der Rechtshoheit der Kolonien und damit des Königs, die Stammesangehörigen genossen aber keineswegs die gleichen Rechte wie Weiße und führten – juristisch gesprochen – eine besondere Existenz.

Die britische Krone – und in deren Nachfolge die Bundesregierung – suchten die Oberhoheit über die indianischen Stämme juristisch zu untermauern, denn letztlich hing davon auch die potentielle Verfügungsgewalt über den von Indianern beanspruchten Grund und Boden ab. Vereinzelt wurde vorgeschlagen, alle indianischen Stämme und nicht nur die noch nicht eroberten Stämme formal wie fremde Staaten anzuerkennen, doch setzte sich dieser Gedanke nicht durch.

Bereits während der Zeit der Konföderation behielt die Bundesregierung in Nachfolge der britischen Krone das ausschließliche Recht, mit Indianerstämmen, die eindeutig dem Territorium eines Einzelstaats zuzuordnen waren, zu verhandeln.[104] In der Verfassung wurde dies ebenfalls festgeschrieben; der Kongreß erhielt die Kompetenz „to regulate commerce with foreign nations, and among the several States, and with the Indian tribes". Bis 1848 wurde die Verwaltung durch das

104 Dies in Abweichung vom Intra-State Commerce, für den die Regelungs-Kompetenz allein bei den Einzelstaaten lag, und in Ergänzung zum Inter-State Commerce.

Kriegsministerium wahrgenommen, danach durch zivile Beamte des Innenministeriums.[105]

Indianer konnten nicht wie Ausländer eingebürgert werden, denn das Einbürgerungsgesetz von 1790 sah diese Möglichkeit nur für freie weiße Ausländer vor. Verträge mit einzelnen Stämmen sahen jedoch die Möglichkeit vor, daß Stammesangehörige unter bestimmten Bedingungen die Staatsbürgerschaft erhalten konnten. Immer wieder wurde auch die Möglichkeit erwogen, einen eigenen Indianerstaat in die Union aufzunehmen, andere Verträge eröffneten die theoretische Chance auf eine Vertretung der Indianer im Kongreß.[106] Diese Vorschläge wären allerdings einer *kollektiven* Inklusion in das Gemeinwesen gleichgekommen, im Gegensatz zur *individuellen* Inklusion durch eine Einbürgerung.

Einige Verträge sahen vor, daß einzelne Indianer durch Verlassen ihres Stammes Staatsbürger werden konnten. Die Cherokee-Verträge von 1817 und 1819 bestimmten, Familienvätern Grundstücke zuzuteilen „who may wish to become citizens of the United States," und ein Vertrag von 1830 sah ausdrücklich vor, daß „each Choctaw head of a family being desirous to remain and become a citizen of the States, shall be permitted to do so, by signifying his intention to the agent within six months from the ratification of the treaty."[107] Dies bedeutete, daß die einzelnen Indianer sich zwischen der Stammeszugehörigkeit einerseits und der Vertreibung und Staatsbürgerschaft andererseits entscheiden mußten.

Das Angebot an ganze Stämme zur Annahme der Staatsbürgerschaft schloß aber im allgemeinen die Auflösung der Stammesorganisation mit ein. So enthielten beispielsweise die Verträge mit den Stockbridge-Indianern in Wisconsin 1843, 1846, 1848, 1856 und 1862 Regelungen zur Auflösung des gesamten Stammes und der Zulassung aller einzelnen Stammesangehörigen zur Staatsbürgerschaft. Die Bedingungen der Zulassung zur Staatsbürgerschaft wurden zwar *kollektiv* ausgehandelt, die Staatsbürgerschaft selbst war aber eine *individuelle* Angelegenheit. Andere Verträge machten das (zweifelhafte) Angebot an einzelne Stammesangehörige, zwischen Stammeszugehörigkeit und Staatsbürgerschaft

---

105 James H. Kettner, *The Development of American Citizenship 1608-1870* (Chapel Hill: University of North Carollina Press, 1978), S. 288-291.

106 Annie H. Abel, „Proposals for an Indian State, 1778-1878," American Historical Association, *Annual Report . . . for the Year 1907*, Bd. 1 (1908), S. 89-104.

107 Arnold J. Lien, *The Acquisition of Citizenship by Native American Indians* (Concord, N. H.: Washington University Studies, 1925), S. 164f.

mit den jeweiligen Konsequenzen zu wählen. 1855 und 1862 verpflichteten Verträge die Wyandots und die Ottawas, den Stammesverband im Austausch für den Erhalt der vollen Staatsbürgerschaft und individuellen Landbesitz („allotment“) aufzugeben. Eine Reihe von Verträgen ermächtigte den Präsidenten und die Gerichte festzustellen, wann erwachsene männliche „allottees“ hinreichend „intelligent and prudent“ waren, um ihnen die Zulassung zu gewähren. Bis 1887 erhielten aufgrund dieser Verträge und Bestimmungen lediglich 3072 Personen die Staatsbürgerschaft, wie ein Bericht des Indian Commissioners 1891 festhielt.[108]

Der effektive Ausschluß der meisten Indianer von der Staatsbürgerschaft und den damit verbundenen Rechten und der Gleichbehandlung wurde durch ein Geflecht von Argumenten zu legitimieren versucht. Zunächst galt die vorgebliche kulturell-zivilisatorische Zurückgebliebenheit der Indianer als Hindernis für eine selbständige Ausübung der Staatsbürgerschaft. Indianer mit ihrem kindlichen Gemüt müßten vor den cleveren, intelligenten Weißen beschützt werden, war ein häufig vorgebrachter Einwand. In den Vordergrund wurde aber meist das Argument gestellt, daß das Leben im Stammesverband nicht mit den Prinzipien des Staatsbürgerstatus vereinbar sei. Die Indianer könnten keine Bürger sein, da sie zwar auf dem Territorium der Vereinigten Staaten, aber unter der Rechtsprechung (jurisdiction) ihres Stammes geboren wurden, und somit nur eine mittelbare Loyalität (allegiance) zwischen einzelnen Indianern und den Vereinigten Staaten bestehe. Konsequent weitergedacht, konnten Indianer nicht eingebürgert werden, da sie keine Ausländer waren, doch konnten sie sich auch nicht auf die Geburt auf dem Territorium der USA berufen, um die Staatsbürgerschaft zu erhalten. Mit einer solchen Argumentation konnten selbst Indianer, die als zivilisiert galten wie der Angehörige des Pamunkey-Stammes John Marsh, nicht Staatsbürger sein, wie ein Richter in South Carolina 1829 scheinbar bedauernd ausdrückte, denn die Indianer gehörten zu einer „race of people, who have always been considered as a separate and distinct class, never having been incorporated into the body politic.“[109]

108 *Sixtieth Annual Report of the Commissioner of Indian Affairs to the Secretary of Interior, 1891*, Pt. 1 (Washington, D.C.: GPO 1891), S. 21; Kettner, *The Development of American Citizenship*, S. 293.

109 *State ex rel. Marsh v. Managers of Elections for the district of York*, 1 Bailey 215, 216 (S. C., 1829); Kettner, *The Development of American Citizenship*, S. 294f.
Die Argumentation, daß Indianer nicht Staatsbürger sein konnten, weil sie zwar auf dem Territorium, aber angeblich nicht unter der Rechtsprechung der USA, geboren

Noch im frühen 19. Jahrhundert bestand keine einheitliche Rechtsauffassung über den Status von Indianerstämmen im Verhältnis zu den Vereinigten Staaten. Erst in der Entscheidung *Cherokee Nation v. State of Georgia* (1831) wurde dieses Problem durch den Supreme Court vorläufig geklärt. In diesem Verfahren ging es vordergründig um die Frage, ob Gesetze des Staates Georgia auch für den Cherokee-Stamm und dessen Mitglieder galten, was die Mehrheit des Gerichts verneinte. Für Chief Justice John Marshall waren die Indianer weder eine fremde Nation noch ein Staat der USA, sondern eine „domestic dependent nation. ... Their relation to the United States resembles that of a ward to his guardian," wie er in seiner Urteilsbegründung schrieb. In dem Fall wurden Indianer nicht als Individuen, sondern nur als ganzer Stamm betrachtet. Einzelne Indianer wurden also nicht als individuelle Rechtspersonen oder Träger von Rechten betrachtet. Nach dieser Einschätzung konnten einzelne Indianer keine direkten Partner der Bundesregierung sein, sondern nur mittelbar über ihre Stämme.[110]

In der für den Staatsbürgerstatus der Schwarzen so bedeutenden Supreme Court-Entscheidung *Dred Scott v. Sandford* (1857) griff Chief Justice Roger Taney zum Vergleich auch den Status der Indianer auf. Er meinte, die Indianer seien, anders als die Schwarzen, freie und unabhängige Völker, die in der Vergangenheit wie fremde Staaten und deren Angehörige wie Ausländer behandelt worden seien. Taney begab sich damit allerdings in Widerspruch zur Entscheidung *Cherokee Nation v. Georgia*, die den Indianerstämmen den Status einer fremden Nation gerade abgesprochen hatten. Taney folgerte, die Indianer müßten also auch das Recht zur Einbürgerung haben, denn nach seiner Auffassung war die Einschränkung des Einbürgerungsgesetzes von 1790, nur weiße

---

wurden, findet ihre Parallele in der nahezu identischen Argumentation gegenüber den Kindern asiatischer Einwanderer in der zweiten Hälfte des 19. Jahrhunderts, bevor die Supreme Court-Entscheidung *U. S. v. Wong Kim Ark* (1898) dieser Praxis ein Ende bereitete. S. u. S. 170

110 Zur Entscheidung des Supreme Court gab es allerdings eine dissenting opinion von Richter Thompson, die den Indianerstämmen den Status fremder Nationen zubilligte, *Cherokee Nation v. Georgia*, 30 U.S. 1 (1831), dissenting opinion S. 50ff. – Kettner, *TheDevelopment of American Citizenship*, S. 294f., Jill E. Martin, „"Neither Fish, Flesh, Fowl, nor Good Red Herring': The Citizenship Status of American Indians, 1830-1924," *Journal of the West* 29, Nr. 3 (1990), S. 75-87.

Ausländer dürften eingebürgert werden, nicht als Ausschluß von Indianern gemeint:

They may, without doubt, like the subjects of any other foreign Government, be naturalized by the authority of Congress, and become citizens of a State, and of the United States; and if an individual should leave his nation or tribe, and take up his abode among the white population, he would be entitled to all the rights and privileges which would belong to an emigrant from any other foreign people.[111]

Da die Formulierung jedoch kein Bestandteil des Urteils selbst war, bedeutete sie faktisch keine Revision der *Cherokee*-Entscheidung. Dennoch standen die Begründungen auch inhaltlich nicht direkt im Widerspruch. Denn Taney rührte in seiner Begründung nicht an dem Status der *Stämme*, sondern räumte lediglich den *einzelnen* Indianern die theoretische Möglichkeit zur Einbürgerung ein. Taney: „But in their then untutored and savage state, no one would have thought of admitting them as citizens in a civilized community."[112]

In der Diskussion um das 14. Amendment herrschte im Senat offenbar zwar weitgehende Einigkeit darüber, Indianer nicht zu Staatsbürgern zu erklären, aber es entstand ein Disput über die Formulierung, ob in „All persons born or naturalized in the United States and subject to the jurisdiction thereof, are citizens of the United States and of the State wherein they reside" nach „thereof" noch „excluding Indians not taxed" zur Klarheit eingefügt werden sollte. Die Frage bestand darin, ob die Indianer als unter der Jurisdiktion der Vereinigten Staaten stehend betrachtet wurden oder nicht. „... subject to the jurisdiction thereof" ist eine Formulierung für „Mitgliedschaft" im politischen Gemeinwesen der USA.

Auch in dieser Debatte spielt der kulturell-zivilisatorische Aspekt als Voraussetzung für die Mitgliedschaft im Gemeinwesen eine zentrale Rolle (stärker als rein biologistisch-rassistische Einwände), wie beispielsweise das Zitat aus einer Rede von Senator Howard nahelegt:

I am not yet prepared to pass a sweeping act of naturalization by which all the Indian savages, wild or tame, belonging to a tribal relation, are to become my fellow citizens

---

111 Martin, „'Neither Fish, Flesh, Fowl, nor Good Red Herring'," S. 76.

112 *Scott v. Sandford*, 60 U.S. 393 (1856), S. 420, vgl. Martin, „'Neither Fish, Flesh, Fowl, nor Good Red Herring'," S. 76.

and go to the polls and vote with me and hold lands and deal in every other way that a citizen of the United States has a right to do.

Nach Auffassung des Rechtsausschusses im Senat bedeutete das 14. Amendment nicht die Anerkennung der Indianer als Staatsbürger; sie seien von der ursprünglichen Verfassung nicht als Teil des „body politic" betrachtet worden, und daran habe sich nichts geändert. Sie seien von der Vertretung im Kongreß ausgeschlossen, weil sie keine Bürger gewesen seien.[113]

Aufgrund dieser unklaren Verfassungs- und Gesetzeslage fällten untergeordnete Gerichte in der Folgezeit widersprüchliche Urteile zum Staatsbürgerstatus der Indianer und damit verbundener Rechte und Verpflichtungen wie Wahlrecht, Erbrecht, Strafrecht.[114] Der Supreme Court befaßte sich erst 1884 durch den Fall *Elk v. Wilkins* wieder mit der Problematik. Der Indianer John Elk, der von seinem Stamm getrennt in Omaha lebte, wollte sich zur Wahl eintragen, was der zuständige Angestellte verweigerte. Diese Entscheidung wurde vom Supreme Court aufrechterhalten. Dabei wurden im wesentlichen folgende Gründe vorgetragen: Die Indianer könnten nicht Staatsbürger von Geburt sein, da Indianer nicht „subject ot the jurisdiction thereof" gewesen seien, wenn sie in ihrem Stammesverband geboren wurden. Nach Auffassung der Mehrheit des Gerichts konnten Indianer durch Einbürgerung Staatsbürger werden, dies erfordere jedoch einen bewußt zustimmenden Akt durch den Kongreß; dieser mußte einzelne Indianer als Staatsbürger anerkennen. Dazu reiche es nicht aus, daß sich der Kläger den Vereinigten Staaten und ihrer Rechtsprechung voll unterwerfe; diese Unterwerfung müßte auch von der Regierung anerkannt werden, sei es durch den Akt der formellen Anerkennung als Staatsbürger oder durch eine Behandlung seiner Person als Staatsbürger.[115] Die abweichende Meinung von Richter Harlan bestätigte ausdrücklich die Interpretation, daß durch den Civil Rights Act von 1866 alle besteuerten Indianer als Staatsbürger anerkannt wurden. Obwohl John Elk getrennt von seinem Stamm lebte, besteuert werden konnte, der Miliz-Regelung von Nebraska unterstand und für die Berechnung für die Aufteilung der

---

113 Zit. bei Martin, „‚Neither Fish, Flesh, Fowl, nor Good Red Herring',“ S. 77.

114 Martin, „‚Neither Fish, Flesh, Fowl, nor Good Red Herring',“ S. 77-80.

115 Martin, „‚Neither Fish, Flesh, Fowl, nor Good Red Herring',“ S. 80; Stephen D. Bodayla, „‚Can an Indian Vote?' Elk v. Wilkins, a Setback For Indian Citizenship,“ *Nebraska History* 67, Nr. 4 (1986), S. 372-380.

Abgeordnetensitze mitgerechnet wurde, wurde seine Staatsbürgerschaft und damit das Wahlrecht vom Supreme Court nicht anerkannt.[116]

In einem ganz anderen Fall (*Ex parte Crow Dog*, 1883) bestätigte der Supreme Court seine Haltung hinsichtlich des Staatsbürgerstatus der Indianer, in dem er die Bundes- und Einzelstaatsgerichte in einem Mordfall für nicht zuständig erklärte, da es sich bei den Beteiligten ausschließlich um Stammesindianer handele, somit also nur ein Fall für die Stammesjustiz sei. Die öffentliche Erregung sorgte dafür, daß der Kongreß ein Gesetz verabschiedete, nach dem in Zukunft die U.S.-Gerichte bei allen schwerwiegenden Verbrechen zuständig seien.[117]

„Zivilisierung" als Voraussetzung für den Staatsbürgerstatus der Indianer zwischen 1870 und 1930

Nach dem Bürgerkrieg, der zu einer Weiterentwicklung in der Waffentechnik geführt hatte, und dessen Ende eine Menge militärischer Macht freisetzte, bestand für die Bundesregierung keine militärische Notwendigkeit mehr, die Westexpansion und den Eisenbahnbau durch Verträge mit einzelnen Stämmen abzusichern; dazu war die militärische Überlegenheit zu eindeutig. Nachdem die Anerkennung von Indianerstämmen als fremde Nationen lange Zeit in der Praxis und in der juristischen Theorie umstritten war, setzte sich nun klar die Position durch, die den Stämmen *keine* von den USA unabhängige und formal gleichberechtigte Stellung als Nationen einräumte.

Deshalb meinten viele Indianer und ihnen wohlgesonnene Reformer, ihre eigenen Interessen nicht mehr über (häufig gebrochene) Verträge mit der Bundesregierung, Einzelstaaten oder Privatpersonen, sondern nun besser *innerhalb* des amerikanischen Gemeinwesens verfolgen zu können, wozu aber der Staatsbürgerstatus mit den damit verbundenen Rechten notwendig war.[118]

Die Phase zwischen 1870 und 1930 ist gekennzeichnet durch die Versuche, die Indianer zu „zivilisieren" und sie damit auch an die Staatsbürgerschaft heranzuführen. Vor der eigens eingesetzten Kommission

---

116 *Elk v. Wilkins* 112 U.S. 94 (1884).

117 *Ex parte Crow Dog* 109 U.S. 556 (1883); Bodayla, „„Can an Indian Vote?"", S. 377.

118 Bodayla, „„Can an Indian Vote?"".

beider Häuser des amerikanischen Kongresses zur Situation der Indianerstämme empfahl beispielsweise der für die Cherokee zuständige Indianeragent Harlan:

> The great object of the government is, or ought to be, to educate, civilize, and Christianize the Indians as fast as possible. When that is accomplished, to admit them as citizens of the United States. ... Educate them first, christianity and civilization will certainly follow.[119]

Die Supreme Court-Entscheidungen *Ex parte Crow Dog* und *Elk v. Wilkins* von 1883 bzw. 1884 verstärkten nur den Handlungsbedarf. Der Staatsbürgerstatus für die Indianer wurde dabei sowohl als Ziel als auch Mittel der Indianerpolitik der Bundesregierung betrachtet.[120] Auf Initiative von Senator Dawes (Massachusetts) wurde 1887 eine Regelung (General Allotment Act; Dawes Act) eingeführt, die denjenigen Indianern, die sich unabhängig von ihrem Stamm auf vom Kongreß zur Verfügung gestelltem Land niederließen, die Staatsbürgerschaft zuerkannte. Hiermit wurde die Vergabe der Staatsbürgerschaft an eine bestimmte Lebensweise gekoppelt. Amerikaner zu werden bedeutete also: ein individuell geführtes Leben und seßhaft auf einer Farm statt einer nomadischen Lebensweise in den Indianerstämmen. Die neue Regelung galt für

> every Indian born within the territorial limits of the United States who has voluntarily taken up, within said [territorial] limits, his residence separate and apart from any tribe of Indians therein, and has adopted the habits of civilized life ..."[121]

Die Indianer-Reformer begrüßten die neue Regelung, weil sie darin große Entwicklungschancen für die Indianer sahen.[122] Zwischen den

---

119 United States [Congress], *Condition of the Indian Tribes. Report of the Joint Special Committee, Appointed under Joint Resolution of March 3, 1865* (Washington, DC: GPO, 1867), S. 444. http://moa.umdl.umich.edu/cgi/sgml/moa-idx?notisid=ABB3022.

120 Eine Übersicht über die Indian Policy u.a. Francis Paul Prucha, *Indian Policy in the United States, Historical Essays*. (Lincoln/London: University of Nebraska Press, 1981); ders., *The Great Father. The United States Government and the American Indians*. 2 Vols. (Lincoln/London: U of Nebr. P, 1984).

121 24 Stat. 388, 390. Zit. bei Martin, „‚Neither Fish, Flesh, Fowl, nor Good Red Herring',“ S. 82.

122 Die Problematik des Paternalismus hier auszuführen, würde zu weit führen, doch muß auf den zentralen inneren Widerspruch vieler Reformer hingewiesen werden, die mit Indianern, Einwanderern und Schwarzen arbeiteten: Sie predigten eine Reihe von Werten, wozu unter anderem auch die angestrebte Eigenständigkeit und

sogenannten Indian Reformers und den Politikern bestand allerdings keine Einigkeit darüber, ob Staatsbürgerschaft dem Zivilisierungsprozeß vorausgehen sollte oder ob sie quasi als Belohnung am „Ende“ des Zivilisierungsprozesses stehen sollte.

Unter Zivilisierung verstanden nicht alle Verantwortlichen und Reformer, die sich besonders für die Zivilisierung einsetzten, dasselbe, doch lassen sich einige Kernaspekte ausmachen, über die im wesentlichen Einigkeit bestand:

Eigenverantwortlichkeit, Streben nach Erfolg (calvinistische Arbeitsethik), Verständnis für die Arbeitsweise des politischen Systems, religiöse (christliche, protestantische ...) Erziehung, Kenntnis der englischen Sprache, Lesefähigkeit.[123]

Als paradigmatisch für diese dominierende Denkrichtung in der Indianerpolitik kann der Zeitungsbeitrag des ehemaligen Beamten für Indianerfragen im Washington Territory, Milroy, gelten, in dem er ein deutliches Bekenntnis zur Zivilisierung auf dem Wege zur Integration der Indianer in das politische Gemeinwesen forderte:

Clearly the highest duty of our government toward all the Indians within her borders, is to *civilize them to such an extent that they may be safely made citizens, and melted into the body politic of the nation.* ... As before shown, this can only be accomplished by stimulating and multiplying their individual proper wants. The first step toward this end is to wean the Indians from their wild nomadic lives by giving to each family a fixed and separate home, with a good title to the land on which each home is situated, and by assisting and encouraging each family to fit up, adorn, and surround such home with the appliances of civilized life. But with adult and old Indians this is a difficult matter, and can only be accomplished to a limited extent, for the reason, that with all grown-up Indians idleness, inactivity, and the scanty gratification of a few animal wants, have become so fixed by life-long habit as to be second nature, and can be very little changed by any system of culture. But with Indian children this is wholly different. Their habits are yet unfixed. Industry and a civilized way of life are *habits* acquired between infancy and matured manhood. These facts place it in the power of the government to *civilize and make citizens* of every Indian tribe within its borders in *one generation*, by taking charge of all Indian children over five years old, educating and training them up to industrious habits, and imparting to them a knowledge of Christianity and of the various avocations of civilized life. The principle of compulsory education, so vital to the principle and prosperity of free government, should be at once adopted and strenuously enforced

---

Selbstverantwortlichkeit der Menschen gehörte, doch waren sie – wenn überhaupt – nur zögerlich bereit, die Konsequenzen dieser Mündigkeit zu akzeptieren.

123 Vgl. Parallelen bei Zielen und Methoden der Amerikanisierung von Einwanderern aus Süd- und Osteuropa und von Schwarzen; siehe unten S. 181-202.

by the government of the United States toward the children of her Indian wards. All Indian children over five years old should be taken away from under the authority and influence of their savage parents (from whom they absorb only poisonous barbarism) and placed wholly under the control of white male and female teachers possessing the proper qualifications as to capacity, industry, firmness, kindness, pure morality, zealous missionary spirit, etc., who would train up these children to habits of industry, Christianity, cleanliness, economy, a knowledge of the English language and elementary branches of education giving to the males in addition a practical knowledge of and training in agriculture and the common and necessary mechanical arts; and to the females a thorough knowledge of and training in the duties of housekeeping, sewing, making and mending garments, etc. Of course, Indian children thus brought up and cultured, upon arriving at adult age, would be well qualified to assume and discharge the duties of fully enfranchised citizens. Every Indian tribe could thus be safely melted into the body politic.[124]

Die Eigenständigkeit und Mündigkeit, die die Indianer mit der Zivilisierung und der damit zusammenhängenden Anerkennung ihrer Staatsbürgerschaft erlernt haben sollten, bedeutete auch, daß sie keinen Anspruch auf Unterstützung durch den Staat mehr hatten. Ihr Status als Bürger vertrug sich nicht mit der vorher dominierenden Vorstellung des „Mündel" („ward"). Dies illustriert ein zentrales Element im *amerikanischen* Staatsbürgerverständnis: Der eigenständige Bürger, der über alle Rechte verfügt, kann eigentlich keine Unterstützung in Anspruch nehmen, daher haben in enthielten die Verfassungen einiger amerikanischer Staaten bis in die jüngste Vergangenheit Klauseln, nach denen sogenannte „paupers", die Almosen- bzw. Sozialhilfeempfänger sind, vom Wahlrecht ausschlossen (gegenseitiger Ausschluß der Inanspruchnahme von sozialen und von politischen Rechten).[125]

Mit der Annahme der amerikanischen Staatsbürgerschaft gingen den einzelnen Indianern auch jegliche Rechte verloren, die sie als Mitglieder ihres Stammes auf Stammesbesitz hatten, insbesondere natürlich Land,

---

124 R. H. Milroy, „Our Indian Policy Further Considered," *Princeton Review* 5, Nr. 20 (Oct 1876), S. 624-628 (Hervorhebungen im Original) http://moa.umdl.umich.edu/cgi/sgml/moa-idx?notisid=ACF4325-1603PRIN-37

125 Bis 1997 lautete der 6. Artikel der texanischen Verfassung wie folgt: „The following classes of persons shall not be allowed to vote in this State ...Persons under twenty-one (21) years of age. ... Idiots and lunatics. ... All paupers supported by any county. ... All persons convicted of any felony, subject to such exceptions as the Legislature may make." Verurteilte Straftäter („felony") haben ebensowenig das Wahlrecht. Texas Constitution, Art. 6, Sec.1, Texas Election Code, Title 2, Chapter 11, § 11.002. Texas, 75th Legislature, Regular Session, HJR 104.

aber auch Ansprüche aus Verträgen, die mit ihren Stämmen abgeschlossen worden waren.

Die Zivilisierungsversuche, so problematisch sie schon von vorneherein in der Konzeption waren, waren auch in ihrer Umsetzung nicht konsequent: in der Theorie sollten Indianer, die nach dem Dawes Act Land zugeteilt bekommen hatten, („allottees") und Weiße Seite an Seite leben, um den Zivilisierungsprozeß bei den Indianern zu beschleunigen. Dies geschah in der Praxis aber eher selten, u. a. da das den Indianern zugeteilte Land meistens ungünstig für die Landwirtschaft war. Für eine Übergangszeit von 25 Jahren hatten die allottees nicht das Recht, ihr Land zu verkaufen; und nach einer Gerichtsentscheidung (*Matter of Heff*, 1905), die den Verkauf von Alkohol an „allottees" für legal erklärt hatte, wurde das Wirksamwerden ihres Staatsbürgerstatus auf das Ende der 25-Jahresfrist verschoben (Burke Act, 1906).[126]

Im Ersten Weltkrieg dienten etliche tausend Indianer in der Armee, was ihnen bei ehrenvoller Entlassung aus der Armee („honorable discharge") ab 1919 den Staatsbürgerstatus sicherte. 1924 wurde der Staatsbürgerstatus schließlich allen Indianern verliehen, die ihn bis dahin noch nicht besaßen, ohne daß diese Verleihung an die Aufgabe von irgendwelchen Stammesrechten geknüpft war. Dies wollten allerdings einige Stämme nicht annehmen: Die Irokesen hielten es deshalb für nötig, im Zweiten Weltkrieg eine eigene Kriegserklärung ihres Stammes an die Achsenmächte abzugeben.[127] Die Verleihung des Staatsbürgerstatus bedeutete auch noch keineswegs eine rechtliche Gleichstellung der Indianer: Das Wahlrecht wurde ihnen vielerorts bis in die sechziger Jahre vorenthalten.[128]

Eine Abkehr von der gescheiterten Politik der Assimilierung, die mit dem General Allotment Act (1887) eingeleitet worden war, begann in den zwanziger Jahren und wurde vor allem von Indian Commissioner John Collier 1933-1945 vorangetrieben. Der Indian Reorganization Act

---

126 Martin, „‚Neither Fish, Flesh, Fowl, nor Good Red Herring',“ S. 83f.

127 Michael G. Lacy, „A Model of Cooptation Applied to the Political Relations of the United States and American Indians," *Social Science Journal* 19, Nr. 3 (1982), S. 29.

128 Hierzu z. B. Tom Holm, „Fighting a White Man's War: The Extent and Legacy of American Indian Participation in World War II," *Journal of Ethnic Studies* 9, Nr. 2 (1981), S. 69-81 sowie allg. Literatur zur Indianerpolitik (s.o.).

(1934) sollte die Individualisierungsstrategie umkehren und statt dessen die Indianer in ihren Stämmen wieder organisieren.

Die Abkehr von der Individualisierungsstrategie in den zwanziger und dreißiger Jahren zeigt eine Modifizierung des Bildes vom idealen Staatsbürger: Nun war Stammesmitgliedschaft und -identität kein grundsätzliches Hindernis mehr für die Staatsbürgerschaft. Auch hier ist eine gewisse Parallelität in der Beurteilung der sogenannten Neuen Einwanderer zu erkennen: Wurde vor und während des Ersten Weltkriegs jegliche Verknüpfung von amerikanischem Patriotismus mit Patriotismus einzelner Einwanderernationalitäten in der Öffentlichkeit heftig verdammt, ist vereinzelt am Ende des Krieges sowie in der Folgezeit eine starke Verknüpfung ethnischer Motive mit amerikanischem Patriotismus erkennbar und akzeptiert.[129] Dies bedeutet: Ethnische (Teil-) Identität und amerikanische Identität sind im Idealfall nicht mehr Gegensatz, sondern komplementäre Identitäten.

Vom Ausschluß zum „verdienten" Einschluß: Die Einwanderer aus Asien

Die Geschichte der Amerikaner asiatischer Herkunft oder Abstammung beginnt mit der zahlenmäßig relevanten Einwanderung chinesischer Goldgräber 1849 nach Kalifornien. Zuvor lebten nur einzelne Asiaten auf dem nordamerikanischen Kontinent.[130]

---

129 Siehe hierzu unten S. 197f. und umfassend u. a. Dietrich Herrmann, *„Be an American!"*, Kap. 3 und 5 sowie John Bodnar, *Remaking America. Public Memory, Commemoration, and Patriotism in the Twentieth Century* (Princeton, New Jersey: Princeton UP, 1992). Die Verknüpfung der ethnischen und der nationalen Identitäten wurde besonders in den Weltkriegen von den Propagandaapparaten instrumentalisiert.

130 Einige asiatisch-amerikanische Autoren versäumen allerdings nicht darauf hinzuweisen, daß es archäologische Funde gibt, die auf eine Anwesenheit chinesischer Seeleute an der Westküste im fünften Jahrhundert n. Chr. hindeuten. Dies kann als Beitrag zu der Auseinandersetzung verstanden werden, welche Bevölkerungsgruppe die eigentlichen Amerikaner oder die erste Einwanderergruppe war, ein Aspekt, der für das Selbstbewußtsein der ethnischen Gruppe und ihren gesellschaftlichen Status bedeutsam ist. Zum Beispiel Hyung-Chan Kim, „An Overview," in: Hyung-Chan Kim (ed.), *Asian Americans and the Supreme Court. A Documentary History* (New York/Westport, Conn./London: Greenwood, 1992), S. 4. Desweiteren Roger Daniels, *Asian America. Chinese and Japanese in the United States since 1850* (Seattle/London: University of Washington Press, 1988), S. 9ff.

In den vier Jahren von 1849 bis 1852 kamen nahezu 50 000 Chinesen nach Kalifornien, die sofort als unliebsame Konkurrenz in den Gold-Gruben empfunden wurden, weshalb das kalifornische Parlament bereits 1850 eine Sondersteuer von 20 Dollar monatlich für diejenigen ausländischen Goldgräber erhob, die von der Einbürgerung ausgeschlossen waren. In der Praxis traf diese Entscheidung die chinesischen Goldgräber, die bis zur Aufhebung dieses Gesetzes durch den Supreme Court 1870 98% der 1,5 Millionen Dollar zahlen mußten, die insgesamt durch die Sondersteuer eingenommen wurden. Gleichzeitig war die Regelung ein wirksames Mittel zur Abschreckung weiterer Einwanderung von chinesischen Goldsuchern, denn ab 1853 sank die Einwanderung von Chinesen rapide.[131]

Chinesen und Japaner wurden in Kalifornien praktisch von Beginn an nur als Menschen zweiter Klasse behandelt. Ihre Möglichkeiten einzuwandern, waren beschränkt, sie durften nicht eingebürgert werden, ihre Freiheit, Grund und Boden zu besitzen oder ein Gewerbe zu betreiben, war beschränkt, sie wurden mit besonderen Steuern belegt, sie durften nicht wählen, und waren vom Schulbesuch ausgeschlossen.[132]

Auch die Aussagen von asiatischen Einwanderern vor Gericht waren lange Zeit nicht anerkannt worden. Der Supreme Court von Kalifornien hatte 1854 im Fall *People v. George Hall* entschieden, daß die Zeugenaussage eines Chinesen unzulässig ist, da Chinesen nach Auffassung des Gerichts unter die Rubrik „Indianer und Schwarze" im Sinne eines Gerichtsverfahrensgesetzes fielen, in dem Indianern und Schwarzen ausdrücklich das Zeugenaussagerecht verweigert wurde. Erst 1873 nach der Verabschiedung des 14. Amendments wurde diese Regelung vom kalifornischen Parlament wieder rückgängig gemacht.

Eine sehr grundlegende rechtliche Einschränkung für die in den USA lebenden Asiaten war das Verbot auf Grundbesitz, was ihnen den Broterwerb erheblich erschwerte. Im Staat Washington wurden Einwanderern aus Europa erhebliche Privilegien in bezug auf Grundbesitz und Gewerberechte eingeräumt, um sie zur Ansiedelung zu motivieren. Einwanderern aus Asien war dagegen dieser Weg versperrt—einzelstaatliche Gesetze erlaubten den Grundbesitz nur denjenigen Ausländern, die bereits einen Antrag auf Einbürgerung gestellt hatten, was jedoch den

---

131 Kim, *Asian Americans and the Supreme Court*, S. 4f.

132 Milton R. Konvitz, *The Alien and the Asiatic in American Law* (Ithaca/New York: Cornell UP, 1946), S. 10.

Einwanderern asiatischer Herkunft nicht erlaubt war.[133] Auch das Gewerberecht erfuhr Einschränkungen, wie etwa durch eine Bestimmung der Stadt San Francisco, die die Zulassung von Wäschereibetrieben in Holzgebäuden in das Ermessen der Gewerbeaufsicht stellte, wobei in der Praxis allen chinesischen Antragstellern die Zulassung verweigert wurde, einheimische „weiße" Antragsteller jedoch zugelassen wurden. Unter Verweis auf die Gleichbehandlungsklausel des 14. Amendment machte der Supreme Court in der Entscheidung *Yick Wo v. Hopkins* (1886) dieser Praxis ein Ende.[134]

Kalifornien versuchte mit allerlei Gesetzen, die Einwanderung von Chinesen zu verhindern, so mit dem „Act to Discourage the Immigration to this State of Persons Who Cannot Become Citizens" (1855; 1857 für verfassungswidrig erklärt), mit dem „Act to Prevent the Further Immigration of Chinese or Mongolians to this State" (1858) sowie mit dem „Act to Protect Free White Labor Against Competition with Chinese Coolie Labor" (1862). Schließlich wurde die California Foreign Miners' Tax ergänzt durch ein Gesetz (1862), das alle erwachsenen Chinesen, die nicht in der Industrie angestellt waren oder bereits die Miners' Tax bezahlten, zur Zahlung einer Kopfsteuer verpflichtete. Auch dieses Gesetz wurde im Jahr nach seiner Verabschiedung für unvereinbar mit der kalifornischen Verfassung erklärt.[135]

Noch 1868 ratifizierte der Senat den Burlingame Treaty mit China, der freien Reiseverkehr zwischen beiden Ländern einschließlich der Option zum Daueraufenthalt vorsah, allerdings mit der Einschränkung, daß die jeweiligen Einbürgerungsregelungen von dem Vertrag unberührt blieben.[136] Ein weiterer Vertrag erlaubte den USA, die Einwanderung von Chinesen zu begrenzen, zu regulieren oder auszusetzen, nicht jedoch sie gänzlich zu verbieten. Kalifornien versuchte 1870 erneut, Einschränkungen der chinesischen Einwanderung zu erreichen, inzwischen unter dem Eindruck der gewachsenen Arbeitslosigkeit, von der nach Abschluß der Arbeiten an der transkontinentalen Eisenbahn auch die chinesischen

---

133 Thomas E. Stuen, „Asian Americans and their Rights for Land Ownership," *Asian Americans and the Supreme Court*, S. 603-630; Mark L. Lazarus III, „An Historical Analysis of Alien Land Law: Washington Territory and State, 1853-1889," *University of Puget Sound Law Review* 12, Nr. 2 (1988/89), S. 197-246.

134 *Yick Wo v. Hopkins, Sheriff etc.* 118 U. S. 356 (1886).

135 Kim (ed.), *Asian Americans and the Supreme Court*. S. 7; *Lin Sing v. Washburn*, 20 Calif. 535 (July 1862).

136 Roger Daniels, *Asian America. Chinese and Japanese in the United States since 1850* (Seattle/London: University of Washington Press, 1988), S. 37f.

Bauarbeiter betroffen waren. Diese Versuche wurden durch die Entscheidung *Chy Lung v. Freeman* (1875) des U. S. Supreme Court für ungültig erklärt; der Supreme Court räumte dem Kongreß über die Interstate and Foreign Commerce-Clause die Zuständigkeit für jegliche Art der Einwanderungskontrolle ein.[137]

Unter dem Druck der kalifornischen Öffentlichkeit verabschiedete der Kongreß 1882 den *Chinese Exclusion Act*, der mit zwei parallel beschlossenen Gesetzen zum Ausschluß von Prostituierten, Behinderten und Kriminellen einen neuen Abschnitt in der amerikanischen Einwanderungsgeschichte markiert: Den Beginn der Kontrolle über die Einwanderung durch die Bundesregierung.[138] Der Chinese Exclusion Act suspendierte jegliche Einwanderung aus China für 10 Jahre (1892 um 10 Jahre verlängert; 1902 für dauerhaft erklärt, damit ein Verstoß gegen den Vertrag mit China von 1870). 1888 beschloß der Kongreß gar den Ausschluß von dauerhaft in den USA lebenden Chinesen, die nur kurzfristig mit einer schriftlichen Zusicherung des Rechts zur Wiedereinreise das Land verlassen hatten.[139]

Die angespannte wirtschaftliche Situation und der Rassismus in Kalifornien sind zweifellos die Hintergründe für die Entscheidungen, doch wie wurden die Gesetze zum Ausschluß einer spezifischen Bevölkerungsgruppe legitimiert?

Bereits 1875 hatte der Kongreß die Einwanderung von Prostituierten (asiatischer Herkunft) und verurteilten Verbrechern verboten, außerdem von Menschen, die angeblich oder tatsächlich gegen ihren Willen aus Asien nach Amerika gebracht worden waren. Damit war beabsichtigt, die sogenannten „Coolies", Billiglohnarbeiter chinesischer Herkunft, von der Einreise abzuhalten. Die Formulierung des Importverbots „to or from the United States any subject of China, Japan, or any other *Oriental* country *without their free and voluntary consent*" macht zweierlei deutlich: Der Begriff „oriental" ist dem europäischen Sprachgebrauch entlehnt und dokumentiert damit die vorherrschend eurozentrische Denkweise selbst in Kalifornien. Die Formulierung „without their free and voluntary consent" unterstrich den Kontrast zu dem Idealbild des (europäischen) Einwanderers, der auf eigene Faust, aus eigenem Antrieb mit Pioniergeist in die Neue Welt auswandert, auch wenn dieses Ideal

137 *Chy Lung v. Freeman et al.*, 92 U. S. 275 (1875); Art. I, Sec. 8, U.S.-Verfassung.

138 Daniels, *Asian America*, S. 54-56.

139 25 Stat. 504; diese Regelung wurde vom Supreme Court bestätigt: *Chae Chan Ping v. U. S.*, 130 U. S. 581 (1889), Daniels, *Asian America*, S. 56f.

mit der Wirklichkeit nicht vereinbar ist. Weder waren Einwanderer europäischer Herkunft derart individualistisch denkende und handelnde Menschen, noch waren Einwanderer aus Asien gänzlich unselbständig oder nur unfreiwillig in die Vereinigten Staaten gelangt.[140]

Die Abschlußberichte zweier Parlamentskommissionen dokumentieren die wichtigsten Vorbehalte gegenüber den chinesischen Einwanderern. Sowohl das Parlament von Kalifornien als auch der Kongreß in Washington setzten 1876 besondere Kommissionen ein, die sich mit den angeblichen Gefahren durch die chinesische Einwanderung befaßten.[141]

Die Untersuchung der gemeinsamen Kongreßkommission räumte zwar ein, daß die chinesischen Arbeiter in der Zeit der schnellen Entwicklung zum materiellen Wohlstand beigetragen hätten, dies sei jedoch vor allem der kapitalistischen Klasse zugute gekommen. Dann aber folgt eine lange Aufzählung fremdenfeindlicher Argumentationen, daß die Chinesen den Weißen die Arbeitsplätze wegnähmen, daß sie in verschmutzten und überfüllten Wohnungen wohnten, daß ihre Laster die Moral besonders der jungen Menschen bedrohten usw. Die Behauptungen gipfelten in dem Vorwurf, eine weitere chinesische Einwanderung würde den Fortbestand der USA gefährden.

Nach Auffassung der Kommission sollten das Wahlrecht nur diejenigen erhalten, die „Liebe und Zuneigung" zu den Institutionen zeigten, was bei der großen Masse der Chinesen[142] aber offensichtlich nicht der Fall sei. In einer Republik sei es allerdings nicht erträglich, wenn ein großer, klar abgrenzbarer und nicht assimilierbarer Teil der Bevölkerung

---

140 Daniels, *Asian America*, S. 44. Gerade Roger Daniels hat in seinen zahlreichen Schriften auf die Übereinstimmungen zwischen Einwanderern europäischer und asiatischer Herkunft hinsichtlich Wanderungsmotivation, Handlungsmuster, Erfolgsstreben und den Erfahrungen als Einwanderer in der fremden Gesellschaft hingewiesen. Die Unterschiede zwischen der Situation europäischer Einwanderer und der Situation asiatischer Einwanderer beruhten zu einem großen Teil auf der unterschiedlichen Einstellung seitens der eingesessenen amerikanischen Bevölkerung. Daniels, *Asian America*, passim; ders., *Coming to America: A History of Immigration and Ethnicity in American Life* (New York: Harper-Collins, 1990).

141 California State Senate, *Chinese Immigration. Its Social, Moral, and Political Effect.* Report to the California State Senate of Its Special Committee on Chinese Immigration (Sacramento: State Office, 1878); U. S. Congress, Senate, 44th Congress, 2nd Sess., Report No. 689, *Report of the Joint Special Committee to Investigate Chinese Immigration* (Washington: GPO, 1877) (künftig *Report* Nr. 689).

142 Dies bedeutet ja, daß es zumindest einige Chinesen gibt, die diesen Anforderungen entsprechen. Die Kommission äußert aber sich nicht über diese und deren Möglichkeiten zur Teilnahme am politischen Prozeß.

nicht den Schutz durch das Wahlrecht habe. Die einzige Lösung dieses Konflikts sei, eine solche Bevölkerungsgruppe erst gar nicht ins Land zu lassen.[143]

Der Ausschuß dramatisierte die Situation weiter, indem er die Gefahr einer Dominanz der Asiaten an der Westküste sah („. . . the Pacific Coast must in time become either American or Mongolian."). Der Ausschuß des kalifornischen Senats war in seiner anti-chinesischen Haltung noch eindeutiger und in seinen Aussagen drastischer als die Kommission des Kongresses. Der in hoher Auflage verbreitete Ausschußbericht diente in den folgenden Jahrzehnten als Steinbruch für anti-chinesische Propaganda.[144]

Das Hauptargument gegen die weitere chinesische Einwanderung war die angebliche Unfähigkeit und mangelnde Bereitschaft der Chinesen zur Assimilation, die aber nach Auffassung der Parlamentarier eine notwendige Voraussetzung für die aktive Mitwirkung in der Gesellschaft und für die verantwortungsvolle Ausübung staatsbürgerlicher Rechte war. Diese Mitwirkung war Chinesen aber in fast allen Bereichen untersagt.

Der Ausschluß der Chinesen 1882 erfolgte fast zeitgleich mit dem Ausschluß von Schwachsinnigen und sogenannten LPCs („Likely to become a Public Charge"), also Menschen, die sich nicht selbst versorgen konnten. Die zeitliche Parallelität ist nicht zufällig. Chinesen entsprachen nach Auffassung vieler Amerikaner ebensowenig dem Idealbild eines eigenständig handelnden Staatsbürgers.

Einen ersten Markstein in der Entwicklung der Rechte von Asiatisch-Amerikanern stellte das Supreme Court-Urteil im Fall *Wong Kim Ark* von 1898 dar, wo es um den Staatsbürgerstatus von auf dem Territorium der USA geborenen Menschen mit asiatischen Eltern ging.[145] Vor *Wong Kim Ark* wurde der Staatsbürgerstatus von in den USA geborenen Chinesen trotz des scheinbar eindeutigen 14. Amendment nicht immer anerkannt.

---

143 *Report* Nr. 689, S. V.

144 *Chinese Immigration. Its Social, Moral, and Political Effect*, insbesondere das Memorandumg an den Kongreß, S. 59-65, und die „Address to the People of the United States," S. 7-56; Daniels, *Asian America*, S. 45-47.

145 Daß ein solcher Fall erst rund fünfzig Jahre nach dem Beginn zahlenmäßig bedeutsamer chinesischer Einwanderung zum Supreme Court gelangte, hing damit zusammen, daß in den USA sehr viel weniger chinesische Frauen als Männer lebten (1860 19 Männer auf eine Frau; 1890 27:1). Daniels, *Asian America*, S. 69.

Die Formulierung darin „All persons born or naturalized in the United States, and *subject to the jurisdiction thereof*, are citizens ...“, die eigentlich wegen der Kinder von Diplomaten eingefügt worden war, wurde von einigen Gerichten so ausgelegt, daß Kinder von Chinesen ebenfalls nicht unter der Rechtsprechung der Vereinigten Staaten standen, weil sie in eine eigene, separate Gemeinschaft hineingeboren seien.[146]

Die zeitweise etwas günstigere rechtliche Situation von Japanern beruhte unter anderem auf ihrer geringeren Anzahl und der größeren weltpolitischen Bedeutung Japans aus amerikanischer Sicht zur Jahrhundertwende, beispielsweise in den Augen des Präsidenten Theodore Roosevelt. Roosevelt sprach gegenüber japanischen Politikern und Diplomaten davon, den japanischen Einwanderern das Recht zur Einbürgerung zu geben, machte aber keinerlei Anstalten, entsprechende Gesetzesreformen voranzubringen. Roosevelts Engagement für japanische Schüler im Schulstreit von San Francisco von 1906 hatte ebenso mehr *außenpolitische Bedeutung* als daß es Ausdruck einer nicht-rassistischen Einstellung gewesen wäre.[147] Da ein Einwanderungsstopp für Japaner angesichts der überwältigenden öffentlichen Meinung unausweichlich schien, war es sowohl aus Sicht Roosevelts als auch aus der Perspektive Japans klüger, eine entsprechende Regelung einvernehmlich zu treffen. Nach dem sogenannten Gentlemen's Agreement zwischen den USA und Japan verpflichtete sich Japan, für gelernte und ungelernte Arbeiter keine Ausreisevisa mehr in die USA auszustellen.

Weder der *Chinese Exclusion Act* noch das *Gentlemen's Agreement* waren absolute Einwanderungsverbote, es gab immer noch eine Reihe von Ausnahmen, doch brachte das Ausnutzen dieser Gesetzeslücken vor allem den chinesischen Einwanderern das Image ein, „notorische Lügner“ zu sein. In den USA lebende Japaner hatten nach dem Gentlemen's Agreement das Recht behalten, ihre Ehefrauen mitzubringen, außerdem waren Handelsreisende und Touristen von den Beschränkun-

146 *United States v. Wong Kim Ark*, 169 U.S. 649 (1898); Elizabeth Hull, „Naturalization and Denaturalization,“ in: Kim (ed.), *Asian Americans and the Supreme Court*, S. 404f.

147 Daniels, *Asian America*, S. 120-125. Zu Roosevelts Einstellungen gegenüber anderen Rassen siehe Thomas G. Dyer, *Theodore Roosevelt and the Idea of Race* (Baton Rouge: Louisiana State UP, 1980).

gen ausgenommen. In der Bevölkerung besonders an der Westküste zeigte sich Unzufriedenheit über das unvollständige Verbot.[148]

Das Einwanderungsgesetz von 1917 verschärfte die Beschränkung asiatischer Einwanderung; nunmehr waren lediglich die Ehefrauen von in den USA lebenden Asiaten zur Einwanderung berechtigt. 1924 verhängte der Kongreß schließlich ein Einwanderungsverbot für alle von der Einbürgerung ausgeschlossenen Personen; somit insbesondere für alle Asiaten. Bis zur Aufhebung dieser Regelung durch den McCarran-Walter-Act 1952 kamen nur etwas mehr als 3000 Staatsangehörige asiatischer Länder vorwiegend europäischer Abstammung in die USA.[149]

Die Frage der Einbürgerung von asiatischen Einwanderern wurde seit der Entscheidung *Wong Kim Ark* mehrfach dem Supreme Court zur Klärung einzelner Zweifelsfälle vorgelegt. Über die Einzelfälle hinaus haben die Entscheidung eine Bedeutung hinsichtlich der Voraussetzungen, die an die Aufnahme einer Person in das Gemeinwesen geknüpft wurden bzw. welche Voraussetzungen an die Ausübung staatsbürgerlicher Rechte geknüpft wurden.

In den zwanziger und dreißiger Jahren sind vor allem vier Fälle von übergreifender Bedeutung: *Takao Ozawa v. United States* (1922), *United States v. Bhagat Singh Thind* (1923), *Hindemitsu Toyota v. United States* (1925) sowie *Morrison v. California* (1933). In *Ozawa* verneinte der Supreme Court das Anrecht eines gebürtigen Japaners auf die US-Staatsbürgerschaft; Japaner seien keine „Weißen", gehörten nach der „Common sense definition" nicht zur „kaukasischen Rasse". In *Thind* versagte der Supreme Court einem Inder der höchsten Kaste den Zugang zur Staatsbürgerschaft, da er zwar der kaukasischen Rasse angehöre, aber im Verständnis der einfachen Leute nicht als „weiß" einzustufen sei. In *Toyota* widerrief der Supreme Court die Einbürgerung eines gebürtigen Japaners, der während des Ersten Weltkrieges ehrenhaft in der Küstenmarine gedient hatte und aufgrund eines Gesetzes von 1918 automatischen Anspruch auf die Staatsbürgerschaft hatte – seine japanische Herkunft wurde schwerer gewichtet als der Dienst für die Vereinigten

---

148 Daniels, *Asian America*, S. 126f. Die Ehefrauenregelung ließ überhaupt nur ein mäßiges Anwachsen der japanisch-amerikanischen Bevölkerung zu, denn zur Zeit des Abschlusses des Gentlemen's Agreement lebten in den USA 10 mal so viele japanische Männer wie Frauen.

149 Reed Ueda, *Postwar Immigrant America. A Social History* (Boston: St. Martin's, 1994), S. 22.

Staaten. In *Morrison* bestritt das höchste amerikanische Gericht Personen gemischter Abstammung das Recht auf Einbürgerung.

Wie sind nun die Veränderungen in der Rechtsprechung über den Staatsbürgerstatus von Indianern und asiatischen Einwanderern und über deren staatsbürgerliche Rechte zu erklären, bzw. welche – wechselnden – Argumentationen liegen den Entscheidungen zugrunde?

In den frühen Entscheidungen über den Status der Indianer stand zunächst der Status der Indianer*stämme* im Verhältnis zu den Vereinigten Staaten im Vordergrund. Als Mitglieder einer „domestic dependent nation" (*Cherokee Nation v. Georgia*, 1831) konnten einzelne Indianer nicht zu den Mitgliedern des amerikanischen politischen Gemeinwesens gerechnet werden und deshalb auch keine auf dieser Mitgliedschaft fußende staatsbürgerliche Rechte besitzen. In den Entscheidungen der zweiten Hälfte des 19. Jahrhunderts rückte die Frage der Steuerzahlung als Voraussetzung für die Ausübung der Staatsbürgerschaft in ihrer Funktion als *Pflicht* gegenüber der Ausübung von *Rechten* ins Zentrum der Argumentation. Der konkrete Hintergrund hierfür war die Formulierung im 14. Amendment, daß bei der Verteilung der Sitze im Repräsentantenhaus auf die Einzelstaaten „nicht besteuerte Indianer" nicht mitgezählt werden sollten, damit implizierend, daß besteuerte Indianer mitgezählt werden. Im Minderheitenvotum von *Elk v. Wilkins* (1884) schloß Richter Harlan daraus unmittelbar, daß zu besteuernde und unter der Milizpflicht stehende Indianer als Staatsbürger anzusehen seien, und zwar mit allen daraus folgenden Rechten (der Indianer John Elk hatte auf Eintragung ins örtliche Wahlregister geklagt).

Die Mehrheits- und Minderheitsvoten in *Elk v. Wilkins* breiten die ganze Palette möglicher Argumente für und gegen den Staatsbürgerstatus einer Person aus: Steuerzahlung, Dienst in der Miliz, konformes Verhalten gemäß allgemein akzeptierter Kriterien, die Berücksichtigung der Indianer bei der Verteilung der Sitze im Repräsentantenhaus sowie—und dies diente der Gerichtsmehrheit als hinreichend für die Ablehnung der Klage – eine bewußte Zustimmung der Bundesregierung zur Staatsbürgerstatus. Die Richtermehrheit hielt somit an der Vorstellung vom Staatsbürgerstatus als „Privileg" (im Gegensatz zu „Recht") fest, das nur nach eigener bewußter Entscheidung der Nation verliehen werden könne:

[T]he question whether any Indian tribes or any members thereof, have become so far advanced in civilization, that they should be let out of the state of pupilage, and admitted to the privileges and responsibilities of citizenship, is a question to be decided by the nation whose wards they are and whose citizens they seek to become, and not by each Indian for himself.[150]

Eine solche fehlende bewußte Zustimmung, wie sie von der Richtermehrheit gefordert wurde, sah Richter Harlan in seiner *dissenting opinion* zumindest implizit in der Anerkennung der Steuerzahlung und der Milizpflicht.

In den Entscheidungen *Yick Wo* (1886) und *Wong Kim Ark* (1898) wurden weitere Aspekte der Staatsbürgerschaft verhandelt. In *Yick Wo* wurde die Entscheidung zugunsten chinesischer Wäschereibetreiber mit der Gleichbehandlungszusage aus dem chinesisch-amerikanischen Vertrag von 1868 (Burlingame-Treaty) sowie mit dem 14. Amendments begründet, das von der gleichen Behandlung von *persons*, nicht *citizens*, spricht. In der Absage an eine absolute Entscheidungsfreiheit von Behörden legte das Gericht ein deutliches Bekenntnis zur rechtlichen und gesetzlichen Bindung des Verwaltungshandlens ab.

When we consider the nature and the theory of our institutions of government, the principles upon which they are supposed to rest, and review the history of their development, we are constrained to conclude that they do not mean to leave room for the play and action of purely personal and arbitrary power. Sovereignty itself is, of course, not subject to law, for it is the author and source of law; but, in our system, while sovereign powers are delegated to the agencies of government, sovereignty itself remains with the people, by whom and for whom all government exists and acts. And the law is the definition and limitation of power. It is, indeed, quite true that there must always be lodged somewhere, and in some person or body, the authority of final decision, and in many cases of mere administration, the responsibility is purely political, no appeal lying except to the ultimate tribunal of the public judgment, exercised either in the pressure of opinion or by means of the suffrage. But the fundamental rights to life, liberty, and the pursuit of happiness, considered as individual possessions, are secured by those maxims of constitutional law which are the monuments showing the victorious progress of the race in securing to men the blessings of civilization under the reign of just and equal laws, so that, in the famous language of the Massachusetts Bill of Rights, the government of the commonwealth „may be a government of laws, and not of men." For the very idea that one man may be compelled to hold his life, or the means of living, or any material right essential to the enjoyment of life at the mere will of another seems to be intolerable in any country where freedom prevails, as being the essence of slavery itself.[151]

---

150 *Elk v. Wilkins*, 112 U. S. 94 (1884).

151 *Yick Wo v. Hopkins*, 118 U.S. 356 (1886), S. 369f.

Im Fall *Wong Kim Ark* stand im Zentrum der Auseinandersetzung die Bedeutung der Formulierung „subject to the jurisdiction thereof" aus dem 14. Amendment. Die von Richter Gray verfaßte Mehrheitsmeinung interpretierte die Formulierung weit und schloß mit Bezug auf die Kongreßdebatten vor Verabschiedung des 14. Amendments und des vorangegangenen Civil Rights Act von 1866 lediglich Kinder ausländischer Diplomaten oder Kriegsgefangener aus. Zur Unterstützung dieser Interpretation griff Gray auf die britische Common Law-Tradition zurück, die zum Zeitpunkt der Verfassunggebung unbestreitbar die Grundlage des Rechtsdenkens auch in den neuen Vereinigten Staaten gewesen sei.

The common law principle of allegiance was the law of all the States at the time of the Revolution and at the adoption of the Constitution.

Er zitierte britische Gesetze und Urteile seit 1343, die das *ius soli* zum dominierenden Prinzip des britischen Untertanenrechts erklärten. Gray verwarf damit die Argumentation des Anwalts, daß man sich auf das Römische Staatsbürgerrecht zu beziehen habe, in dem das *ius sanguinis* galt. Auch hinsichtlich der Bedeutung der Klausel „subject to the jurisdiction thereof" lehnte das Gericht die Lesart der Anwälte ab, die davon ausgingen, daß eine Person, solange sie in der Loyalität zu einem fremden Souverän stehe – im Fall *Wong Kim Ark* der chinesische Kaiser –, nicht unter diese Klausel falle, insbesondere wenn eine Einbürgerung der Person von keiner Seite gewünscht werde. Richter Gray setzte dem entgegen, daß in den Vereinigten Staaten lebende Chinesen zweifellos dem amerikanischen Recht unterworfen waren, somit die Klausel in Übereinstimmung mit der Common Law-Tradition nur für Diplomaten und Kriegsgefangene gelte.[152]

Nach der Anerkennung des Staatsbürgerstatus von Bewohnern der Territorien Alaska und Hawaii mit asiatischer Abstammung, dem Urteil im Fall *Wong Kim Ark* sowie der vor Gericht anerkannten Einbürgerung von Armeniern 1909 hofften asiatische Einwanderer, daß die Klausel des Einbürgerungsgesetzes, die nur die Einbürgerung von Weißen und Perso-

152 *United States v. Wong Kim Ark*, 169 U.S. 649 (1898); Zitat S. 665.

nen afrikanischer Abstammung zuließ, nicht hermetisch gelten würde, und stellten ihrerseits Einbürgerungsanträge.[153]

Die Überprüfung einiger Anträge vor dem Supreme Court in den zwanziger Jahren zeigte eine grundsätzliche Wendung in der Entscheidungsführung des Gerichts hinsichtlich des Staatsbürgerstatus von asiatischen Einwanderern. Doch waren es weniger die Urteile selbst, die eine Wende herbeiführten. Die Signifikanz der Urteile *Ozawa*, *Toyota*, *Thind* und *Morrison* liegt nicht in der Revision früherer Urteile als vielmehr in ihren Urteilsbegründungen. Diese Urteile konzentrieren sich auf die Konstruktion des Konzepts der weißen bzw. kaukasischen Rasse, um damit im Effekt Japanern bzw. Indern den Zugang zur amerikanischen Staatsbürgerschaft zu verweigern. Andere Aspekte, die im Hinblick auf das Wahlrecht sowie den Staatsbürgerstatus von Indianern und die Einbürgerung von Einwanderern aus Europa eine wichtige Rolle gespielt hatten, wie der Grad der Assimilation, die Wehrdienstleistung oder die Steuerzahlung, rückten gegenüber der Konstruktion der „kaukasischen Rasse“ vollständig in den Hintergrund. In der Begründung von *Ozawa* bescheinigte Richter Sutherland dem Antragsteller auf die Staatsbürgerschaft einen ausgezeichneten Charakter, Englischkenntnisse und hohe Bildung. Nach dem gültigen Einbürgerungsgesetz waren jedoch nur „freie weiße Personen und Personen afrikanischer Abstammung“ zur Einbürgerung zugelassen, und als „weiß“ definierte Sutherland die Zugehörigkeit zur „kaukasischen Rasse“, unabhängig von der Helligkeit der Hautfarbe. Der Kategorie „weiß“ müsse, so Richter Sutherland, eine „common sense definition“ gegeben werden, d. h. „to indicate only a person of what is popularly known as the Caucasian race.“

> The effect of the conclusion that the words „white person” means a „Caucasian” is not to establish a sharp line of demarcation between those who are entitled and those who are not entitled to naturalization, but rather a zone of more or less debatable ground outside of which, upon the one hand, are those clearly eligible, and outside of which upon the other hand, are those clearly ineligible for citizenship. ... Of course, there is not implied either in the legislation or in our interpretation of it, any suggestion of individual unworthiness or racial inferiority.[154]

---

153 Phillip E. Lothyan, „A Question of Citizenship,“ *Prologue* 21, Nr. 3 (1989), S. 267-273.

154 *Takao Ozawa v. United States* 260 U. S. 178 (1922), Elizabeth Hull, „Naturalization and Denaturalization,“ S. 407.

Im Fall *United States v. Thind* (1923) wurde ein Inder der höchsten Kaste als „Caucasian" definiert, das reichte jedoch nach der Argumentation von Richter Sutherland nicht aus: Inder seien nach „popular sense" keine „free white persons" in dem Sinne, wie sich das die Verfasser der Einbürgerungsgesetze gedacht hätten. Der Begriff „free white person" sei ein Begriff der Alltagssprache, und somit zu interpretieren im Alltagsverständnis der einfachen Leute, wobei „kaukasisch" nur in der Alltagssprache synonym zu „weiß" zu verstehen sei. Es könne zwar sein, daß der blonde Skandinavier und der braune Inder in ferner Vergangenheit gemeinsame Vorfahren hätten, doch wisse der Durchschnittsmensch sehr genau, daß sie heutzutage zweifellos grundlegend unterschiedlich seien. Die Gründerväter hätten sehr bewußt die Einbürgerung beschränken wollen:

> When they extended the privilege of American citizenship to 'any alien being a free white person' it was these immigrants-bone of their bone and flesh of their flesh-and their kind whom they must have had affirmatively in mind.

Richter Sutherland brachte im folgenden zwar wieder den Aspekt der Assimilation der europäischen Einwanderer ins Spiel, jedoch nur um festzustellen, daß Asiaten – und im konkreten Fall Inder – zur Assimilation nicht in der Lage seien.

> The children of English, French, German, Scandinavian and other European parentage, quickly merge into the mass of our population and lose the distinctive hallmarks of their European origin. On the other hand, it cannot be doubted that the children born in this country of Hindu parents would retain indefinitely the clear evidence of their ancestry.[155]

Auch im Fall von Hindemitsu Toyota betont der Supreme Court den absoluten Vorrang des Ausschlusses aus rassischen Gründen, in diesem Fall vor dem Einschluß aus Gründen eines Dienstes für das Gemeinwesen. Der gebürtige Japaner Hindemitsu Toyota hatte im Ersten Weltkrieg in der US-Marine gedient und daher nach 1918 und 1919 verabschiedeten Gesetzen Anspruch auf die Staatsbürgerschaft. Trotz der inhaltlich gegensätzlichen Formulierung in *Ozawa* wurde die bereits gewährte Staatsbürgerschaft widerrufen. Gegenüber den genannten Gesetzen gelte der Vorrang des allgemeinen Einbürgerungsgesetzes von 1906, indem die Beschränkung auf Weiße und Personen afrikanischen

---

155 *United States v. Bhagat Singh Thind*, 261 U. S. 204 (1923), Hull, „Naturalization and Denaturalization," S. 409f.

Ursprungs enthalten war.[156] Die Aussage von Richter Butler in der Urteilsbegründung von *Toyota*,

> It has long been the national policy to maintain the distinction of color and race; radical changes are not lightly to be deemed to have [been] intended.

markiert den entscheidenden Kontrast zu früheren Urteilsbegründungen sowie der späteren Gesetzgebung: In *Yick Wo* (1886) beispielsweise hatte der Supreme Court als bestimmendes Element für die Vereinigten Staaten den rechtsstaatlichen Charakter in den Vordergrund gestellt und auf diesem Fundament die Entscheidung zur Zulassung von Yick Wos Wäscherei begründet. Die Bezugnahme auf das 14. Amendment sowie auf entscheidende Rechtssätze der Ursprungsverfassung ist in Urteilen wie *Yick Wo* und *Wong Kim Ark* ein wiederkehrender Topos. Demgegenüber zeigen die Urteilsbegründungen in den Staatsbürgerschaftsfällen eine auffallende Bezugnahme auf die ausschließenden Elemente des ersten Einbürgerungsgesetze und die in den Einwanderungsgesetzen der Jahrhundertwende fortgesetzte Tradition des rassistisch begründeten Ausschlusses.

An dieser Stelle kollidieren unterschiedliche Deutungen der amerikanischen Identität miteinander: Die Vereinigten Staaten als ein offenes Gemeinwesen, das auf eine gemeinsame Rechtstradition gebaut ist, auf der einen Seite und das ethnokulturell geschlossene Amerika, das durch die Zugehörigkeit zu partikularen religiösen, ethnischen oder nationalen Einheiten definiert ist, auf der anderen Seite.

Die Entscheidungen des Supreme Court zu Fragen der Staatsbürgerschaft gebürtiger Asiaten in den zwanziger Jahren waren eindeutig und unverhohlen rassistisch, denn im Fall von Takao Ozawa billigte die Urteilsbegründung dem Kläger ausdrücklich einen hohen Bildungs- und Zivilisationsgrad zu und gründete die Entscheidung allein auf die Unterschiede in der Hautfarbe.[157] Bestätigt wurde diese Tendenz in einer Entscheidung über die Einbürgerungsmöglichkeit von Mischlingskindern. Im Fall *Morrison v. California* entschied der Supreme Court 1933, daß Kinder gemischter Herkunft keinen Anspruch auf Staatsbürgerschaft hatten; wenn die Menschen zu weniger als 50 Prozent

---

156 *Hindemitsu Toyota v. United States*, 268 U. S. 402 (1925), Hull, „Naturalization and Denaturalization," S. 408.

157 *Ozawa v. U. S.* 260 U. S. 178 (1922), S. 189: [Sutherland] „That he [Ozawa] was well qualified by character and education for citizenship is conceded."

farbiger Herkunft sind, so gelte die Anschauung als Kriterium. Richter Cardozo in der Urteilsbegründung:

> The privilege of naturalization is denied to all who are not white (unless of African descent); and men are not white if the strain of blood in them is a half or a quarter, or, not improbably, even less, the governing test always being that of common understanding.[158]

Beispielsweise hatten also die Kinder von Deutschen und Japanern keinen Anspruch auf Einbürgerung. Ein Bundesgericht sagte: „it cannot be said that one who is half-white and half-brown or yellow is a white person as commonly understood.“[159]

Ihre Entsprechung im Bereich der Gesetzgebung fanden diese Urteilsbegründungen im Cable Act von 1922: Bis dahin verloren Frauen durch die Eheschließung mit einem Ausländer automatisch die amerikanische Staatsbürgerschaft, nach der Ratifizierung des 19. Amendments also auch das Wahlrecht. Dieses Gesetz stellte eine unabhängige Staatsbürgerschaft von Frauen wieder her, jedoch mit einer signifikanten Ausnahme: Ehefrauen von nicht zur Einbürgerung zugelassenen Ausländern – also Asiaten – verloren nach wie vor ihren amerikanischen Paß.[160]

Eine Wende in der Einbürgerungspolitik gegenüber Asiaten kam mit dem Zweiten Weltkrieg: Aus eindeutig bündnispolitischen Gründen wurde 1943 das Einbürgerungsverbot für Chinesen aufgehoben – China war Bündnispartner der USA –, während das Verbot für die übrigen asiatischen Nationalitäten weiterhin galt. 1946 wurde das Einbürgerungsverbot auch für Inder und Filipinos aufgehoben. Das Einbürgerungsverbot für Japaner und Koreaner galt schließlich bis zum Inkrafttreten des McCarran-Walter-Act 1952, in dem jegliche Einschränkung der Einbürgerung nach Kriterien der Abstammung aufgehoben wurde. Die

158 *Morrison v. California*, 291 U. S. 82 (1933), Hull, „Naturalization and Denaturalization,“ S. 410f.

159 Zu den Einbürgerungsurteilen des Supreme Court in den zwanziger Jahren vgl. auch Jeff H. Lesser, „Always ‚Outsiders‘: Asians, Naturalization, and the Supreme Court,“ *Amerasia* 12, Nr. 1 (1985-86), S. 83-100; M. Browning Carrott, „Prejudice Goes to Court – The Japanese and the Supreme Court in the 1920s,“ *California History* 62, 2 (1983), S. 122-138.

160 Virginia Sapiro, „Women, Citizenship, and Nationality: Immigration and Naturalization Policies in the United States,“ *Politics and Society* 13, Nr. 1 (1984), S. 1-26. Diese Ausnahme wurde erst in den dreißiger Jahren aufgehoben.

Diskriminierung im Ein*wanderungs*recht bestand jedoch fort: Ab 1952 gab es nur eine minimale Quote für die asiatischen Länder.

Die Internierung der Japaner und der Amerikaner japanischer Abstammung nach dem Überfall auf Pearl Harbor illustriert, daß nicht der Status der amerikanischen Staatsbürgerschaft selbst das Hauptkriterium für die Mitgliedschaft in der politischen Gemeinschaft ist: die Internierung und damit die pauschale Verletzung elementarer bürgerlicher Rechte wurde ohne Prüfung des Staatsbürgerstatus vorgenommen. Dies bedeutet, daß japanischstämmige Menschen, unabhängig von ihrem Staatsbürgerstatus, während des Zweiten Weltkriegs eindeutig nicht als Teil des amerikanischen Gemeinwesens betrachtet wurden.

Sowohl die Aufhebung des Einbürgerungsverbots 1952 als auch die Abschaffung der rassisch diskriminierenden Einwanderungsquoten 1965 stehen vor dem Hintergrund der ideologischen Auseinandersetzung des Kalten Krieges. In den politischen Auseinandersetzungen im Vorfeld der entsprechenden Gesetzesreformen spielten Belege für die gelungene Assimilation und die Loyalität insbesondere der japanischen Einwanderer und ihrer Kinder gegenüber den USA während des Zweiten Weltkrieges eine fundamentale Rolle. Somit wurde die Aufhebung des Einbürgerungsverbots nicht auf gerichtlichem Wege erreicht, sondern durch den für die Gesetzgeber überzeugenden Beweis, daß die betreffende Nationalitätengruppe sich als würdig für den Staatsbürgerstatus erwiesen hatte.

Das Argument der „erdienten" Staatsbürgerschaft, das in den Gesetzen von 1918 und 1919 die beschleunigte Einbürgerung von ehrenhaft entlassenen Soldaten ermöglichte (was Hindemitsu Toyota aber verwehrt geblieben war), war dann in den Dreißiger Jahren in einigen „Private Bills" von entscheidender Bedeutung: So wurden einzelne, in Asien gebürtige Frontsoldaten per Einzelgesetz eingebürgert.[161]

161 „Naturalization of Alien Veterans Ineligible to Citizenship," 49 STAT 397 (ich danke Roger Daniels für diesen Hinweis); Daniels, *Asian America*.

Der „ideale Staatsbürger" – Diskurse um die Amerikanisierung von Einwanderern zu Beginn des 20. Jahrhunderts

Die Auseinandersetzung um Einwanderung und Einwandererintegration im Amerika des frühen 20. Jahrhunderts bildeten den Austragungsort für Debatten um das nationale Selbstverständnis der Vereinigten Staaten. Die innergesellschaftlichen Krisen um die Jahrhundertwende und die außenpolitischen Herausforderungen im Zusammenhang mit dem Ersten Weltkrieg spitzten die Frage um das Selbstverständnis weiter zu.

Mit der Veröffentlichung des Berichts der amerikanischen Einwanderungskommission unter Leitung von Senator Dillingham setzte eine Debatte über die „Amerikanisierung" der zahlreichen neuen Einwanderer ein. Der Bericht der Dillingham-Commission hatte konstatiert, daß sich die sogenannten „neuen Einwanderer" aus Süd- und Osteuropa sehr viel langsamer assimilierten als die „alten" Einwanderernationalitäten aus Nord- und Westeuropa. Der Bericht forderte, die Tore für Einwanderer aus bestimmten Herkunftsregionen weitgehend zu schließen. Um die Einwanderung zu beschränken, empfahl die Kommission die Einführung eines Lesetests für Einwanderer.

In mehrjährigen Untersuchungen hatte sich die Kommission praktisch nicht mit Bemühungen auseinandergesetzt, die Integration und Assimilation der Einwanderer zu befördern und war daher, wie viele zeitgenössische Kritiker argwöhnten, mit vorgefaßter Meinung und vorschnell zu den Empfehlungen gelangt. Mitarbeiter von örtlichen und einzelstaatlichen Organisationen und Behörden, die in der Sozial- und Bildungsarbeit mit Einwanderern beschäftigt waren, bemängelten die fehlenden Untersuchungen der Kommission zu konstruktiver Integrationsarbeit. Unter dem Titel „Adjustment—Not Restriction" forderte etwa die Leiterin der Einwanderungskommission von Massachusetts und Geschäftsführerin einer Einwandererhilfsorganisation, Grace Abbott, das Augenmerk wegzulenken von der Einwanderungsbeschränkung als Allheilmittel hin zu einer Politik der Integration.[162]

162 Grace Abbott, „Adjustment – Not Restriction," *Survey* 25 (Jan. 7, 1911), S. 527-529. Vgl. hierzu Dietrich Herrmann, *„Be an American!" Amerikanisierungsbewegung und Theorien zur Einwandererintegration* (Frankfurt/M.: Campus, 1996), Kap. 1.3, Willi

Ins gleiche Horn stieß die Leiterin des New York State Bureau of Industries and Immigration, Frances Kellor, die mithilfe privater Sponsoren im Frühjahr 1915 eine nationale Kampagne zur Amerikanisierung von Einwanderern startete. Ihre Initiative zielte auf eine Verlagerung der Diskussion von der Einwanderungsbeschränkung auf Sozial- und Bildungsarbeit mit Einwanderern. Sie verband diese konkreten Ziele mit der Entwicklung eines ausgeprägteren nationalen Bewußtseins, wie es Theodore Roosevelt und Herbert Croly in ihrem Konzept des *New Nationalism* verfochten.[163]

„Das Programm des *New Nationalism* ... umfaßte eine institutionelle, politische und kulturelle Erneuerung, die die gesellschaftliche Kohäsion wiederherstellen und die Prinzipien von nationaler Stärke und demokratischer Gesellschaft, nach Croly's Ansicht von Hamilton und Jefferson noch antinomisch gedacht, miteinander aussöhnen sollte. Dies war nur zu erreichen, wenn an die Stelle der ‚fatal policy of drift' eine Politik der Zentralisierung trat, die die geschaffenen wirtschaftlichen Großstrukturen sozial dienstbar machte, sie aber nicht zerschlägt, die auf rational-administrative Methoden, professionell geschultes Personal und kraftvolles Führungspersonal zurückgreifen konnte und die schließlich eine kulturelle Transformation, ein ‚moral and social improvement of mankind' bewirkt."[164]

Idee und Konzept von *Amerikanisierung* waren nicht ganz neu, allerdings wurde der *Begriff* „Amerikanisierung" erst seit der Wende zum 20. Jahrhundert häufiger verwendet, und erfuhr mit Beginn der Amerikanisierungskampagne 1915 eine große Konjunktur. Die dabei vertretene *Idee* der Amerikanisierung läßt sich ins 19. Jahrhundert zurückverfolgen, in Teilaspekten in die Kolonialzeit. In Ansätzen ist dies in Crèvecœurs „Letters from an American Farmer" zu erkennen, in denen Crèvecœur das Ideal eines Amerikaners skizziert, zu dem sich die

---

Paul Adams, „Die Assimilationsfrage in der amerikanischen Einwanderungsdiskussion 1890-1930," *Amerikastudien/American Studies* 27, Nr. 3 (1982), S. 275-291.

163 Frances A. Kellor, „Immigrants in America, a Domestic Policy," *Immigrants in America Review* 1, 1 (Mar. 1915), S. 9-27; Theodore Roosevelt, „The New Nationalism," in: H. Hagedorn (ed.), *The Works of T. R.* (New York: Scribner's, 1925), Bd. 19, S. 10-30; Herbert Croly, *The Promise of American Life* (New York: Macmillan, 1909), S. 274; ders., *Progressive Democracy* (New York: Macmillan 1914), S. 241-243; Herrmann, *„Be an American!"* Kap. 2, S. 117-120.

164 Hans Vorländer, *Hegemonialer Liberalismus. Politisches Denken und politische Kultur in den USA 1776-1920* (Frankfurt/M.: Campus, 1997), S. 195.

Einwanderer entwickeln.[165] Im 19. Jahrhundert wird das Idealbild des Amerikaners, des Staatsbürgers, in den Debatten um die Wahlrechtsbestimmungen in den Einzelstaaten immer wieder thematisiert. Auch bei den Auseinandersetzungen um den Staatsbürgerstatus der Indianer spielt die Idee der Amerikanisierung eine zentrale Rolle.[166] Die Idee der Amerikanisierung geht dabei jeweils von der prinzipiellen Fähigkeit eines Individuums zur Entfaltung seiner Potentiale aus, womit die Idee in krassem Widerspruch steht zur biologistischen und rassistischen Argumentation, die bestimmten Nationalitäten- bzw. ethnischen Gruppen genau dieses Entwicklungspotential absprach und auf dieser Basis einen Ausschluß vom Wahlrecht, von der Staatsbürgerschaft oder von der Einwanderung forderte. Dies gilt für den Ausschluß der Schwarzen vom Wahlrecht und der Staatsbürgerschaft selbst in den meisten „freien" Staaten vor dem Bürgerkrieg ebenso wie den Ausschluß der asiatischen Einwanderer von der Staatsbürgerschaft und wichtigen staatsbürgerlichen Rechten vor 1952 sowie für den ebenfalls rassistisch begründeten Ausschluß von Asiaten von der Einwanderung und die scharfen Quotenregelungen für die Einwanderung aus Süd- und Osteuropa zwischen 1921 und 1965.[167]

Das Neue an der Amerikanisierungsbewegung war die Verknüpfung der Amerikanisierungsidee mit Konzepten des „social gospel", in deren Kern die Vorstellung von *aktiver* Sozialpolitik stand. Während in den Jahrzehnten zuvor unter dem Paradigma des Sozialdarwinismus Armut und gesellschaftliche Mißstände als Phänomene hingenommen wurden, und allenfalls über die Verteilung von Almosen an der Linderung der drastischsten Symptome gearbeitet wurde, wurde nun die Gesellschaftsverbesserung zum Ziel der „social gospellers".[168] Amerikanisierung bedeutete damit in deren Augen nicht mehr allein der Prozeß, den

---

165 Bemerkenswerterweise findet sich eine Rezeption Crèvecœurs in den Vereinigten Staaten erst nach den Neuauflagen aus der Zeit der Jahrhundertwende. Moses Rischin (ed.), *Immigration and the American Tradition* (Indianapolis: Bobbs-Merrill, 1976), S. 21.

166 Zu diesen beiden Aspekten siehe oben S. 132ff., S. 144f. und S. 154ff.

167 Siehe hierzu auch S. 203ff.

168 Zum Social Gospel und Progressivismus siehe Vorländer, *Hegemonialer Liberalismus*, S. 155-159, Herrmann, *„Be an American!"*, S. 49-51; zur Deutung des Progressivismus (insbesondere Abgrenzung des Populismus vom) auch Ralf Schimmer, *Populismus und Sozialwissenschaften im Amerika der Jahrhundertwende* (Frankfurt/M.: Campus, 1997), S. 167-182 (dort jeweils weiterführende Literatur).

Einwanderer durchlaufen, sondern ganz besonders die Möglichkeit, auf diesen Prozeß aktiv einzuwirken und ihn beschleunigen zu können.

Die Hysterie, die der Ausbruch des Ersten Weltkrieges und die Versenkung der *Lusitania* Anfang Mai 1915 in den USA entstehen ließ, sorgte für die wachsende Popularität der Idee einer aktiven Amerikanisierung. Auf Initiative von Frances Kellors Organisation wurden ab 1915 in vielen Städten der USA, insbesondere den großen Einwanderermetropolen, große Amerikanisierungsfeiern zumeist am 4. Juli abgehalten, bei denen neu eingebürgerten Einwanderern in feierlichem Rahmen ihre Urkunden ausgehändigt wurden. Aus der Kampagne zum „Amerikanisierungstag" und parallel dazu gingen eine Vielzahl von Initiativen und Gruppen hervor, die sich die Amerikanisierung der Einwanderer auf die Fahnen schrieben. Was mit „Amerikanisierung" konkret gemeint war, wurde zunächst nicht explizit definiert, sondern blieb vage und widersprüchlich. Daß mit dem Begriff unterschiedliche Konzepte verbunden wurden, zeigte sich erst nach einiger Zeit.

Bis zum Ende des 19. Jahrhunderts herrschte in den Vereinigten Staaten eine *Laissez Faire*-Einstellung hinsichtlich der Integration von Einwanderern in die amerikanische Gesellschaft vor, und traditionelle Fürsorge-Arbeit („charity work") hatte sich vor dem zweiten Jahrzehnt dieses Jahrhunderts noch nicht zu aktiver Sozialarbeit weiterentwickelt. Der Hauptgrund für diese Veränderung vom Laissez-Faire zur Sozialreform war die wachsende Zuversicht, daß eine wissenschaftlich fundierte und gut geplante Sozialpolitik schließlich zum *social uplift* der unteren sozialen Schichten, unter denen die Einwanderer in den großen Städten überwiegend zu zählen waren, führen würde. Doch waren diese Einwanderer nicht nur Teil der unteren Schichten der amerikanischen Gesellschaft, sondern sie standen in vielerlei Hinsicht außerhalb der Gesellschaft. Einerseits assimilierten sie sich nicht unmittelbar assimilierten an amerikanische Gepflogenheiten und Traditionen hinsichtlich Sprache, Religion, Werten und Lebensweisen. Andererseits waren auch die Sozialkontakte zwischen Einwanderern und Eingesessenen spärlich. Die heranreifende Erkenntnis über diese Lage sowie das wachsende Bewußtsein über die größer werdende Rolle Amerikas in den internationalen Beziehungen führte zu einer neuen Sorge über die Einwanderer. Damit begann sich die Überzeugung von der Notwendigkeit durchzusetzen, die Einwanderer zu amerikanisieren. Ein Indiz dafür ist, daß der Begriff

„amerikanisieren" in seiner transitiven Bedeutung erst seit 1915 Verbreitung fand.[169]

Die treibende Kraft hinter den landesweiten Propagandakampagnen zur Amerikanisierung von 1915 bis 1919, die Sozialarbeiterin Frances Kellor, wollte damit ihr idealistisches Programm von Sozialreform und einer stärkeren Rolle des Staates, insbesondere der Bundesregierung, in der Sozialpolitik umzusetzen. Sie glaubte, daß ein solches Programm sowie die Überwindung der klassischen Gegensätze zwischen arm und reich, zwischen Kapital und Arbeit, Einheimischen und Einwanderern zur Einheit der Nation beitragen würde.[170]

Aus der Hysterie nach dem Ausbruch des Ersten Weltkriegs entwickelte sich in der Amerikanisierungsbewegung eine Akzentverschiebung von *Sozialreform* zu *Loyalität*, woraus sich auch ein partieller Wechsel der Zielgruppen der Amerikanisierer ergab: Während sich die Arbeit der Sozialreformer vor allem an Einwanderer aus Süd- und Osteuropa, die in den amerikanischen Industriestädten einen großen Teil der Unterschicht ausmachten, richtete, waren die Nationalisten in erster Linie besorgt um die Loyalität von Einwanderern aus Deutschland. Diese hatten sich nach den in der Vorkriegszeit geltenden Kriterien – Sprache, Lebensweise und sozialer Status – bereits vergleichsweise weit assimiliert.

Nach dem Ende des Krieges konnte die nationale Rhetorik nicht mehr den Umfang der sozialen Probleme in den Vereinigten Staaten verdecken. Gleichzeitig bedeuteten die Ergebnisse der Pariser Vorortkonferenzen einen heftigen Rückschlag für die Anliegen von Demokratie und nationaler Selbstbestimmung, die in der amerikanischen Kriegsrhetorik eine zentrale Rolle gespielt hatten. In vielen industriellen Zentren brachen Streiks aus, und die Vielfalt der Auffassungen spaltete praktisch die Amerikanisierungsbewegung. Humanitäre Amerikanisierer forderten wie vor dem Krieg die Berücksichtigung der sozialen Lage der Einwanderer und suchten nach möglichen Lösungsansätzen, während patriotische Vereinigungen eine Propaganda-Kampagne begannen für einen Amerikanismus als Bollwerk gegen Sozialismus, Bolschewismus und Anarchismus. Jegliche Versuche zur Verständigung zwischen den gegen-

---

169 Vereinzelt kommt der Begriff in den 1890er Jahren vor, Herrmann, *„Be an American!"*, S. 77f.

170 Zu ihrem gesellschaftlichen Programm siehe Frances A. Kellor, „Needed, a Domestic Immigration Policy," *North American Review* 193 (Apr. 1911), S. 561-573, Kellor, „Immigrants in America, a Domestic Policy,"; Herrmann, *„Be an American!"* S. 74-84, 117-119.

sätzlichen Strömungen der Bewegung schlugen fehl, doch waren beide Richtungen in gewissem Sinne erfolgreich: Während der Kongreß auf Druck der Patrioten ein Gesetz zur Einwanderungsbeschränkung verabschiedete, konnten Sozialarbeiter, Lehrer und andere ihre praktische Amerikanisierungsarbeit ohne die negative Propaganda, der sie während des Krieges und danach ausgesetzt waren, fortsetzen.[171]

Diese historische Skizze hat bereits einige Richtungen angedeutet, die die Amerikanisierungsarbeit der verschiedenen Gruppen einnahm. Im einzelnen hatten die verschiedenen Institutionen, Gruppen und Einzelpersonen, die sich für die Amerikanisierung der Einwanderer einsetzten, unterschiedliche Vorstellungen von „Amerikanisierung": Sozialarbeiter, Führungspersonen der Einwanderergruppen, Missionaristen, paternalistische Unternehmer, Großindustrielle, Arbeiterführer, Nationalisten, Bürokraten aus den Mobilisierungsbehörden, Soziologen, Lehrer und nicht zuletzt die Hexenjäger aus der Zeit der *Red Scare*, der Phase der Hysterie über die Bedrohung durch den Bolschewismus—sie alle hatten ihre eigenen Vorstellungen vom *ideal American*, den sie zu schaffen versuchten, sei es mit der Entwicklung eigener Programme zur Amerikanisierung oder lediglich durch die ultimativen Äußerungen, die von den Einwanderern eine schnelle und unbedingte Assimilation forderten.[172]

Die Missionaristen hatten sich vorgenommen, die Einwanderer mit katholischem, orthodoxem, jüdischem oder areligiösem Hintergrund zu christianisieren. Für sie war der Glaube an Gott die Voraussetzung dafür, ein guter Staatsbürger und volles Mitglied der Gesellschaft zu sein; und „Amerikanisierung" wurde synonym mit „Christianisierung". Paradigmatisch für diese Vorstellung ist Josiah Strongs Buch *Our Country* von 1885. Im Gegensatz zu Frederick Jackson Turner glaubte Strong nicht daran, daß gottgegebene oder natürliche Kräfte ausreichten, um die Einwanderer in die amerikanische Gesellschaft zu assimilieren. Er forderte eine stärkere Verantwortung der Gesamtgesellschaft für das Wohlergehen auch seiner individuellen Mitglieder, was nach seinem Verständnis auch die Einwanderer einschloß. Er verwarf damit den

171 Zu den Versuchen zur Verständigung zwischen den Strömungen siehe ebd., S. 241ff.

172 Die nachfolgenden Kategorisierungen und Unterscheidungen hinsichtlich der verschiedenen Einstellungen zu Amerikanisierung sind vor allem als Versuch zu verstehen, die Existenz verschiedenartiger Konzeptionen zu belegen. Gleichwohl gab es zweifellos viele Übereinstimmungen in den Vorstellungen der jeweiligen Gruppen.

Sozialdarwinismus und das Laissez-Faire-Prinzip, die die Sozialpolitik in der zweiten Hälfte des 19. Jahrhunderts geprägt hatten. Strongs Ideen fanden besonders unter Missionaristen und Laien, die in der Arbeit mit Einwanderern engagiert waren, großen Widerhall.[173]

Auch für eine weitere Gruppe von Amerikanisierern, die Sozialarbeiter, waren religiöse Motive von großer Bedeutung. Hintergrund für ihre praktische Arbeit in den social settlement houses und ähnlichen Einrichtungen in den großen industriellen Zentren war aber insbesondere die Hoffnung auf das „social uplift" ihrer Klientel. Sie leisteten wichtige Unterstützung für die vom Lande stammenden Einwanderer aus Süd- und Osteuropa. So versuchten sie den Einwanderern die Notwendigkeiten des Lebens in Großstädten nahezubringen wie etwa Essenszubereitung, Hygiene oder Abfallbeseitigung. Obwohl diese Arbeit in vielerlei Hinsicht hilfreich für die Einwanderer war, war der Ansatz paternalistisch. Es kam immer dann zu Konflikten, wenn die Lehren und die Arbeit der Sozialarbeiter mit den traditionellen Werten und Strukturen der Einwanderer und Einwanderergruppen kollidierte. Klassische Beispiele für solche Konflikte betrafen die Rolle von Frauen in Familie und Gesellschaft, die Versuche der Settlement-Leute, die Herrschaft der Bosse und politischen Maschinen in den Einwanderergruppen zu brechen, und ihre Versuche, den Einwandererfamilien die amerikanische Art der Haushaltsführung zu oktroyieren.[174]

---

173 Josiah Strong, *Our Country. Its Possible Future and Its Present Crisis* (New York: American Home Missionary Society, 1885); Howard B. Grose, *Aliens or Americans?* (New York: Eaton & Mains, 1906); Sidney Fine, *Laissez-Faire and the General Welfare State. A Study of Conflict in American Thought, 1865-1901* (Ann Arbor: University of Michigan Press, 1956); Donald Fleming, „Social Darwinism," in: Arthur M. Schlesinger, Jr. und Morton White (eds.), *Paths of American Thought* (Boston: Houghton Mifflin, 1963), S. 123-145; Herrmann, *„Be an American!"*, S. 111-114.

174 Siehe z. B. die bekannten Berichte von Jane Addams, *Twenty Years at Hull House* (New York, 1910); dazu die klassische Darstellung von Allen F. Davis, *Spearheads for Reform. The Social Settlements and the Progressive Movement, 1890-1914* (New York etc.: Oxford UP, 1967); die revisionistische Rivka Shpak Lissak, *Pluralism and Progressives. Hull House and the New Immigrants, 1890-1919* (Chicago/London: University of Chicago Press, 1989); und die Erwiderung von Rudolph J. Vecoli im *Journal of American Ethnic History* 11,1 (Fall 1991), S. 103-106. Zu den Konflikten über die Rolle von Frauen sowie Generationskonflikte, siehe als Quelle Sophonisba Breckinridge, *New Homes for Old* (New York, 1921), S. 169-180; für den Konflikt zwischen Jane Addams vom Hull House und den politischen Maschinen, siehe Paul McBride, „The Cultural Cold War: Immigrants and the Quest for Cultural Monism," Ph.D. Diss. University of Georgia 1972., S. 45-47; zur amerikanischen Haushalts-

Paternalistische Unternehmer hofften ihr Profitinteresse mit „humanen“ Management-Methoden zu verbinden. Entsprechende Konzepte waren jedoch ähnlich problematisch wie die Ideen anderer Gruppen mit paternalistischen Vorstellungen wie Sozialarbeiter und Missionaristen. Für sie waren die Einwanderer passive Objekte der Amerikanisierung.

Ein Beispiel für diese Art von paternalistischer Amerikanisierungsarbeit ist die Textilfirma Joseph & Feiss in Cleveland. Vier Fünftel ihrer Arbeiterinnen und Arbeiter waren im Ausland geboren, die übrigen waren zumeist Einwanderer der zweiten Generation. Die Abhaltung von Englischkursen nach Dienstschluß zwischen 16.30 Uhr und 17.30 Uhr an zwei Tagen in der Woche hatte zunächst betriebliche Gründe: Die Arbeiter sollten die Anweisungen der Vorarbeiter verstehen können, die wegen der vielfältigen Arbeitsgänge in der Textilindustrie von Bedeutung waren. Im Anschluß an die Kurse wurde den Arbeitern ermöglicht, einfache englische Bücher aus der in der Fabrik ansässigen Filiale der Stadtbibliothek auszuleihen. Nach einer Übergangszeit beschloß die Betriebsleitung, bei Neueinstellungen Englischkenntnisse vorauszusetzen. Außerdem sollten im Betrieb Anweisungen nur noch in englischer Sprache gegeben werden. Abgesehen von den Englischkursen bot der Betrieb eine Reihe von Freizeit- und Pausenbeschäftigungen an. So wurde den Arbeitern ein eigener Essensraum und eine Filiale der Stadtbibliothek eingerichtet, ein Freizeitplatz („playground“) und Spielezimmer, es wurden Chor- und Tanzgruppen im Betriebsgebäude abgehalten und Feste veranstaltet. Die Teilnahme an diesen Angeboten war allerdings teilweise obligatorisch. Dieses Vorgehen steht in Übereinstimmung mit den Vorstellungen von manchen Bildungsexperten, Einwanderern erst noch zeigen zu müssen, wie man auf amerikanische Weise seine Freizeit verbringt.[175]

Joseph & Feiss ist ein typisches Beispiel für die paternalistische Einstellung von Unternehmern. Die Firmenleitung kümmerte sich sehr intensiv um ihre Mitarbeiter, wofür ihr weit über Cleveland hinaus

---

führung, siehe z. B. California Commission of Immigration and Housing, *Home Teachers' Manual* (Sacramento, 1915), S. 44-46; eine eher kritische zeitgenössische Darstellung der Arbeit der social settlements ist John Daniels, *America Via the Neighborhood* (New York, 1920), Kap. 6-7; siehe auch Herrmann, *„Be an American!“*, S. 41-52, 139, 259-260, 306-308.

175 Joseph & Feiss Company Papers, Western Reserve Historical Society, Cleveland, Cont. 1, Folder 1; F.G. Brooks, „Evening Schools,“ in Cleveland Board of Education, *Annual Report* 1916-17; ein Beispiel für die geplante „Amerikanisierung der Freizeit“ in Edward W. Stitt, „Recreation of the Immigrant,“ U.S. Bureau of Education, *Bulletin* 1913, Nr. 51, S. 25-27.

Vorbildcharakter bescheinigt wurde. Die Firma hatte für die Belange der Mitarbeiter eigens eine Fürsorgerin eingestellt, die die Sozial- und Bildungsprogramme organisierte. Allerdings hatte der Firmenchef auch konkrete Erwartungen im Blick auf eine Steigerung der Produktivität. Eigeninitiative oder Selbstbestimmung der Arbeiter waren weniger gefragt. Dies zeigte die Verpflichtung zur Teilnahme an den Angeboten ebenso wie die Anweisung an die Vorarbeiter, bei Essenspausen darauf zu achten, daß bei Tisch nur Englisch gesprochen wurde und keine Arbeiter der gleichen Nationalität nebeneinander saßen.[176]

Das Interesse der Großindustrie an der Amerikanisierung von Einwanderern bestand im Wachstum von Produktivität und Profit. Die Pflicht zur Teilnahme an Englisch- und Staatsbürgerkundekursen, die von den Firmen organisiert wurden, sollte die Arbeitsleistung der Arbeiter erhöhen. Die Nicht-Teilnahme konnte unter Umständen den Verlust des Arbeitsplatzes zur Folge haben. In einem Lehrbuch für solche Kurse hieß es beispielsweise:

I hear the whistle. I must hurry.
I hear the minute whistle.
It is time to go into the shop.
I take my check for the gate board and hang it on the department board.
I change my clothes and get ready to work.
The starting whistle blows.
I eat my lunch.
It is forbidden to eat until then.
The whistle blows at five minutes of starting time.
I get ready to go to work.
I work until the whistle blows to quit.
I leave my place nice and clean.
I put all my clothes in my locker.
I go home.[177]

---

176 Die Inhaber der Firma schrieben selbst Artikel über effektive Management-Methoden in Zeitschriften wie *Industrial Management* oder *Independent*; Joseph & Feiss Company Papers, Cont. 5, Folder 8; Richard A. Feiss, „Personal Relationship as a Basis of Scientific Management," American Academy of Political and Social Science, *Annals* 65 (May 1916), S. 27-56; H.H. Wheaton, „Survey of Adult Immigrant Education," *Immigrants in America Review* 1, 2 (June 1915), S. 63; John R. Commons, „Lizzie Likes Her Job," *Independent* 104 (6.11.1920), S. 184, 202-204.

177 *Harvester World* 3 (March 1912), S. 31, zit. in Gerd Korman, *Industrialization, Immigrants, and Americanizers: The View from Milwaukee, 1865-1924* (Madison: State Historical Society of Wisconsin, 1967), S. 144-145. Andere Lehrbuch-Texte waren allerdings nicht so drastisch wie der hier zitierte, vgl. Peter Roberts, *English for Coming Americans. Advanced Course* (New York: Associated Press & YMCA,

Die organisierte Arbeitnehmerschaft versuchte, sich der unterdrückerischen Methoden zur Amerikanisierung zu widersetzen und rief zur „Amerikanisierung der Löhne und Arbeitsbedingungen" auf. Insbesondere Gewerkschaften, in denen neu eingewanderte Arbeiter vertreten waren, bestritten die Theorie der Arbeitgeber, Streiks seien etwas Unamerikanisches. Während etablierte Gewerkschaften und der Gewerkschaftsdachverband American Federation of Labor Distanz zu den Neu-Einwanderern hielten, wurden sie von den United Mine Workers und einigen anderen Gewerkschaften auf gleichberechtigter Basis aufgenommen.[178]

Das offensichtlich extreme Beispiel aus dem Amerikanisierungslehrbuch der Industrie fand seine Entsprechung in anderen Lehrbüchern, in denen der Alltag eines amerikanischen Industriearbeiters thematisiert und in bestimmter Weise idealisiert wurde. Bestimmte Verhaltensnormen wie Zuverlässigkeit, Ehrlichkeit, Gehorsam gegenüber Vorgesetzten wurden auch in dem Lehrbuch, das die amerikanische Bundesregierung offiziell verbreitete und das nach Vorlagen aus der Industrie vom Amerikanisierungsbüro des Staats Massachusetts zusammengestellt worden war, zu vermitteln versucht, wie das folgende Beispiel illustriert:

Taking Directions from the Overseer

One day the overseer was walking through the plant. He saw some men gathered around a machine. They were talking to the man who was running it.

The overseer spoke sharply to them. He sent them back to their work. Some of the men did not like to be bossed by this overseer. They grumbled about it.

The next day the same men were pushing and fooling near a machine in motion. The overseer again spoke to them. One man said he could take care of himself.

The overseer wa a kindly man. He did not get angry. He said, "Now, boys, you have disobeyed the rules twice. You could be discharged. You may be hurt by your carelessness. I am really your friend. I am warning you. You are too good workers to lose. But you must obey rules. You must take orders from me. Let's be fair with each other." He walked away.

The men were quiet. They were thinking.

1920). Vgl. Paul McBride, „Peter Roberts and the YMCA Americanization Program, 1907-World War I," *Pennsylvania History* 44, Nr. 2 (1977), S. 145-162; Stephen Meyer, „Adapting the Immigrant to the Line: Americanization in the Ford Factory," *Journal of Social History* 14 (1980), S. 67-82; Herrmann, *„Be an American!"*, S. 84-93.

178 John Daniels, *America Via the Neighborhood* (New York: Harper, 1920), Kap. 10; William Leiserson, *Adjusting Immigrants and Industry* (New York, 1924), Kap. 9-12; Edward G. Hartmann, *The Movement to Americanize the Immigrant* (New York: AMS Press, 1948), S. 140-146; Herrmann, *„Be an American!"*, S. 123-125.

Albert said, "He is right, boys. We must follow the rules better. Those rules are for our safety. We must respect those above us. It pays. We will have a pleasant 'Good morning' for the overseer tomorrow. He will understand. He is a good fellow."[179]

Im gleichen Buch waren neben Lektionen zum praktischen Alltag (auf dem Markt, in der Bank, beim Postamt usw.) Lektionen zum Verhältnis der Bürger zum Staat, zur Loyalität, zum „guten" Staatsbürger, Lincolns Geburtstag, zur Kommunalverwaltung, zur Nationalhymne. In den einfach gefaßten Texten wurden die Verhältnisse stark idealisiert dargestellt; im Verhältnis vom Bürger zum Staat wurden erneut die Werte Gehorsam, Pflichtbewußtsein, Gemeinwohl vor Eigeninteresse vermittelt, wie die Lektion zum „guten" Staatsbürger zeigt:

The Good Citizen

Mr. Brown met Mr. White on the street. Mr. Brown said, "I have been reading that they intend to build some school buildings."

"Yes," said Mr. White, "it will take a great deal of money."

"It will cost money, of course," said Mr. Brown, "but we must give our children the best chance for an education."

"I suppose you will vote for Mr. Jones for member of the school board,"said Mr. White. "he is a good friend of yours."

"He is my friend, but I do not think he would make a good officer," said Mr. Brown. "I shall vote for Mr. Smith, for he is a better man for the office."

On the day of the election Mr. Brown voted. He was very busy, but he thought every voter should do his duty by voting.

That night he said to his wife, "It will cost a great deal of money to carry on the work of this city next year. Our taxes will be higher. But we will get much in return. My tax alone would give me this. The city serves us well because all work together."[180]

Die Unterteilung einzelner Lektionen nach Texten für Männer und Texten für Hausfrauen machte es möglich, in den Lektionen auf die unterschiedlichen Sphären einzugehen, so waren die Texte für Frauen auf die Sphäre des Haushalts und der Familie abgestimmt; gesellschaftliche oder gar politische Aspekte hatten jedoch eine größere Bedeutung als in vergleichbaren Lehrtexten von 1915 oder früher. Die große Bedeutung in Gesellschaft und Wirtschaft, die Frauen während des Krieges gewonnen hatten, sowie die Verabschiedung des 19. Amend-

179 U. S. Bureau of Naturalization, *Federal Citizenship Textbook*. A Course of Instruction for Use in the Public Schools by the Candidate for Citizenship. 2 Bände (Washington: GPO, 1921/22), S. 105.

180 *Federal Citizenship Textbook* 1921, S. 129.

ments (Frauenwahlrecht) 1919 machten eine Behandlung staatsbürgerlicher Themen auch durch Frauen erforderlich.[181]

Die Bemühungen der Führer von Einwanderergruppen und der wachsenden Einwanderer-Mittelschicht zur Amerikanisierung ihrer Landsleute waren geprägt von dem Interesse, den eigenen Status sowohl in der amerikanischen Gesellschaft als auch innerhalb ihrer jeweiligen Einwanderergruppe zu erhalten und zu festigen. Sie versuchten daher Amerikanisierung in einigen Aspekten wie Sprache und Loyalität zu verbinden mit der Erhaltung der Struktur der spezifischen Nationalitätengruppe.

Viele prominente Geldgeber der „Educational Alliance" in New York waren deutsch-jüdischer Abstammung. Sie fürchteten ein Anwachsen und Aufbrechen des weitverbreiteten, doch zumeist latenten Antisemitismus in der amerikanischen Gesellschaft für den Fall, daß sich die neuen jüdischen Einwanderer aus Osteuropa als unfähig oder unwillig für eine zügige Assimilation zeigen sollten. Sie organisierten daher Bildungsangebote, die Kurse in Englisch und amerikanischer Geschichte verbanden mit jüdischem Religionsunterricht und Druck auf die neuen Einwanderer, ihr Äußeres und ihre Lebensgewohnheiten anzupassen. David Blaustein, der Leiter der Educational Alliance setzte darauf, eine bestimmte Art jüdischer Identität, die sich deutlich abhob von den Traditionen der meist orthodoxen osteuropäischen Juden, mit einem strammen Patriotismus für die Vereinigten Staaten zu verknüpfen.[182] Die Einbindung der etablierten Einwanderer in die Amerikanisierungskampagnen und in die Mobilisierung für den Krieg, insbesondere in die Kampagnen zum Verkauf der *Liberty Bonds*, war ein weiteres Zeichen für ihr offensichtliches Streben, ihre Position in ihrer Nationalitäten-

181 Zum Vergleich etwa California Commission of Immigration and Housing, *Home Teachers' Manual* (Sacramento, 1915).

182 David Blaustein, „From Oppression to Freedom," *Charities* 10 (Apr. 4, 1903), S. 337-343; Isaac B. Berkson, *Theories of Americanization. A Critical Study with Special Reference to the Jewish Group* (New York: Columbia University Teachers College, 1920), S. 57f.; *Charities* 12 (Feb. 6, 1904), S. 120; *Charities and the Commons* 19 (Oct. 19, 1907), S. 888; und *Survey* 28 (Sep. 21, 1912), S. 759; Cary Goodman, „(Re) Creating Americans at the Educational Alliance," *Journal of Ethnic Studies* 6, 4 (Winter 1979), S. 1-28; und Joseph Dorinson, „The Educational Alliance: An Institutional Study in Americanization and Acculturation," in Michael D'Innocenzo and Josef Sirefman, eds., *Immigration and Ethnicity: American Society—"Melting Pot" or „Salad Bowl"?* (New York: Greenwood, 1991), S. 93-108; Herrmann, *„Be an American!"*, S. 36-41.

gruppe zu erhalten, ohne den sozio-ökonomischen Status zu gefährden, den sie in der amerikanischen Gesellschaft erreicht hatten.[183]

Eiserne Nationalisten und selbst-erklärte Patrioten betrachteten die neuen Einwanderer vor allem als Bedrohung für die amerikanische Kultur und fürchteten um die Einheit und Stärke der amerikanischen Nation. Die von Präsident und Kongreß einberufene Einwanderungskommission unter dem Vorsitz des Einwanderungsgegners William P. Dillingham hatte 1911 in ihrem Bericht festgehalten, daß die Assimilation eine unbedingte Notwendigkeit sei. Dabei hatte die Kommission Assimilation als das Erlernen der englischen Sprache, die Annahme der amerikanischen Staatsbürgerschaft und den Besitz eines eigenen Hauses definiert. Letzteres Kriterium war eine an die Zeit und die veränderten Umstände (die Einwanderung konzentrierte sich nunmehr auf die Städte) angepaßte Variante des Grundbesitzes als Voraussetzung für die Gewährung des Wahlrechts in vielen Einzelstaaten bis weit ins 19. Jahrhundert.[184] Nach den von der Dillingham-Commission definierten Kriterien hatten sich viele besonders der neueren Einwanderer aus Süd- und Osteuropa nicht assimiliert, woraus Nationalisten wiederum folgerten, daß diese Nationalitäten als Einwanderer in die USA nicht willkommen waren.[185]

Einige der durch den Kriegsbeginn in Europa gestärkten patriotischen und militaristischen Organisationen wollten die Einwanderer vor die einfache Alternative stellen, entweder loyal zu den USA zu stehen und sich zu assimilieren oder das Land sofort wieder zu verlassen. Nicht wenige der „superpatriots" plädierten während des Krieges und auch danach für die Anwendung von repressiven Maßnahmen, um das vorgegebene Ziel der Assimilation und größeren Loyalität zu erreichen. 1915 forderte der renommierte General Leonard Wood die Einführung der allgemeinen Wehrpflicht für eine erhöhte militärische Abwehr-

---

183 Ein Beispiel für diese Einstellung ist etwa die Einbindung von Repräsentanten der Einwanderergruppen in die Amerikanisierungskampagnen in Cleveland 1917 und 1919, Herrmann, *„Be an American!"*, S. 268-295; zum Begriff der „immigrant middle class" siehe John Bodnar, *The Transplanted* (Bloomington: Indiana UP, 1985), S. 117-143.

184 Vgl. oben der Abschnitt „Wahlrecht", Seite 132ff. – Eine vollkommen andere Definition von „Amerikanisierung" legte die jüngste Einwanderungskommission in ihrem Bericht von Oktober 1997 vor, vgl. unten der Abschnitt „Einwanderungsrecht und Einwandererintegration 1960-2000", Seite 227ff.

185 U. S. Immigration Commission, *Report* (Washington, 1911), Bd. 1, S. 14 (Dillingham-Report), vgl. Fuchs (1983), Herrmann, *„Be an American!"*, S. 61-65.

bereitschaft, um die Einwanderer besser an die amerikanische Gesellschaft zu assimilieren. 1918 verbot der Gouverneur des Staates Iowa den Gebrauch der deutschen Sprache in der Öffentlichkeit, während das Unterrichtsfach Deutsch in den meisten Schulen des Landes bereits abgeschafft worden war. Nach dem Krieg wurden Einwanderer, denen die Unterstützung radikalen Gedankenguts vorgeworfen wurde, verfolgt, und einige von ihnen, darunter Emma Goldman und Alex Berkman, deportiert. Die Patrioten verknüpften kulturelle Assimilation mit der Loyalität, was gut illustriert wird durch die Anschuldigung der Präsidentin der Daughters of the American Revolution anläßlich ihrer Jahrestagung 1919: „What kind of an American consciousness can grow in the atmosphere of sauerkraut and Limburger cheese, or what can you expect of the Americanism of the man whose breath always reeks with garlic?“[186]

Der Beginn des Ersten Weltkriegs und die patriotische Atmosphäre, die die nationale Einheit zum zentralen Leitgedanke erhoben, hatten eine merkwürdige und instabile Koalition zur aktiven Amerikanisierung der Einwanderer zwischen den oben beschriebenen Gruppen herbeigeführt. Die elementaren Unterschiede zwischen den langfristigen Zielen der Gruppierungen wurden hinter dem scheinbar allumfassenden, aber vagen Begriff „Amerikanisierung“ kaum sichtbar.

Der Wunsch nach nationaler Einigkeit, der in den ersten Kriegsmonaten stark gewachsen war, war ein idealer Ansatzpunkt für die Arbeit der Bürokraten, die die zivile Mobilisierung für den Krieg im Committee on Public Information, im National Council of Defense und anderen Behörden auf Bundes-, Einzelstaats- und besonders auf örtlicher Ebene organisierten. Sie neigten zu einem pragmatischen Umgang mit Einwanderern, da sie sehr klar umrissene Ziele verfolgten und sich nicht um die allgemeinen langfristigen Ziele der Amerikanisierungsarbeit kümmerten. Mit dieser Einstellung unterschieden sie sich deutlich von solchen Bundesbehörden wie dem Bureau of Education und dem Bureau of Naturalization.

Behörden wie George Creels Committee on Public Information (CPI) bemühten sich nicht nur, Repräsentanten von Einwanderergruppen in die Mobilisierung einzubinden, sondern versuchten auch, Helden der wichtigen Einwanderernationalitäten in die Gründungsmythen der Vereinigten Staaten einzubauen. Die Betonung universalistischer Werte

186 Daughters of the American Revolution, *Annual Report* (1919), S. 199.

und demokratischen Gedankenguts in der Propagandaschlacht gegen die Achsenmächte ließ sich zwar aus den amerikanischen politischen Traditionen ableiten, doch halfen sie gleichfalls, mögliche Konflikte zu vermeiden zwischen den Gruppen der verschiedenen Einwanderernationalitäten und ebenso zwischen Unternehmern und Arbeiterschaft.

Das CPI verbreitete Materialien in regelmäßigen Bulletins, die zur Vorbereitung der Propaganda-Mitarbeiter im ganzen Land dienten. Zum Teil enthielten die Bulletins direkte Vorlagen für Reden vor unterschiedlichen Teilen der Bevölkerung. Der Inhalt von Bulletin Nr. 33, „The Meaning of America", das Ende Juni 1918 verbreitet wurde, war vornehmlich für ein Publikum mit hohem Anteil an Einwanderern gedacht. Es sollte die krassen Unterschiede zwischen der freiheitlichen Demokratie der USA und der Autokratie Preußens hervorheben und somit die Kriegführung gegen die Feinde der Demokratie legitimieren. Die Demokratie nach amerikanischem Muster sei, so das Bulletin, weniger eine Staatsform als eine Lebensform, die vor allem durch Elemente wie die freie Bildung und die unbegrenzten Möglichkeiten überzeuge. Als Kontrast zur Demokratie wurde erneut die Klassengesellschaft Deutschlands entgegengestellt. Besondere Betonung legten die Autoren auf den egalitären Charakter der amerikanischen Gesellschaft: Zum einen gebe es keinerlei Privilegien für irgend jemanden, zum anderen gebe es nicht wie in Preußen ein Klassenwahlrecht, in dem die Stimme eines reichen Mannes soviel zählte wie von tausend Arbeitern.

Die Ansprache sollte damit die Einwanderer und die gebürtigen Amerikaner als *Individuen* für die Sache der Demokratie (und damit Amerikas) gewinnen. Sie ist auch ein gutes Beispiel für die Strategie des CPI, die bestehenden Gegensätze und Konfrontationen zwischen den verschiedenen Einwanderernationalitäten und den gebürtigen Amerikanern in einer Harmonie auf höherer Ebene aufzulösen. Nun plötzlich, nachdem in den Monaten und Jahren zuvor in der Öffentlichkeit ständig die Bedrohung durch die nicht-assimilierten Einwanderer bekräftigt worden war, wurde wieder der Schmelztiegel beschworen:

No more Hyphens in America.

A result of this war will be a wonderful amalgamation of races within America. The melting pot is boiling now.

At this time we know only Old Americans and New Americans. The hyphen is gone. It changed to vapor in the melting pot.

No American may owe a secret heart allegiance to some foreign country. This is home. Here are our ties, and the ties of all those we love most.

> There may be sentiment, justly so, for the former home. Even if you fled from a tyranny over there. All the finer sentiment, if you yearn to see the old folks freed from tyranny and living amid the blessings of liberty that you enjoy. But America must come first in your inner heart.[187]

Dieses Beispiel zeigt das oberste Anliegen des CPI im Hinblick auf die Einwanderer: Jegliche Auseinandersetzungen sollten um der nationalen Einheit willen vermieden werden. Die Kampagnen um die Abwehrbereitschaft und um die „Hyphenated“ in den Jahren 1915 und 1916 hatte viele Gräben aufgerissen; und das CPI war bemüht, diese so gut wie möglich wieder zuzuschütten. Die Beschwörung des Schmelztiegels erinnert dabei auffällig an die vor dem Krieg kursierenden romantischen Vorstellungen, nach denen am Ende des Schmelzprozesses ein harmonisches, ja paradiesisches Ziel erreicht werden könnte.[188] Anders als in den Schmelztiegel-Darstellungen vor dem Kriege hatten nun explizit die Traditionen der Einwanderernationalitäten, verkörpert durch die Helden der verschiedenen Nationen, die im Laufe des 18. und 19. Jahrhunderts für Freiheit und Demokratie eingetreten waren, ihren Platz. In einem kursorischen Durchgang durch die amerikanische Geschichte wurden die Beiträge von Einwanderern unterschiedlicher Nationalitäten zur Demokratieentwicklung erläutert, ebenso die Fortschritte auf dem Weg zur Demokratie in europäischen Ländern. Diese Parallelität korrespondiert mit dem Bestreben der liberalen Progressiven Wilson und Creel, im Gleichklang die amerikanische Demokratie *unter Einschluß der Einwanderer* zu vervollkommnen und die Botschaft der Demokratie in aller Welt zu verbreiten. In Bulletin Nr. 33 für die „Four Minute Men“ wurde spezifisch Bezug genommen auf Männer wie Carl Schurz und Francis Lieber, auf den Ungarn Louis Kossuth, auf den Franzosen Lafayette, auf die Italiener Mazzini und Garibaldi. Andere Schriften nahmen Bezug auf Helden der Polen, Griechen, Skandinavier. Einige der Helden dienten auch als Vorlage für Plakate, die unter den Einwanderern für die Mobilisierung warben.[189]

---

187 Committee on Public Information, Division of Four Minute Men, Bulletin Nr. 33 „The Meaning of America,“ 29.6.1918. Alfred E. Cornebise, *War As Advertised: The Four Minute Men and America's Crusade, 1917-1918* (Philadelphia: American Philosophical Society, 1984)., S. 135-137.

188 Vgl. Herrmann, *„Be an American!“*, Kap. 1.1.

189 Bulletin Nr. 33, S. 8-13. Hierzu Alfred E. Cornebise, *War As Advertised: The Four Minute Men and America's Crusade, 1917-1918* (Philadelphia: American Philosophical Society, 1984), S. 135-137, vgl. Shawn Aubitz und Gail Stern, „Ethnic Images in

Die Mobilisierung für den Krieg machte somit eine Neudefinition der amerikanischen nationalen Identität erforderlich, nämlich einer Identität, in der sich die bedeutendsten Gruppen der Bevölkerung wiederfinden konnten. Die Strategie des CPI baute auf der Tatsache auf, daß die

World War I Posters," *Journal of American Culture* 9, 4 (1986), S. 83-98; Vgl. John Higham, *Strangers in the Land* (New Brunswick, N.J.: Rutgers UP, 1955), S. 252.

Einwanderer (noch) nicht durch den Rückgriff auf die amerikanische Geschichte und ihre Helden, ob Washington, Jefferson oder Lincoln, erreicht werden konnten, sondern zuvorderst durch die Bezugnahme auf die Geschichte und Kultur des Herkunftslandes der Einwanderer.

Das vom CPI vermittelte Ideal der amerikanischen Nation schloß daher Einwanderer als Teil ihrer nationalen Gruppen mitsamt ihrer Traditionen ein, sofern sie nicht explizit amerikanischen Vorstellungen widersprachen. Nach diesem Ideal waren die Einwanderer nicht mehr nur verwandelte Individuen nach dem Schmelztiegel-Ideal, wie es am deutlichsten die Amerikanisierungsfeiern der Englischkurse der Firma Ford in Detroit zum Ausdruck gebracht hatten.[190] In Cleveland, dessen Bevölkerung zu drei Vierteln aus Einwanderern und ihren Kindern bestand, manifestierte sich diese Wandlung des nationalen Ideals unter anderem in der großen Demonstration zum 4. Juli 1918, als 75 000 Einwanderer ihre Loyalität zu Amerika bekundeten. Der Zweck der Demonstration war nicht allein die Loyalität der *Individuen*, sondern die Loyalität der nationalen *Gruppen* zu zeigen. Nach dem Krieg wurden zur Bekräftigung des neuen Selbstverständnisses die sogenannten Cleveland *Cultural Gardens* angelegt, wo die verschiedenen Einwanderergruppen ihrer eigenen Helden durch die Errichtung von Denkmälern gedachten. Die weitere Entwicklung gerade in Cleveland wies jedoch darauf hin, daß das Verständnis der nationalen Identität weiteren Veränderungen ausgesetzt war: Waren es zur Zeit des Ersten Weltkriegs und in den zwanziger Jahren noch überwiegend Personen aus der Geschichte und Kultur des Herkunftslandes, durch die die Nationalitätengruppen ihr ethnisches Bewußtsein ausdrückten, so wurden es in den dreißiger und vierziger Jahren mehr und mehr Personen, die den *amerikanischen* Teil ihrer Geschichte repräsentierten, bis hin zu dem Punkt, an dem ethnische Gruppen ihre kollektive Erinnerung bewußt in den größeren Rahmen der amerikanischen Geschichte stellten.[191]

Das CPI verstand es also geschickt, in der Propaganda eine Interessensidentität von Einwanderernationalitäten und der amerikanischen Nation als ganzer im Hinblick auf das Selbstbestimmungsrecht der Völker und die Fortentwicklung der Demokratie zu konstruieren. Eine ähnliche Strategie betrieb das CPI mit Blick auf die Gegensätze zwischen

---

190 Vgl. Herrmann, *„Be an American!"*, Kap. 2.2.

191 John Bodnar, *Remaking America. Public Memory, Commemoration, and Patriotism in the Twentieth Century* (Princeton: Princeton UP, 1992), S. 96-106. Zu Cleveland Herrmann, *„Be an American!"*, Kap. 5.

Unternehmern und Arbeitern. Creel bemühte sich nach Kräften, Arbeitskämpfe und Streiks zu vermeiden. Zu diesem Zweck stand er in engem Kontakt mit Gewerkschaftsführern wie Samuel Gompers und Frank P. Walsh. Creel wehrte sich aber nicht immer erfolgreich gegen den Versuch von Unternehmern, von ihren Arbeitern Überstunden und zusätzliche Belastungen als Dienst am Vaterland abzufordern. Gegenüber Frances Kellors National Americanization Committee kritisierte Creel, daß von eingewanderten Arbeitern häufig besondere Beweise für ihren Patriotismus und ihre erfolgreiche Amerikanisierung abverlangt würden.[192]

Im Gegensatz zur Arbeit von CPI, Council of National Defense und den anderen Mobilisierungsorganisationen standen die Aktivitäten der ständigen Behörden für Bildung und Einbürgerung im Innen- bzw. Arbeitsministerium. Deren Interesse bestand darin, die (gefährdete) Existenz der eigenen Behörde zu sichern. Die Wichtigkeit der Behörden wurde versucht zu betonen, indem die Aufgabe der Amerikanisierung der Einwanderer als übergroß beschrieben und die eigenen Beiträge dazu übertrieben dargestellt wurden. Deshalb wurde die Gefährdung der amerikanischen Gesellschaft durch Einwanderer übertrieben, und die potentiellen positiven Effekte der Amerikanisierungsarbeit dieser Behörden wurden betont optimistisch dargestellt.[193]

Im konkreten Fall von Bureau of Education und Bureau of Naturalization hatte die Amerikanisierungsarbeit eine ganz bestimmte *Funktion* zu erfüllen; das Bild des idealen Amerikaners wurde indirekt daraus definiert.

Während des Krieges wurden Patriotismus und unkritische Loyalität als wichtigste Eigenschaften der neuen Staatsbürger betrachtet. Diese Qualitäten sollten sich zeigen in Opferbereitschaft, dem Kauf von Kriegsanleihen und der Denunzierung potentieller Verräter. Die öffentlichen Kampagnen für Kurse in Englisch und Staatsbürgerkunde waren von

---

192 James R. Mock und Cedric Larson, *Words that Won the War. The Story of the Committee on Public Information, 1917-1919* (Princeton: Princeton UP, 1939), S. 198-212. Eine dem CPI vergleichbare Politik gegenüber den Einwanderern betrieben die *Liberty Loan*-Kampagne des Finanzministeriums und das Kriegsministerium in seiner Bildungsarbeit für Rekruten, Herrmann, *„Be an American!“*, S. 152-154.

193 Raymond Moley, „Schooling in Citizenship,“ in Frank V. Thompson, *The Schooling of the Immigrant* (New York: Harper, 1920), S. 347-350; John F. McClymer, „The Americanization Movement and the Education of the Foreign-Born Adult, 1914-1925,“ in Bernard J. Weiss (ed.), *American Education and the European Immigrant: 1840-1940* (Urbana etc.: University of Illinois Press, 1982), S. 99-102.

patriotischer Rhetorik geprägt. Besonders augenfällig ist die Entwicklung des Bildes vom idealen amerikanischen Staatsbürger, wenn man die Veränderung der Bewertung der deutschen Einwanderer in den Augen der amerikanischen Öffentlichkeit betrachtet. Um die Jahrhundertwende entsprachen die deutschen Einwanderer ziemlich exakt dem Idealbild des eingewanderten Amerikaners, wie es unter anderem von der Dillingham-Commission formuliert worden war: ökonomisch strebsam, was sich z. B. an einem hohen Anteil an Hausbesitzern ablesen ließ, mit guten Englisch-Kenntnissen, und mit einer hohen Einbürgerungsrate. Diese Einschätzung der amerikanischen Öffentlichkeit spiegelte sich auch wider in den ersten Amerikanisierungsprogrammen aus der Zeit der Jahrhundertwende: Die Zielgruppen waren eindeutig die neuen Einwanderer aus Süd- und Osteuropa, und der Schwerpunkt der Amerikanisierungsbewegung lag in den Metropolen mit den meisten neuen Einwanderern wie New York, Boston, Detroit, Chicago, Cleveland und Philadelphia, und nicht in den Zentren deutscher Einwanderung wie Milwaukee oder Cincinnati oder auf dem Lande.

Die Veränderung im Bild vom idealen Amerikaner während des Ersten Weltkriegs brachte eine Schwerpunktverlagerung der Amerikanisierungsarbeit mit sich. Vor allem die Rhetorik mit Schlagworten wie „America First“ richtete sich nun gegen die angeblich oder tatsächlich illoyalen Einwanderer. Gouverneure und andere Offizielle aus den Staaten des mittleren Westens und des Nordwestens sahen mit der Anwesenheit tausender deutscher Einwanderer nun auch ein Amerikanisierungsproblem in ihren Staaten. Neben der Abschaffung von Deutsch als Unterrichtssprache und teilweise auch als Unterrichtsfach führte die Hysterie über die Illoyalität der deutschen Einwanderer bis zum Verbot des öffentlichen Gebrauchs der deutschen Sprache in Iowa durch den dortigen Gouverneur, William L. Harding.[194]

In der Nachkriegszeit veränderten sich erneut die Konturen im Bild des idealen Amerikaners. War schon der deutsche „Hunne“ während des Krieges ein Anti-Bild zum idealen Amerikaner, so wurde es nach dem Krieg der Idealtypus des Revolutionärs. Die nach Justizminister Mitchell Palmer genannten Palmer-Raids führten zur Unterdrückung und teilweisen Ausweisung von Einwanderern wie Alex Berkman und Emma Goldman, die des Bolschewismus oder Anarchismus verdächtigt wurden. Das Bild des idealen Amerikaners wurde in allererster Linie negativ

194 Vgl. Herrmann, *„Be an American!“*, S. 160-164, 175.

definiert – in Abgrenzung vom Idealtypus des Revolutionärs. Der Abgeordnete Emerson kündigte im Februar 1919 im Kongreß die Einbringung zweier Gesetzentwürfe zur Bevorzugung von Veteranen und zur Deportierung „amerikanisierungsunwilliger" Einwanderer an, wofür er im Repräsentantenhaus großen Beifall erhielt:

To think of an American soldier, sailor, or marine returning from France walking the streets of the cities of this country in idleness and seeing some alien slacker holding a profitable position is scandalous. What we ought to do in this country is to start an Americanization scheme. If we had been prepared socially, educationally, and in a military way we would never have had to enter this war with Germany, and the nearly 60,000 brave American boys who now sleep in France would be here. I believe in giving a preference to the soldier, the sailor, or the marine, and the citizen of this country, over any alien who comes here to infest this country with anarchy and Bolshevism and the I-won't-work-stuff. I believe in giving employment to the soldier who does not belong to the I-won't-work class, and who does not only belong to the I-will-work class but who belongs to the I-will-fight class.[195]

Auch die Presse arbeitete mit entsprechenden Gegenüberstellungen. Nach gewaltsamen Ausschreitungen zwischen Mai-Demonstranten und Mitgliedern patriotischer Vereinigungen am 1. Mai 1919 in Cleveland konstruierte die Tageszeitung *Cleveland Plain Dealer* als den fundamentalen Gegensatz den Kontrast zwischen dem in Amerika entstandenen Amerikanismus und den angeblich importierten radikalen Ideologien:

Destructive Radicalism, whatever may be its momentary designation, is an imported menace. It springs from the soil of oppression, not from the soil of free America. The danger is lest transplanted here through the leniency of our immigration laws, it may take root and thrive. It will certainly do so unless Americanism becomes a militant faith, unless Americans are ready to defend under any and all circumstances that [sic] doctrines that underlie the republic.[196]

Hinsichtlich der Einwanderer selbst wurde gerne eine Unterscheidung zwischen zwei Idealtypen gemacht: Der gutwillige, eifrige, letzlich aber etwas naive Mensch einerseits und der nach Revolution strebende Anarchist oder Kommunist auf der anderen Seite, dessen Ziel es war, andere Einwanderer zu beeinflussen und mit deren Unterstützung die amerikanische Gesellschaftsordnung zu zerstören.

---

195 *Congressional Record* 65th Congress, 3rd Session, Teil 3, 8.2.1919, S. 3026.

196 Cleveland *Plain Dealer* 3.5.1919; zu den Mai-Unruhen in Cleveland, den Reaktionen in Öffentlichkeit und bei den Amerikanisierern siehe Herrmann, *„Be an American!"*, Kap. 5.4.

Die Debatten um die „Amerikanisierung" bestätigen zwar den Kern der Ideen vom idealen Staatsbürger, die sich bereits in den Auseinandersetzungen um das Wahlrecht und den Staatsbürgerstatus von Indianern und asiatischen Einwanderern herauskristallisiert hatten. Sie belegen jedoch auch, wie unterschiedliche gesellschaftliche Gruppen einzelnen Elementen des Konzepts vom idealen Staatsbürger besondere Gewichtung gaben. Zudem zeigt sich, daß einige Aspekte aus dem Idealbild in konkreten historischen Situation eine Zuspitzung erhielten. „Loyalität" wurde zum alles dominierenden Prinzip des idealen Amerikaners während des Krieges. Vor dem Krieg hatten vor allem deutsche Einwanderer die Rolle der vorbildlichen Einwanderer und neuen Staatsbürger inne, die sie dann nach der Versenkung der „Lusitania" 1915 schlagartig verloren.

Einwanderungs- und Einbürgerungsrecht im 20. Jahrhundert

Im ersten Drittel des 20. Jahrhunderts stand die amerikanische Einwanderungsgesetzgebung im Zeichen der quantitativen Reduktion und der nationalitätssprezifischen Exklusion. Die Einwanderung sollte insgesamt deutlich reduziert und Menschen bestimmter Nationalitäten vollständig oder fast ganz von der Einwanderung in die USA ferngehalten werden. Mit den Gesetzen von 1917, 1921 und 1924 wurden Asiaten vollständig von der Einwanderung ausgeschlossen; die Einwanderung von Süd- und Osteuropäern wurde durch die Quotengesetze von 1921 und 1924 stark beschnitten. Als Obergrenze für die Einwanderung waren 1924 150 000 Visa pro Jahr festgesetzt worden, eine Zahl, an der sich im Grundsatz bis 1965 nichts änderte. Die Nationalitäten-Quoten richteten sich nach dem Anteil der jeweiligen Nationalität an der Gesamtbevölkerung der USA auf der Grundlage der Volkszählung von 1890. Diese scheinbare Gleichbehandlung bedeutete faktisch eine Benachteiligung der Chancen von Einwanderern aus Süd- und Osteuropa. Während 1921 etwa 95 000 Polen und 220 000 Italiener in die USA einwanderten, waren es in den drei folgenden Jahren durchschnittlich 28 000 bzw. 46 000. Nach 1924 kamen nur noch 8 000 Polen und 15 000 Italiener jährlich; dagegen wurden die ohnehin hohen Quoten für Einwanderer aus Deutschland, den britischen Inseln und Skandinavien kaum ausgeschöpft.[197]

Die diskriminierende Quotengesetzgebung und der gänzliche Ausschluß der Asiaten wurden mit der langsameren bzw. nicht möglichen Assimilation der Einwanderer begründet. Die von Präsident und Kongreß gemeinsam einberufene Einwanderungskommission („Dillingham Commission“) hatte in ihrem Abschlußbericht von 1911 festgestellt, daß sich die sogenannten Einwanderer aus Süd- und Osteuropa langsamer assimiliert hätten als die Nationalitäten der „alten Einwanderung“ vor 1880. Als Kriterien für Assimilation hatte die Kommission Einbürgerung, Englischkenntnissen, Schulbesuch und Hausbesitz benutzt. Die Untersuchungsmethoden waren jedoch so gewählt, daß die Ergebnisse und die daraus formulierten Schlußfolgerungen weitgehend den politischen Forderungen der *Restrictionists* entsprachen. Die *Restrictionists*

197 Roger Daniels, *Coming to America: A History of Immigration and Ethnicity in American Life* (New York: Harper-Collins, 1990), S. 291.

waren eine gut organisierte Lobby-Gruppe, die unter Rückgriff auf rassistische Theorien die drastische Beschränkung der Einwanderung forderten. Nachdem sie mit ihren Gesetzes-Initiativen für einen diskriminierenden Lesetests dreimal erst am Veto eines Präsidenten gescheitert waren, gelang es ihnen 1917 eine Zweidrittel-Mehrheit im Kongreß zu mobilisieren, die das Veto Woodrow Wilsons überstimmte.[198]

Die *Restrictionists* hatten ihre Basis unter Intellektuellen in Neu-England, die durch die weitere Zuwanderung einen Bedeutungsverlust des britisch-angelsächsischen Elements in der amerikanischen Bevölkerung befürchteten. Sie untermauerten ihre Argumentation dabei mit Untersuchungsergebnissen, die Einwanderer aus Süd- und Osteuropa, mit denen sie die „Übel" wie Kriminalität, Schmutz, Geisteskrankheit, politische Korruption verbanden, könnten Amerika majorisieren.[199]

So ging nach Berechnungen des Statistikers Francis A. Walker die Geburtenrate der Amerikaner britischer und nordwesteuropäischer Herkunft parallel zur wachsenden Einwanderung aus Süd- und Osteuropa zurück, woraus Walker einen Kausalnexus herstellte. Ebenso konstruierte er einen kausalen Zusammenhang zwischen dem Zustrom neuer Arbeitskräfte einerseits und niedrigeren Löhnen und erhöhter Arbeitslosigkeit andererseits. Diese Darstellung erschien gerade durch ihre Verknüpfung mit rassistischen Argumenten plausibler. Die Bevölkerung war hierfür besonders empfänglich, seitdem sich die wirtschaftliche Situation durch die Konjunkturkrise 1893 erheblich angespannt hatte.[200]

Die *Restrictionists* unterschieden sich in ihrer Rhetorik deutlich von den Sozialdarwinisten. Sie lehnten das Laissez Faire-Prinzip ab und bekannten sich offen zum Rassismus. Durch die bewußte Auswahl von „erwünschten" Einwanderern und dem Ausschluß von „unerwünschten" Einwanderern bestand nach Überzeugung von Prescott Hall, dem Geschäftsführer der *Immigration Restriction League*, die einmalige Möglichkeit, über eine aktive Bevölkerungspolitik eine „bessere Gesellschaft" zu schaffen. Hall stellte die Auswahl von Einwanderern auf eine Ebene mit Methoden zur künstlichen Züchtung von Tieren. Wie die

198 Dietrich Herrmann, *„Be an American!" Amerikanisierungsbewegung und Theorien zur Einwandererintegration* (Frankfurt/M.: Campus, 1996), S. 32-36, 62-63.

199 Siehe hierzu vor allem Prescott F. Hall, „Selection of Immigration," American Academy Political and Social Science, *Annals* 24 (1904), S. 169-184; und ders., *Immigration and Its Effects upon the United States* (New York: Holt, 1906).

200 Francis A. Walker, „Immigration and Degradation," *Forum* 11 (Aug. 1891), S. 634-644.

Eugeniker argumentierte er für die Reglementierung von Eheschließungen und die Ausmerzung derjenigen „unfit *for other purposes than for mere survival*".[201] Es war klar, daß die *Restrictionists* unter Führung Halls die ihrer Überzeugung nach minderwertigen Einwanderer aus Süd- und Osteuropa auszuschließen gedachten. Hall formulierte Kriterien für „unerwünschte Einwanderer", nämlich fehlende Bildung, Armut, kriminelle Neigungen, Abneigung gegen das Leben auf dem Lande und somit Neigung zur Ansiedlung in den Slums der Großstädte, niedrigster Lebensstandard und fehlender Ehrgeiz, geringe Assimilationsfähigkeit sowie mangelndes Interesse an Amerika.[202]

Um den Kontrast zwischen den als „unerwünscht" bezeichneten Einwanderern aus Süd- und Osteuropa und den Einwanderern aus den klassischen Herkunftsländern im Norden und Westen Europas hervorzuheben, wurde die Unterscheidung zwischen „Alter" und „Neuer" Einwanderung strapaziert. Die *Restrictionists* stellten die „Alten" Einwanderer als individualistisch, energisch, ehrgeizig und intelligent dar, während sie die „Neuen" Einwanderer als faul, ungebildet, schmutzig, träge, cliquenverhaftet charakterisierten. Gleichzeitig idealisierten sie die Zeit der „Alten Einwanderung" als Zeit der Prosperität, der Harmonie und ethnischen Homogenität, wohingegen mit der „Neuen" Einwanderung die schier unermeßlich erscheinenden Probleme des industrialisierten Amerika, Analphabetismus, politische Korruption, Kriminalität und Verslumung der Städte in Verbindung gebracht wurden. Während die „Alten" Einwanderer aus eigener Initiative gekommen seien, sei die „Neue" Einwanderung lediglich auf Betreiben der Industrie und der Schiffahrtsgesellschaften nach Amerika gekommen. Die Unterscheidung zwischen „Alten" und „Neuen" Einwanderern in der Assimilierbarkeit wurde dann vor allem im Bericht der Dillingham-Commission strapaziert; in der Folge stützten sich dann die meisten Studien auf diese „autorisierte" Differenzierung.[203]

---

201 Hall, „Selection of Immigration," S. 169-170 (Hervorhebung im Original).

202 Ebd., 175f.

203 Frank P. Sargent, „Problems of Immigration," American Academy of Political and Social Science, *Annals* 24 (1904), S. 153-158 sowie später vor allem die Dillingham-Commission (Herrmann, *„Be an American!"*, Kap. 1.3). Eine einflußreiche Studie, die die Interpretation der Dillingham-Commission nur zu gerne übernahm, ist Edward A. Ross, *The Old World in the New* (New York: Century, 1914). Die fundierteste zeitgenössische Kritik am Umgang der Dillingham-Commission mit Statistiken ist John P. Gavit, *Americans by Choice* (New York: Harper, 1922), S. 204-214. Außerdem Isaac Hourwich, *Immigration and Labor* (New York: Putnam's,

Grundlegend für die Durchsetzung der Einwanderungsbeschränkung war damit die Konstruktion eines spezifischen Narrativs von der amerikanischen Gesellschaft, in dem die Unterscheidung zwischen „Alter" und „Neuer" Einwanderung im Zentrum stand. Die „Alte" Einwanderung und die sie tragenden Nationalitäten wurden mit den für die amerikanische Gesellschaft und das politische Gemeinwesen verbundenen Tugenden identifiziert; das Bild der „Neuen" Einwanderer aus Süd- und Osteuropa sowie insbesondere die Stereotypen über die Einwanderer aus Asien stellten dazu die Kontrastfolie dar.

Hier setzte sich die Idee von der Verknüpfung des Staatsbürger-Ideals mit kulturell oder genetisch bedingten menschlichen Eigenschaften fort, die bereits in den Debatten um das Wahlrecht von Schwarzen und um den Staatsbürger-Status von Indianern und asiatischen Einwanderern eine große Rolle gespielt hatte: Nur Personen mit angelsächsischer bzw. europäischer Abstammung und anglo-amerikanischer Zivilisierung konnten dieses Staatsbürgerideal erreichen; andere mußten, so die Verfechter dieses Ideals, von der Staatsbürgerschaft und von der Einwanderung ferngehalten werden.[204]

In den zwanziger Jahren war die amerikanische Gesellschaft dominiert von einer ausgeprägt fremdenfeindlichen Stimmung, die sich wiederholt in Ausschreitungen gegenüber Einwanderern sowie in den anti-katholischen und anti-semitischen Agitationen des Ku-Klux-Klan zeigte. Die pessimistische Stimmung in der amerikanischen Gesellschaft nach dem Ersten Weltkrieg begünstigte die Konjunktur von pseudowissenschaftlich unterlegten Rassentheorien, die sich unter anderem in der weiten Rezeption von Schriften wie Madison Grants *The Passing of the Great Race* (1916; 2. und 3. Aufl. 1921-1923) oder Lothrop Stoddards *Reforging America* (1927) messen läßt. Grant beschrieb die „angelsächsische Rasse" als überlegene Rasse, die sich gegen die Durchmischung mit niedrigeren Rassen infolge der fortgesetzten Einwanderung wehren müsse. Auch die Prohibition und der dadurch erzeugte illegale Alkoholhandel bestärkten die fremdenfeindliche Stimmung;

1912), S. 48-60, 325f. Zur Differenzierung „Neuer" gegenüber „Alter" Einwanderung rückblickend Maldwyn A. Jones, *American Immigration* (Chicago/London: University of Chicago Press, 1960), S. 177-188, Archdeacon, *Becoming American*, S. 112-117.

204 Zur rassisch diskriminierenden Gesetzgebung und Rechtsprechung im Bereich des Staatsbürgerschaftsstatus für asiatische Einwanderer und Indianer siehe oben S. 154ff.

Alkoholismus und Kriminalität wurden mit Fremdheit und Einwanderung identifiziert.[205]

In den kursierenden Konzepten von „Rasse“ wurden kulturalistische Aspekte mit streng biologistischen Ansätzen vermischt; ob sie Juden, Katholiken, Schwarze, Einwanderer aus Ost- und Südeuropa oder aus Asien zivilisatorisch oder biologisch dem „Angelsachsentum“ für unterlegen hielten, ließen die Verfechter der radikalen Einwanderungsbeschränkung oft bewußt im Unklaren. Die Betonung der Dominanz des angelsächsischen kulturellen, zivilisatorischen und biologischen Erbes war jedenfalls ein Versuch zur Selbstaffirmation der nach dem Ende des Krieges, dem Scheitern von Wilsons Friedenskonzeption und dem Niedergang des Progressivismus schwer verunsicherten amerikanischen Gesellschaft. Die scheinbare Rückbesinnung auf das Eigene und die Abgrenzung gegenüber dem Fremden spiegelte sich ebenso wider in der Außenpolitik der USA, in der nun der Isolationismus zur dominierenden Denkrichtung wurde.

In der zweiten Hälfte der zwanziger Jahre, nach der Verabschiedung der rassisch diskriminierenden Quotengesetze zur Einwanderungsbeschränkung und einigen zentralen Supreme Court-Entscheidungen zum Ausschluß asiatischer Einwanderer von der Einbürgerung, wurde der Höhepunkt der fremdenfeindlichen Agitation überschritten, was aber nicht zu einer Revision der Einwanderungspolitik führte.

Während der Administration von Franklin Roosevelt ging die Einwanderung ohne zusätzliche gesetzliche Regelungen zurück – in manchen Jahren kam es gar zu einem Wanderungsverlust –, verursacht durch die Weltwirtschaftskrise, aber auch durch die fortgesetzt restriktiv gehandhabte Interpretation der sogenannten LPC-Clause („Likely to become a Public Charge“). Nach einer Executive Order Präsident Hoovers wurden demnach potentielle Einwanderer verstärkt untersucht, ob sie eigenständig ihren Lebensunterhalt in den USA würden verdienen können. Diese und andere bürokratische Hürden erwiesen sich vielfach als unüberwindbar für Juden und politische Flüchtlinge aus dem nationalsozialistischen Deutschland. Trotz häufiger Interventionen politischer Freunde war Präsident Roosevelt weder zu einer Änderung der administrativen Praxis noch zu Gesetzesreformen bereit. In der Wählerschaft Roosevelts machten die Einwanderer und ihre unmittelbaren Nach-

205 John Higham, *Strangers in the Land. Patterns of American Nativism, 1860-1925* (New Brunswick, N.J.: Rutgers UP, 1955), Kap. 10, „The Tribal Twenties“, S. 264-299.

kommen zwar einen bedeutenden Teil aus, und auch im Parteiapparat der Demokratischen Partei spielten Repräsentanten der „neuen" Einwanderergruppen aus Süd- und Osteuropa eine große Rolle. Dies bewirkte jedoch keine Kehrtwendung in der Einwanderungs- und Einbürgerungspolitik. Franklin Roosevelt betrachtete die Phase des industriellen Aufbaus der USA als im wesentlichen abgeschlossen, womit die Notwendigkeit für weitere Einwanderung entfallen war. Vor allem aber trachtete FDR danach, seine fragile „New Deal Coalition", zu der auch die traditionell gegenüber Einwanderung skeptischen Gewerkschaften zählten, nicht durch Manöver in politisch brisanten Feldern zu gefährden.[206]

Nach empfindlichen Niederlagen im Zweiten Weltkrieg gegen Japan wurden im Frühjahr 1942 über Hunderttausend japanisch-stämmiger Amerikaner und japanischer Einwanderer ohne Bürgerstatus in Internierungslager gesteckt, eine Willküraktion der Regierung gegenüber dieser ethnischen Gruppe. Die Internierungsaktion wurde von der Bundesregierung getragen und vom Supreme Court gebilligt. Zwar räumte der Supreme Court ein, daß die Internierungsaktion ein gewaltiger Verstoß gegen die Grundrechte der Betroffenen war, doch wog für ihn die Gefahr durch die Minderheit illoyaler japanisch-stämmiger Amerikaner schwerer:

> Exclusion of those of Japanese origin was deemed necessary because of the presence of an unascertained number of disloyal members of the group, most of whom we have no doubt were loyal to this country. It was because we could not reject the finding of the military authorities that it was impossible to bring about an immediate segregation of the disloyal from the loyal that we sustained the validity of the curfew order as applying to the whole group. [207]

Demgegenüber hob der Kongreß im Jahre 1943 das Einbürgerungsverbot für bereits im Lande lebende chinesische Einwanderer auf, was gleichzeitig bedeutete, daß Chinesen nun nicht mehr prinzipiell von der Einwanderung ausgeschlossen waren, auch wenn die Quote für Einwanderer aus China nur 105 Plätze jährlich umfaßte. War die Internierung der japanischen Einwanderer auch als Bestrafung für deren unterstellte Illoyalität gedacht, so war umgekehrt die Aufwertung der chinesischen

---

206 Higham, *Strangers in the Land*, S. 324-330, Daniels, *Coming to America*, S. 294-302.

207 Daniels, *Coming to America*, S. 302-304; *Korematsu v. United States* 323 U.S. 214 (1944), Zitat S. 218f. 1988 entschuldigte sich der amerikanische Kongreß in einer offiziellen Erklärung für diese Aktion.

Einwanderer als Belohnung für den Kriegsverbündeten China gemeint.[208] Als Legitimitation für migrationspolitische Entscheidungen diente hier so deutlich wie nie zuvor das „Verdienst" bzw. die Haltung, die eine Nationalität gegenüber den USA gezeigt hatte. Dabei wurde bewußt nicht zwischen Herkunftsland und den bereits in den USA lebenden Einwanderern unterschieden.

Einwanderungs- und Staatsbürgerschaftsgesetzgebung im Zeichen des Kalten Krieges

Die direkte Gegnerschaft zu totalitären Regimen und die ideologische Konkurrenz im Zweiten Weltkrieg zunächst mit den faschistischen Mächten in Deutschland, Japan und Italien machte eine scharfe Abgrenzung notwendig, wie sie im Januar 1941 zunächst von Roosevelt in den „Four Freedoms" und dann im gleichen Jahr gemeinsam mit Churchill in der Atlantik-Charta formuliert wurde. In inhaltlicher Anknüpfung an Wilsons 14 Punkte von 1918 standen die Werte persönliche Freiheit, Selbstbestimmungsrecht der Völker, Unverletzlichkeit der Grenzen, Überwindung von Tyrannei im Vordergrund.[209]

In der ideologischen Auseinandersetzung mit dem totalitären Regime der Sowjetunion im Kalten Krieg knüpften die Vereinigten Staaten an diese Elemente an. In der Abgrenzungsrhetorik erhielt die Kategorie des „Rechts" eine prominente Bedeutung, gerade weil darin der fundamentale Gegensatz zwischen den Systemen am leichtesten deutlich zu machen war. Neben dem Aspekt des „Verdienstes" wurde damit die Kategorie des „Rechts" zum bestimmenden Element der Einwanderungs- und Staatsbürgerschaftspolitik während des Kalten Krieges.

Unmittelbar nach dem Krieg wurde die Zulassung zur Einbürgerung auch auf Inder und die Staatsbürger der gerade von den USA in die Unabhängigkeit entlassenen Philippinen erweitert. Diese Gesetzesnovellen beruhten auf der Argumentation, daß diese Nationalitäten eine solche

208 Roger Daniels, „Changes in Immigration Law and Nativism since 1924," *American Jewish History* (1986), S. 164-177; Daniels, *Coming to America*, S. 304.

209 Henry Steele Commager, *Documents of American History*, 7. Aufl., Bd. 2 (New York: Appleton-Century-Crofts, 1963), S. 446-449, 451.

„Belohnung" verdient hatten.[210] 1952 wurden mit dem McCarran-Walter-Act die Beschränkungen zur Einbürgerung schließlich für Japaner und andere Asiaten aufgehoben, gleichzeitig wurde jedoch das diskriminierende National Origins-Prinzip aus den Zwanziger Jahren für die Bestimmung der Einwanderungsquoten bestätigt. Durch die neue Konstruktion des sogenannten „Asia-Pacific-Triangle" spielte der Rasse-Gedanke als bestimmende Kategorie für die Zulassung zur Einwanderung weiterhin eine wichtige Rolle. Personen, deren Abstammung zur Hälfte oder mehr auf eine vom Kongreß definierte geographische Region, die fast ganz Asien und Ozeanien umschloß, zurückzuführen war, wurden bei der Einwanderung auf die Quote des entsprechenden Landes angerechnet, selbst wenn sie Staatsbürger eines ganz anderen Landes waren. Das Fortbestehen des diskriminierenden Quotensystems und die Einführung des „Asia-Pacific-Triangle" veranlaßten Präsident Truman, sein Veto einzulegen, doch überstimmte der Kongreß mit der Zwei-Drittel-Mehrheit in beiden Kammern das Veto.

Daraus erwächst die Frage, wie sich die Ambivalenz des McCarran-Walter-Acts erklären läßt: Einerseits die Aufhebung des Einbürgerungsverbots für Japaner, Koreaner und die anderen asiatischen Nationalitäten sowie die Einführung minimaler Einwanderungsquoten für diese Länder, andererseits die Bestätigung des rassisch diskriminierenden Quotensystems und die Einrichtung der auf rassistischen Kategorien basierenden Asia Pacific Triangle-Regelung.

Die Argumentation für die Abschaffung des Einbürgerungsverbots für Asiaten (in der Hauptsache vor allem Japaner und Koreaner) bestand im wesentlichen aus folgenden Überlegungen: Zunächst waren Japan und Süd-Korea wichtige Verbündete im Korea-Krieg sowie entscheidend in der ideologischen Auseinandersetzung des Kalten Krieges. Die Öffentlichkeit in diesen Ländern hatte – zumindest wurde dies den US-Parlamentariern berichtet – die fortgesetzte Diskriminierung in der Einbürgerungsregelung um so mehr kritisiert, als Einwanderer anderer asiatischer Nationalitäten sich bereits einbürgern lassen konnten.

Der McCarran Walter Act entsprang einer bestimmten Tradition in Gesetzgebung und Rechtsprechung, die zwar nicht im Wortlaut diskriminierte, dafür aber in der konkreten Geltung der jeweiligen Regelung. Das Ziel der Veränderung war, die USA von dem Vorwurf zu befreien, daß offen Staatsangehörige befreundeter Nationen diskriminiert wurden, wie

210 Daniels, *Coming to America*, S. 328f.

der Kongreßabgeordnete Walter Judd aus Massachusetts im Unterausschuß für Einwanderung 1948 erklärte. Sein Hauptanliegen, so Judd, sei Gerechtigkeit:

To me, this is a matter of simple justice. These people [Japanese] are [...] legally here. They are entitled to stay here the rest of their lives. Their average age is above 50. From the standpoint of our own body politic it would be better to have them fully incorporated as citizens than as alien residents. They pay taxes; they are good law-abiding members of their communities. They have proved through their conduct during the war, and especially through the conduct of their children who served with heroism, distinction, and valor in our armed forces, that they are loyal to the United States and fully worth of American citizenship.[211]

Insbesondere die letzten Aspekte bezeichneten einen vollständigen Bruch mit den Argumenten, die bis dahin die Debatten um Einwanderungs- und Staatsbürgerschaftsrecht geprägt hatten. Vor dem Krieg waren es essentialistische Argumente, in denen auf die Eigenheit der amerikanischen Gesellschaft und Zivilisation abgehoben wurde, zu der Menschen bestimmter Rassen und Nationalitäten weniger oder gar nicht kompatibel seien. Nun rückten Elemente wie die Steuerzahlung oder die Loyalität von Japanisch-Amerikanern während des Zweiten Weltkrieges in den Vordergrund. Sie sollten als Legitimation für die Einbürgerung dienen, auch wenn sie in der Argumentation noch nicht den Status eines „Rechtsanspruchs“ zu erhalten scheinen. Dies wird unter anderem dadurch belegt, daß Walter Judds Verständnis von „Gerechtigkeit“ ihn nicht davon abhielt, das National Origins-Prinzip für den Bereich der Einwanderungspolitik gar noch auszuweiten:

It is right that the general ethnic composition of our country should continue to be that of the people who have built it up. At the same time, it is not right, or good sense to stigmatize any people as biologically inferior beings and ineligible to any quota whatsoever, nor can we hope to win the friendship of peoples of the Far East on that basis. The question is one of preserving balance, of permitting immigration of specific national groups in an amount which will fit without difficulty into American cultural and economic patterns.[212]

Die Parlamentarier erwarteten, daß die neue Regelung in der Praxis nicht mehr bedeutete als die Einbürgerung von einer verhältnismäßig geringen

---

211 U. S. Congress, H. R. Subcommittee on Immigration, 80th Congress, 2nd session, Anhörung „Providing for Equality Under Naturalization and Immigration Laws,“ Apr. 19, 21, 1948, S. 6.

212 Ebd., S. 18.

Zahl vorwiegend älteren, schon lange in den USA lebenden japanischen Einwanderern. Sie teilten minimale Quoten für Angehörige der jeweiligen asiatischen Nationalitäten mit der zusätzlichen Einschränkung zu, daß nun die Einwanderung von Staatsangehörigen anderer Länder auf die Quote asiatischer Länder angerechnet wurde, wenn die Vorfahren der betreffenden Personen zur Hälfte oder mehr asiatisch war.

Ein Beispiel für die fortgesetzte Bedeutung des auf Rassentheorien basierenden Denkens in der amerikanischen Einwanderungspolitik ist die Diskussion in den parlamentarischen Ausschüssen über die hypothetische Frage, ob ein Einwanderer mit halb brasilianischer, halb japanischer Abstammung auf die neueingerichtete japanische Quote angerechnet würde, und daß zwar generell das Kriterium für die Anrechnung auf nationale Quoten der Geburtsort war, während es für Asiaten nun das Land der Vorfahrenschaft war.[213]

Warum wurde nun das National Origins-Prinzip im Ein*wanderungs*recht 1952 beibehalten und ausgebaut, während die Ausschlußregelungen im Ein*bürgerungs*recht abgeschafft wurden? 1952 wurden vor allem außenpolitische Motive verfolgt. Die Reform des Einbürgerungsrechts wurde als symbolischer Akt ohne großen Einfluß auf die tatsächliche Einwanderung und Einbürgerung konzediert: Die meisten der ohnehin wenigen potentiellen Antragsteller waren weit über 50 Jahre alt; und man konnte davon ausgehen, daß sie weder in der Wählerschaft noch in anderen Bereichen des gesellschaftlichen Lebens eine große Rolle spielen würden. Weder die Kongreßabgeordneten noch die Öffentlichkeit schienen schon bereit zu sein, mehr als diesen symbolischen Schritt zu tun.[214]

Die Botschaft, mit der Präsident Truman sein Veto gegenüber dem Kongreß begründete, und der Bericht der von ihm einberufenen Einwanderungskommission gingen dann jedoch einen Schritt weiter: Die Einwanderungsquoten, die auf dem National Origins-Prinzip beruhten, seien mit amerikanischen Traditionen und Idealen nicht vereinbar. Truman stellte einen eindeutigen Zusammenhang zwischen der Einwanderungspolitik und seinem Verständnis amerikanischer Identität her:

---

213 Ebd., S. 13f.

214 Bei der Diskussion über die möglichen Folgen der neuen Regelung übersahen die Kongreßabgeordneten jedoch, daß die eingebürgerten Einwanderer dann berechtigt waren, ihre Ehegatten und minderjährigen Kinder außerhalb der Quoten ins Land zu bringen. Diese non-quota-Einwanderer stellten den größten Teil der asiatischen Einwanderer bis 1965. Daniels, *Coming to America*, S. 304f.

What we do in the field of immigration and naturalization is vital to the continued growth and internal development of the United States—to the economic and social strength of our country—which is the core of the defense of the free world. Our immigration policy is equally, if not more, important to the conduct of our foreign relations and to our responsibilities of moral leadership in the struggle for world peace.[215]

Trumans Argumentation steht inhaltlich in Gegensatz zu der Argumentation, die in den zwanziger Jahren das National Origins-Prinzip gerechtfertigt hatte. Truman reklamierte für sich, daß seine Position in Übereinstimmung mit den klassischen amerikanischen Traditionen stünde. Er streite für den Erhalt „Amerikas, so wie es von Anfang an war“. Die Bezugnahme auf die Elemente Gleichgeschaffenheitspostulat in der Unabhängigkeitserklärung, Amerika als Zufluchtsort der Armen und Verfolgten (Inschrift an der Freiheitsstatue), christliches Brüderlichkeitsideal und Amerika als Vorkämpfer für Recht und Freiheit in der Welt jedoch zeigte, daß er ein anderes Amerika meinte als die Verfechter des National Origins-Prinzips. Seine Opposition gründete sich auf die dem Prinzip zugrundeliegende die Annahme, daß aus Menschen westeuropäischer Herkunft bessere Staatsbürger würden als aus Einwanderern aus Rumänien, Jugoslawien, Ungarn oder Balten. Ein solches Konzept, so Truman, verstoße

against the great political doctrine of the Declaration of Independence that „all men are created equal.“ It denies the humanitarian creed inscribed beneath the Statue of Liberty proclaiming to all nations „Give me your tired, your poor, your huddled masses yearning to breethe free.“

Der Präsident meinte, das Prinzip stehe ebenso im Widerspruch zum christlichen Glauben an die Brüderschaft aller Menschen, wie es Paulus im Brief an die Galater formuliert hatte, „hier ist nicht Jude noch Grieche, hier ist nicht Sklave noch Freier, hier ist nicht Mann noch Frau; denn ihr seid allesamt einer in Christus Jesus.“

Um Unterstützung für seine Position zu finden, sparte Truman nicht mit drastischen Worten. Er griff die Sympathie für die unter sowjetischer Kontrolle stehenden Länder auf:

---

215 „Message from the President returning without approval ... H.R. 5678, June 25, 1952,“ 82nd Congress, 2nd session, House of Representatives, Document Nr. 520, repr. in: Oscar M. Trelles und James F. Bailey (eds.), *Immigration and Nationality Acts. Legislative Histories and Related Documents* (Buffalo: W. S. Hein, 1979), Bd. 3, Doc. 7, S. 1f. (im folgenden „Veto-Message of McCarran Walter-Act“)

Today, we have entered into an alliance, the North Atlantic Treaty, with Italy, Greece, and Turkey against one of the most terrible threats mankind has ever faced. We are asking them to join with us in protecting the peace of the world. We are helping them to build their defenses, and train their men, in the common cause. But, through this bill we say to their people: You are less worthy to come to this country than Englishmen or Irishmen; you Italians, who need to find homes abroad in the hundreds of thousands—you shall have a quota of 5,645; you Greeks, struggling to assist the helpless victims of a Communist civil war—you shall have a quota of 308; and you Turks, you are brave defenders of the eastern flank, but you shall have a quota of only 225.

Today, we are „protecting" ourselves as we were in 1924, against being flooded by immigrants from Eastern Europe. This is fantastic. The countries of Eastern Europe have fallen under the Communist yoke—they are silenced, fenced off by barbed wire and minefields—no one passes their borders but at the risk of his life. We do not need to be protected against immigrants from these countries—on the contrary we want to stretch out a helping hand, to save those who have managed to flee into Western Europe, to succor those who are brave enough to escape from barbarism, to welcome and restore them against the day when their countries will, as we hope, be free again.[216]

Trumans Veto-Botschaft nahm in ihrer Formulierung ebenso wie später Johnsons Erklärung zur Unterzeichnung des Hart-Celler Immigration Reform Act 1965 Rücksicht auf nach wie vor bestehende Präferenzen in der Bevölkerung; Truman forderte konkret eine Erhöhung der Quoten Deutschlands und der Länder, die nun Teil des sowjetischen Machtbereichs geworden waren, um somit die politischen Flüchtlinge aus diesen Ländern aufnehmen zu können. Daß sich durch die von ihm geforderte Liberalisierung auch die Zahl der asiatischen Einwanderer deutlich erhöhen könnte, erwähnte er nicht.[217]

Die von Truman eingesetzte Kommission zur Untersuchung der Grundlagen der Einwanderungsgesetzgebung machte diesen Kontrast in ihrem Abschlußbericht noch deutlicher. Der Bericht kam allerdings zu spät, um noch Einfluß auf die Entscheidung des Kongresses zu haben. Er diente als nachträgliche Rechtfertigung für Trumans Position. Unter dem Titel „We hold These Truths ...", eine offensichtliche Anspielung auf die

---

216 „Veto-Message of McCarran Walter-Act," S. 2

217 „Veto-Message of McCarran Walter-Act," S. 8f. Ebenso vermied sein Nachfolger Johnson bei der Verabschiedung des Hart-Celler-Act 1965, der die Forderungen der Truman'schen Kommission weitgehend umsetzte, einen Hinweis auf potentiell höhere Einwandererzahlen aus nicht-europäischen Ländern; er äußerte lediglich die Erwartung, daß mehr Süd- und Osteuropäer würden einwandern können.

Formulierung in der Unabhängigkeitserklärung von 1776, behauptet die Kommission,

> America was founded upon the principle that all men are created equal, that differences of race, color, religion, or national origin should not be used to deny equal treatment or equal opportunity.
>
> Americans have regarded such doctrines as self-evident since the Declaration of Independence.[218]

Der Kommissionsbericht versuchte, die Geschichte der Vereinigten Staaten als die Geschichte einer Gesellschaft zu re-konstruieren, die kontinuierlich an der Verwirklichung ihrer Ideale gearbeitet hat. Diese Argumentationslinie ist in unterschiedlicher Stärke und Ausformung ein Kontinuum in der amerikanischen Geschichte; in allen Debatten, ob über das Wahlrecht im 19. Jahrhundert oder über das Einwanderungsrecht im 20. Jahrhundert. Andererseits war diese Argumentationslinie über lange Phasen hinweg überlagert von primordialen, substantialistischen, dichten Konzeptionen von Staatsbürgerschaft und Nationalität.

Die Frage ist nun, wie diese Veränderung des Denkens zustande kommt. Zunächst ist es wichtig, sich zu vergegenwärtigen, daß es sich nicht eigentlich um eine *grundsätzliche* Veränderung des Denkens handelt, sondern vielmehr um eine Verlagerung der Gewichte: während bestimmte Denkrichtungen aus einer Reihe von Gründen an Bedeutung verlieren, entwickeln andere Denkrichtungen, die zuvor minoritär oder gar marginal waren, eine Vorherrschaft vor anderen. Für das Wachstum zu einer dominanten Stellung ist es gerade in den Vereinigten Staaten erforderlich, daß eine den Inhalten des Traditionsstranges entsprechende Geschichte re-konstruiert werden kann. Von entscheidender Bedeutung hierfür ist aufgrund der allgemein akzeptierten Authentizität die Re-Konstruktion der Gründungsereignisse.

Der Paradigmenwechsel wird markiert durch Roosevelts Erklärung der *Four Freedoms*, die Atlantik-Charta, durch die Entscheidung des Supreme Court zur Aufhebung der Rassentrennung an den Schulen *Brown v. Board of Education*, die Bürgerrechtsgesetzgebung der sechziger Jahre sowie für den Bereich der Einwanderungspolitik Trumans Veto-Botschaft gegen den McCarran-Walter-Act, den Bericht der von Truman eingesetzten Einwanderungskommission und als deutlichstes

---

218 President's [Truman] Commission on Immigration and Naturalization, *Whom We Shall Welcome* (Washington: GPO, 1953), S. xii.

Zeichen das Einwanderungsreformgesetz, das nach langem Vorlauf 1965 im Kongreß eine deutliche Mehrheit fand.

Als wichtige Gründe für den Paradigmenwechsel sind die folgenden zu nennen:

Erstens war das rassistische Gedankengut durch den Gebrauch und die Anwendung durch die Nationalsozialisten für den weiteren Einsatz in der Debatte um Einwanderung und Einbürgerung gerade auch angesichts der internationalen Dimension der Thematik diskreditiert.

Zweitens sorgten wissenschaftliche Studien wie Gunnar Myrdals *An American Dilemma* (1944) für einen Wandel in der öffentlichen Wahrnehmung des Problems der Ethnizität in der amerikanischen Gesellschaft. Die Hervorhebung des von Myrdal so bezeichneten *American Creed* als konstitutiv für das Selbstverständnis der amerikanischen Nation stieß auf wachsenden Widerhall.[219]

Drittens spielte der soziale, wirtschaftliche und politische Aufstieg der Gruppen der sogenannten Neuen Einwanderung eine große Rolle. Ethnische Gruppen, die in den dreißiger Jahren nur in einzelnen Großstädten über einen nennenswerten politischen Einfluß verfügten, waren in den fünfziger und sechziger Jahren zu einer festen Größe in der Politik der Vereinigten Staaten geworden.[220]

Schließlich war viertens die auf der Basis von Jeffersons Unabhängigkeitserklärung stehende liberal-universalistische Selbstdeutung sehr viel eher vereinbar mit dem Anspruch der Vereinigten Staaten, Führungsmacht der freien Welt zu sein. Eine Fortsetzung der ethnisch diskriminierenden Einwanderungs- und Staatsbürgerschaftspolitik wäre (ebenso wie die Fortsetzung der Rassentrennung) ein großes Hindernis für die Glaubwürdigkeit der Außenpolitik der Vereinigten Staaten geworden.

Die zunehmende Bedeutung der Wählerschaft der früher diskriminierten ethnischen Gruppen zeigte sich unter anderem an deren Engagement in der Einwanderungsgesetzgebung. Zwar waren nicht sie selbst von der fortbestehenden Diskriminierung betroffen, doch wurden sie als Gruppe der gleichen Herkunft mit den betreffenden Einwanderern iden-

---

219 Gunnar Myrdal, *An American Dilemma. The Negro Problem and Modern Democracy* (New York: Harper, 1944), Hans Vorländer, „‚American Creed', liberale Tradition und politische Kultur der USA," in Franz Greß und Hans Vorländer (Hg.), *Liberale Demokratie in Europa und den USA* (Frankfurt/M., New York: Campus, 1990), S. 11f.

220 Thomas J. Archdeacon, *Becoming American. An Ethnic History* (New York/London: Free Press/Macmillan, 1983), S. 189-192, 199, 206.

tifiziert. Zudem identifizierten sie sich selbst mit ihnen. Auch hier handelt es sich um eine Auseinandersetzung, die nicht nur instrumentelle Bedeutung hatte, sondern auch zu einem symbolischen Kampf um gesellschaftliche Anerkennung wurde. Illustriert wird dies beispielsweise durch ein Statement der Japanese American Citizens League in den Anhörungen zum späteren McCarran Walter-Act:

> ... the denial of immigration privileges to Japan implies that persons of Japanese ancestry are second-class citizens of the world and the prohibition against the resident alien Japanese in naturalization suggests second-class citizenship in the United States of their American-born children.[221]

Der Vertreter der Japanese American Citizens League, Mike Masaoka, gebrauchte für seinen Kampf um Anerkennung und Integration eine Rhetorik, die traditionelle Elemente des Amerikanisch-Seins enthielt. Er betonte die Beiträge der Japaner und der anderen betroffenen Nationalitäten und ihrer Charaktereigenschaften, die den idealisierten Charaktereigenschaften der Amerikaner entsprechen:

> alien resident Japanese as a whole have been law-abiding, thrifty, industrious, and skilled farmers and businessmen. In every community where they live, they participate in such activities as the Community Chest, the Red Cross, and other Philanthropic community programs.
>
> Their history in this country, and their record as residents, is not unlike those of other first-generation immigration nationalities that came to the United States seeking better opportunities and greater freedoms.
>
> ... By their contributions to the development of the West, by their day-to-day conduct as individuals, by the attainments of their citizen children (Nisei), these resident alien Japanese have *earned the privilege* of sharing in the citizenship of their adopted land.[222]

Diese Charaktereigenschaften waren zu verschiedenen Zeiten in dieser oder einer ähnlichen Weise als Rechtfertigung für den Ausschluß von bestimmten Gruppen von der Staatsbürgerschaft oder vom Wahlrecht herangezogen worden, zuletzt beim Ausschluß von Asiaten von der Einbürgerung und bei den rassisch diskriminierenden Einwanderungsgesetzen in den Zwanziger Jahren.

---

221 Congressional Hearing „Revision of Immigration, Naturalization, and Nationality Laws," Mar. 6-9, 12-16, 20, 21, Apr. 9, 1951, 82nd Congress, 1st Session (Senate and House Committees on the Judiciary (repr. in: Oscar M. Trelles und James F. Bailey (eds.), *Immigration and Nationality Acts. Legislative Histories and Related Documents* (Buffalo: W. S. Hein, 1979), Bd. 2, Doc. 2), S. 49

222 Ebd. 54f. (meine Hervorhebung)

In der nun in den Kongreßausschüssen geführten Debatte versuchten die Repräsentanten der jeweiligen ethnischen Organisationen zu belegen, daß gerade die Angehörigen ihrer Nationalität in besonderem Maße diesen idealisierten Charaktereigenschaften entsprächen und deshalb die Überwindung der rassischen Diskriminierung ihrer Nationalitätengruppe sehr wohl *verdient* sei.[223]

Der Argumentation der ethnischen Vertreter wurde in den Anhörungen wenig entgegengesetzt. Nicht wenige der angehörten Organisationen waren bereits zu Lobbygruppen in respektabler Größe herangewachsen, und die Kongreßabgeordneten hüteten sich, potentielle Wähler durch eine Gegnerschaft abzuschrecken.

Die Lobby-Arbeit der ethnischen Organisationen insbesondere der Nationalitäten, die von den Diskriminierungen betroffen waren, war ein wesentlicher Faktor für die Abschaffung des Einbürgerungsverbots für Asiaten im McCarran-Walter Act 1952 sowie für die Überwindung des Quotensystems für die Einwanderung durch den Hart-Celler-Act 1965. Schon die Abschaffung des Einbürgerungsverbots für Inder war vorwiegend auf Lobby-Arbeit zurückzuführen.[224] In den Kongreßanhörungen für den McCarran-Walter-Act plädierten viele Vertreter ethnischer Organisationen für eine Überwindung der Diskriminierungen in Einbürgerung und Einwanderung und begründeten dies neben außenpolitischen Erwägungen vor allem mit dem Hinweis, ihre Nationalität habe zum Fortschritt der amerikanischen Gesellschaft besonders beigetragen.

Eine solche Argumentation konnte aber nur deshalb greifen, weil sich die Idee vom Melting-Pot, dem Schmelztiegel, seit dem Ersten Weltkrieg in entscheidenden Punkten verändert hatte. Die Vorstellung vom Schmelztiegel, so zeigt eine Analyse der Rhetorik aus dem 19. Jahrhundert bis hin zum Ersten Weltkrieg, ging von der Verschmelzung des einzelnen in der Gesamtgesellschaft der Vereinigten Staaten aus. Dies war nirgendwo deutlicher zu erkennen als in den vielzitierten *Letters from an American Farmer* von Crèvecœur. Crèvecœur hatte eindeutig von „individuals" gesprochen, die in der neuen Rasse aufgehen, ihre alten Gewohnheiten und Traditionen hinter sich lassen.

---

223 Siehe hierzu u. a. die Äußerungen einer Reihe von Vertretern von ethnischen Organisationen in den Kongreßanhörungen: Congressional Hearing „Revision of Immigration, Naturalization, and Nationality Laws," Mar. 6-9, 12-16, 20, 21, Apr. 9, 1951, 82nd Congress, 1st Session, S. 54-57, 65f., 778f.

224 Daniels, „Changes in Immigration Law," S. 167.

„What then is the American, this new man? He is either an European, or the descendant of an European, hence that strange mixture of blood, which you will find in no other country. ... He is an American, who leaving behind him all his ancient prejudices and manners, receives new ones from the new mode of life he has embraced, the new government he obeys, and the new rank he holds. ... Here *individuals* of all nations are melted into a new race of men, whose labours and posterity will one day cause great changes in the world. ... The American ought ... to love this country much better than that wherein either he or his forefathers were born. Here the rewards of his industry follow with equal steps the progress of his labour; his labour is founded on the basis of nature, self-interest; can it want a stronger allurement? ... The American is a new man, who acts upon new principles; he must therefore entertain new ideas, and form new opinions. From involuntary idleness, servile dependence, penury, and useless labour, he has passed to toils of a very different nature, rewarded by ample subsistence. --This is an American." [225]

Doch schon in Israel Zangwills Drama *The Melting Pot* von 1908 wird der Prozeß nicht mehr allein als eine Verschmelzung von Individuen beschrieben:

There she lies, the great Melting-Pot – listen! Can't you hear the roaring and the bubbling? There gapes her mouth - the harbour where a thousand mammoth feeders come from the ends of the world to pour in their human freight. Ah, what a stirring and seething! Celt and Latin, Slav and Teuton, Greek and Syrian, – black and yellow – Jew and Gentile – Yes, East and West, and North and South, palm and the pine, the pole and the equator, the crescent and the cross – how the great Alchemist melts and fuses them with his purging flame! Here shall they all unite to build the Republic of Man and the Kingdom of God. Ah Vera, what is the glory of Rome and Jerusalem where all nations and races come to worship and look back, compared with the glory of America, where *all races and nations* come to labour and look forward![226]

In der Zeit des Ersten Weltkriegs und danach setzt sich die Veränderung fort: Durch die Notwendigkeit, nicht nur die einzelnen Einwanderer als Rekruten für die Streitkräfte heranzuziehen, sondern auch eine Mobilisierung für den Krieg an der Heimatfront zu organisieren, instrumentalisierten offizielle Regierungsbehörden wie die Propaganda-Truppe

225 *Letters From an American Farmer*, by J. Hector St. John Crevecoeur, reprinted from the original ed., with a prefatory note by W. P. Trent and an introduction by Ludwig Lewisohn (New York: Fox, Duffield, 1904), S. 54-56 (http://xroads.virginia.edu/~HYPER/CREV/letter03.html). Zum verwandten Aspekt der „uprootedness" bei Crevecoeur und in der Folge (u.a. Handlin), siehe Gary Gerstle, „Liberty, Coercion, and the Making of Americans," *Journal of American History* 84 (Sep. 1997), S. 524-558.

226 Israel Zangwill, *The Melting Pot* (New York: Macmillan, 1909), S. 198-199 (meine Hervorhebung, DH).

Committee on Public Information mit George Creel oder das Finanzministerium in seinen Liberty-Loan-Kampagnen die Organisationsstrukturen der Nationalitätengruppen für ihre Zwecke.[227]

Anders als in den Schmelztiegel-Darstellungen vor dem Kriege hatten nun explizit die Traditionen der Einwanderernationalitäten, verkörpert durch die Helden der verschiedenen Nationen, die im Laufe des 18. und 19. Jahrhunderts für Freiheit und Demokratie eingetreten waren, ihren Platz. In den Schriften des Committee on Public Information wurden in einem kursorischen Durchgang durch die amerikanische Geschichte die Beiträge von Einwanderern unterschiedlicher Nationalitäten zur Demokratieentwicklung erläutert, ebenso die Fortschritte auf dem Weg zur Demokratie in europäischen Ländern.

Stand vor dem Eintritt in den Ersten Weltkrieg vor allem noch der Abgeschlossenheitsaspekt des Verwandlungsprozesses im Mittelpunkt— beispielsweise in der bekannten Melting-Pot-Vorführung der Ford English School 1916 – so rückten während des Krieges und danach die Elemente die einzelnen Nationalitätengruppen und ihre Beiträge zum gesellschaftlichen Leben der Vereinigten Staaten in den Vordergrund, so etwa bei den Darstellungen von „America's Making Festival" 1921 in New York.[228]

Im Ersten und auch im Zweiten Weltkrieg veranstalteten die Nationalitäten-Gruppen Clevelands Loyalitätsbekundungen zu den USA.[229] Die Kundgebungen nahmen im Zweiten Weltkrieg auch schon Bezug auf die eigene Geschichte einer ethnischen Gruppe in den Vereinigten Staaten bzw. in einer Stadt oder Region.[230] Im gleichen Kontext erschienen einige Publikationen, die ebenfalls die Beiträge der Einwanderergruppen für die Entwicklung der Vereinigten Staaten hervorhoben: Carl F. Wittkes *We Who Built America* (New York:

227 Siehe oben der Abschnitt „Der ‚ideale Staatsbürger'", S. 181-202.

228 Vgl. Herrmann, *„Be an American!"*, S. 211-214, Bodnar, *Remaking America*, S. 70-75.
Als weitere Beispiele für das veränderte Melting-Pot-Verständnis können die Gründung der „Peoples of America Society", die Erstellung der Cleveland Nationality Studies, die Einbeziehung von Repräsentanten der Einwanderergruppen in die offizielle Amerikanisierungsarbeit sowie eine Reihe von theatralischen Darstellungen, die ebenfalls stärker die Einwanderer-*Gruppe* bzw. einen Repräsentanten der Gruppe als den einzelnen Einwanderer in den Vordergrund stellen. Herrmann, *„Be an American!"*, S. 210-215.

229 Zu den Kundgebungen im Ersten Weltkrieg und danach siehe oben Seite 198.

230 Bodnar, *Remaking America*, S. 100-105.

Prentice-Hall, 1939), Louis Adamics *A Nation of Nations* (New York: Harper, 1945) und das von Francis J. Brown und Joseph S. Roucek herausgegebene *One America* (New York: Prentice-Hall, 1945). In diesen Büchern wurden jeweils die kulturellen, wissenschaftlichen und politischen Leistungen der größten Einwanderer-Nationalitäten dargestellt.[231]

Die um die Jahrhundertwende in den USA entstandenen Sozialwissenschaften griffen diese Phänomene auf: Schon die im Umfeld der *Chicago School of Sociology* entstandenen *Americanization Studies* (1920-1924) hatten eine deutlich größere Bedeutung der Einwanderer*gruppe* für den Assimilations- und Integrationsprozeß ausgemacht.[232]

Die Wandlung des Schmelztiegel-Konzepts ist auch in den zeitgenössischen intellektuellen Schriften ablesbar. Der Philosoph John Dewey erinnerte bei der Jahrestagung des amerikanischen Lehrerverbandes 1916 daran, der wahre Amerikaner sei nicht

> American plus Pole or Germans. But the American is himself Pole-German-English-French-Spanish-Italian-Greek-Irish-Scandinavian-Bohemian-Jew-and so on.[233]

Die positive Umwertung des zuvor als Kampfbegriff gegen neue Einwanderer benutzte Wort „hyphen" ist ebenfalls in diesen Kontext zu stellen. Dewey und andere hoben mit Rückgriff auf die Etymologie verstärkt auf den verbindenden Charakter des Wortes ab.[234] Die Ideen der frühen

---

231 *One America. The History, Contributions, and Present Problems of Our Racial and National Minorities* ist eine Neuauflage des Buches *Our Racial and National Minorities; Their History, Contributions, and Present Problems* von 1937 (NB: der neue Titel). Für die Veränderungen im Denken vgl. Oscar Handlin, „Memorandum Concerning the Background of the National Origins Quota System," in U.S. President's [Truman] Commission on Immigration and Naturalization, *Hearings*, Sep. 30 - Oct. 29, 1952 (Washington, 1952), Committee Print 82nd Congress, 2nd session, repr. in Trelles/Bailey, Bd. 6, Doc. 10.

232 Trotz ihrer inhaltlichen Gegensätze zu den Autoren der *Americanization Studies* müssen hierbei auch die frühen Verfechter des kulturellen Pluralismus wie Horace Kallen, Randolph Bourne und Louis Brandeis genannt werden, die in den ersten Jahren allerdings weitgehend keine Resonanz auf ihre Ideen erhielten. Für die *Americanization Studies* sind vornehmlich die Werke *Old World Traits Transplanted* von William Thomas, Robert Park und Herbert Miller sowie *America via the Neighborhood* von John Daniels zu nennen. Hierzu ebenso wie zum kulturellen Pluralismus ausführlich Herrmann, *„Be an American!"*, Kap. 6.

233 John Dewey, „Nationalizing Education," National Education Association, *Journal of Addresses and Proceedings* 54 (1916), S. 183-189, repr. in John Dewey, *The Middle Works 1899-1924*, Vol. 10: 1916-1917 (Carbondale, Edwardsville: Southern Illinois UP, 1980), S. 202-210

234 Vgl. Herrmann, *„Be an American!"*, S. 83.

kulturellen Pluralisten Horace Kallen, Louis Brandeis, Randolph Bourne und Isaac Berkson gehören in denselben Zusammenhang. Auch sie stellten sich gegen die dominierende öffentliche Meinung, indem sie die große Bedeutung des kulturellen Erbes der Einwanderer betonten, doch anders als für Dewey, Jane Addams und andere hatte für die kulturellen Pluralisten das kulturelle Erbe einen Wert an sich und nicht nur in seiner Bedeutung für den Assimilations- und Integrationsprozeß.[235]

Bahnbrechend in der wissenschaftlichen Beschäftigung mit dem Phänomen der Einwanderergruppen wirkte das Buch von W. Lloyd Warner und Leo Srole, *The Social Systems of American Ethnic Groups*.[236] Warner hatte kurz zuvor gemeinsam mit Paul Lunt den Begriff „ethnische Gruppe" in dem Buch *The Social Life of a Modern Community* erstmals in wissenschaftlichem Kontext definiert. Bezugnehmend auf die Gruppen „Native, or Yankee", Iren, Franzosen, Juden, Italiener, Armenier, Griechen, Polen, Russen und Neger in Newburyport, Massachusetts, schrieben sie:

> These groups, with the exception of the first, we have called „ethnics." The term „ethnic," as used in this study, does not refer simply to foreign birth. Rather, it has a wider meaning. An individual was classified as belonging to a specific ethnic group if (1) he considered himself or was considered by the Yankee City community as a member of the group, and (2) if he participated in the activities of the group.[237]

Repräsentanten von Einwanderergruppen drängte es auch stärker in die Politik. In beiden großen Parteien, aber insbesondere in der Demokratischen Partei, nahmen Politiker mit einer dezidiert ethnischen Wählerschaft wichtige Positionen ein. Anton Cermak wurde Bürgermeister von Chicago, Fiorello La Guardia Bürgermeister von New York. Das wachsende Selbstbewußtsein der Einwanderergruppen – mit längerer Aufenthaltsdauer in den Vereinigten Staaten ist zunehmend der Begriff „ethnische Gruppen" angemessener[238] – manifestierte sich aber nirgendwo deutlicher als in der Auseinandersetzung um die Überwindung der rassisch diskriminierenden Einwanderungsquoten. Der Einsatz für die Reform gründete sich neben der direkten Betroffenheit, weil Verwandte

---

235 Hierzu ausführlich Herrmann, *„Be an American!"*, S. 322-343.

236 New Haven: Yale UP, 1945.

237 W. Lloyd Warner und Paul S. Lunt, *The Social Life of a Modern Community* (New Haven: Yale UP, 1941), S. 211. Vgl. Werner Sollors, *Beyond Ethnicity. Consent and Descent in American Culture* (New York: Oxford UP, 1986), S. 22f.

238 Zu meiner Unterscheidung im Gebrauch der Begriffe „Nationalitätengruppen" und „ethnische Gruppen" siehe Herrmann, *„Be an American!"*, S. 355f., Fn. 5.

oder Bekannte von der Einwanderung ausgeschlossen sein konnten, vor allem auf das Interesse um volle Anerkennung als gleichwertige Bürger in der amerikanischen Gesellschaft. Das Engagement erhielt somit eine fundamentale symbolische Bedeutung.[239] Die Rhetorik der Interessensvertreter in den Anhörungen für die Reformen belegt diese Interpretation. So erklärte beispielsweise der Vertreter der Japanese American Citizens League, Mike M. Masaoka, in einer Anhörung im Vorfeld des McCarran Walter Act:

Sure we wanted America to win the war, but we also wanted America to the kind of America that it professed to be, and that kind of America would not discriminate against people like my mother, who came here early in the 1900's.[240]

Masaoka nannte prominente Angehörige seiner Nationalitätengruppe, die Bedeutendes für die Entwicklung von Wissenschaft, Wirtschaft, Technik und Kultur der Vereinigten Staaten beigetragen hatten, er wies auf den hohen Grad von Loyalität hin, den die japanischen Einwanderer und ihre Familien trotz der fortgesetzten Diskriminierung und der Internierung gegenüber den Vereinigten Staaten im Krieg bewiesen hatten. Schließlich schilderte er Fälle von Angehörigen ausgezeichneter Kriegsteilnehmern, die aufgrund fortbestehender Diskriminierung die Staatsbürgerschaft nicht erhalten konnten, obwohl sie schon mehr als vierzig Jahre ihren Wohnsitz in den USA hatten.[241] Nur zu gerne zitierte Masaoka die Worte des Oberbefehlshabers der fünften amerikanischen Armee in Italien, der den Heldenmut eines japanisch-amerikanischen Soldaten geschildert hatte und daraus die Folgerung zog,

Surely his parents and those of the other Nisei, through the loyalty of their offspring, have earned the right of citizenship in the world's greatest Nation—a Nation that

---

239 Einen weiteren symbolischen Kampf fechten die Repräsentanten ethnischer Gruppen bis in die Gegenwart auf dem Gebiet der Außenpolitik aus. So engagieren sie sich immer wieder für Themen, die als Themen ihrer jeweiligen Bezugsländer perzipiert werden, nicht zuletzt um immer wieder ihre *constituency* hinter sich zu versammeln und die Struktur einer gewachsenen Organisation und damit ihre eigene Position zu erhalten.

240 U. S. Congress, H. R. Subcommittee on Immigration, 80th Congress, 2nd session, Anhörung „Providing for Equality Under Naturalization and Immigration Laws,“ Apr. 19, 21, 1948, S. 116

241 Ebd., S. 123-127.

distinguishes not at all between race, creed, or color. ... The parents of these heroic Nisei should have the privilege of the democracy their sons helped to preserve.[242]

Ein weiterer Faktor für das Zustandekommen der Reformgesetzgebung war die Zurückhaltung solcher Gruppen wie der Gewerkschaften oder der patriotischen Organisationen, die sich traditionell gegen die Aufhebung rassischer Diskriminierung ausgesprochen hatten. Die Gewerkschaften hatten angesichts einer geringen Arbeitslosigkeit kein greifbares Argument gegen die Liberalisierung vorzubringen. Die patriotischen Organisationen konzentrierten sich besonders in den Fünfziger Jahren auf die Debatten über den Ausschluß von der Einwanderung und der Deportation aus weltanschaulichen oder politischen Gründen. So hatten sie sich erfolgreich für den Ausschluß von Einwanderern engagiert, die unter dem Verdacht standen, Kommunisten zu sein.[243] Es entsprach ganz der Politik und der Rhetorik patriotischer Gruppen und Veteranenorganisationen, wenn die Vertreter ethnischer Gruppen die bereits erwiesene Loyalität ihrer Angehörigen als zentrales Argument ins Feld führten. Darüberhinaus glaubten diese Lobby-Gruppen nicht, daß durch Reform die Einwanderung zahlenmäßig deutlich ansteigen würde.[244]

In Zeiten von Kriegen oder internationalen, aber auch scharfen innergesellschaftlichen Konflikten wird die tatsächliche oder scheinbare Loyalität zu der besonders hervorgehobenen Charaktereigenschaft des idealen amerikanischen Staatsbürgers, wenn sie nicht gar zum Synonym zur Staatsbürgerschaft schlechthin wird, wie bereits der Erste Weltkrieg und die Zeit danach illustriert haben.[245] Dies bestätigte sich während und nach dem Zweiten Weltkrieg. Dem Kriterium „Loyalität" gerecht werden konnten während des Krieges zumindest mittelbar die chinesischen Einwanderer. Die Bündnistreue Chinas hatte 1943 die Abschaffung des Einbürgerungsverbots für Chinesen zur Folge. War den japanischen Einwanderern und als amerikanische Staatsbürger geborenen

242 Congressional Hearing „Revision of Immigration, Naturalization, and Nationality Laws," Mar. 6-9, 12-16, 20, 21, Apr. 9, 1951, 82nd Congress, 1st Session (Senate and House Committees on the Judiciary (repr. in: Oscar M. Trelles und James F. Bailey (eds.), *Immigration and Nationality Acts. Legislative Histories and Related Documents* (Buffalo: W. S. Hein, 1979), Bd. 1, Doc. 2), S. 55f.

243 Reed Ueda, *Postwar Immigrant America. A Social History* (Boston: Bedford Books of St. Martin's Pr., 1994), S. 42, Daniels, *Coming to America*, S. 333.

244 David M. Reimers, *Still the Golden Door: The Third World Comes to America* (New York: Columbia UP, 1985).

245 Siehe im vorigen Abschnitt „Der ‚ideale Staatsbürger'", Seite 181-202.

Kindern während des Krieges kollektiv Illoyalität unterstellt worden, was zu ihrer Internierung und Verschleppung führte, konstatierte der Kongreß in den Nachkriegsjahren eine, gerade in Anbetracht der Internierungsmaßnahmen erstaunliche Loyalität der japanischen Einwanderer, was zusammen mit der außenpolitischen Problematik die Aufhebung des Einbürgerungsverbots für Japaner zur Folge hatte.

Demgegenüber demonstrierte die amerikanische Regierung wie nach dem Ersten Weltkrieg eine unerbittliche Härte gegenüber jeglicher Form politischer oder weltanschaulicher Gegnerschaft zum amerikanischen gesellschaftlichen und politischen System. Verknüpft wurde diese Verdächtigungen erneut mit angeblicher Sympathie zum System des Weltmachtkonkurrenten Sowjetunion. Im Bereich des Einwanderungs- und Staatsbürgerschaftsrechts bedeutete dies verschärfte Kontrollen bei der Erteilung von Visa für Einwanderer, weltanschaulich begründeten Ausschluß von der Einbürgerung und Deportierung von legalen Einwanderern, die als Mitglied oder Unterstützer einer proskribierten Organisation bekannt wurden.[246]

Umgekehrt profitierten viele Flüchtlinge von der stärkeren Betonung des Loyalitätsaspekts. Die amerikanische Flüchtlingspolitik der Nachkriegszeit war einerseits geprägt von dem schweren Erbe der Versäumnisse gegenüber den Flüchtlingen aus dem nationalsozialistischen Deutschland. Sie stand andererseits im Zeichen des Kalten Krieges. Die Aufnahme von zunächst 200 000, später insgesamt über 400 000 „Displaced Persons" ist vor diesem Hintergrund zu sehen.

Eine eigene Flüchtlingsregelung wurde zunächst im Refugee Relief Act von 1953 gefunden. Zwischen 1953 und 1956 wurden gut 200 000 Flüchtlinge und Verfolgte aus kommunistischen Staaten aufgenommen. Trotz einer fortbestehenden Bevorzugung europäischer Flüchtlinge erlaubte dieses Gesetz die Einreise einer auf 5 000 beschränkten Anzahl asiatischer Flüchtlinge. Der Einfluß des Kalten Krieges zeigte sich auch an den später folgenden Sonderregelungen für Flüchtlinge aus Ungarn und Kuba. Zwischen 1962 und 1979 reisten alleine knapp 700 000 Kubaner als Flüchtlinge ein, rund 30 Prozent aller zwischen 1945 und 1980 zugelassenen Flüchtlinge. Schließlich waren enge Familienangehörige amerikanischer Staatsbürger den Quoten nicht unterworfen.[247]

---

246 Ueda, *Postwar Immigrant America*, S. 42f.

247 Daniels, *Coming to America*, S. 335-337; Thomas J. Archdeacon, *Becoming American: An Ethnic History* (New York: Free Press, 1983), S. 180-181, 208-209; Ueda, *Postwar Immigrant America*, S. 49-52.

Die Bevorzugung der Flüchtlinge aus den Staaten der sowjetischen Macht- und Einflußsphäre ist die direkte Entsprechung zur Diskriminierung derjenigen, die auf der Liste der proskribierten Organisationen standen. Hier wurde wie in der Zeit des Unabhängigkeitskrieges Loyalität und damit das Bekenntnis zu den Vereinigten Staaten und ihrem gesellschaftlichen System zum entscheidenden Kriterium.

Die Auseinandersetzungen um das Einwanderungsrecht im 20. Jahrhundert reflektieren die Entwicklungen im Staatsbürgerschaftsverständnis. Das Bild des idealen Amerikaners wurde um eine bedeutende Komponente erweitert: Mit der Veränderung des Schmelztiegels der Individuen zu einem Schmelztiegel der Nationalitäten und ethnischen Gruppen schloß das Amerikanischsein nun ausdrücklich ethnische Identitäten mit ein. Im Kalten Krieg zeigte sich wie nie zuvor der enge Zusammenhang zwischen Einwanderungs- und Staatsbürgerschaftsrecht einerseits und Außenpolitik andererseits. Der Kalte Krieg führte zu einer Blüte universalistisch-liberaler Rhetorik zunächst auf außenpolitischem Feld. Doch dann wurde die Rhetorik auch in den Auseinandersetzungen über ein liberaleres Einbürgerungs- und Einwanderungsrecht der fünfziger und sechziger Jahren bestimmend.

Einwanderungsrecht und Einwandererintegration 1960-2000

Der Anspruch des Universalismus: Liberale Einwanderungsreform 1965 und Flüchtlingsgesetzgebung 1980

Eine deutliche Abwendung von der auf dem Abstammungsprinzip beruhenden Einwanderungsgesetzgebung brachte die Einwanderungsreform von 1965. Einzelne Kongreßabgeordnete wie der langjährige Vorsitzende des Rechtsausschusses im Repräsentantenhaus, Emmanuel Celler, hatten wiederholt die Initiative zu einer Reform ergriffen. Nach dem überstimmten Veto des McCarran-Walter-Act durch Präsident Truman befürworteten auch dessen Nachfolger Eisenhower und Kennedy eine Reform, die jedoch an den Widerständen im Kongress scheiterte. Insbesondere die Vorsitzenden des Rechtsausschusses im Senat, McCarran und Eastland sowie der Abgeordnete Walter, sahen, ganz im Zeichen der McCarthy-Ära, in der bestehenden Regelung wirksame Abwehrmechanismen gegen das Eindringen von Kommunisten.

Mit der Wahl Kennedys zum Präsidenten, dem ersten Katholiken im Weißen Haus, setzte ein Umschwung ein. Kennedys programmatische Schrift, *A Nation of Immigrants* von 1959, hatte Einwanderung als Ausdruck nationaler Stärke dargestellt und unterstützte somit die Bemühungen zur Überwindung des diskriminierenden Quotensystems. Doch erst 1963 machte Kennedy in einer Botschaft an den Kongreß konkrete Reformvorschläge.[248] Nach Kennedys Ermordung knüpfte sein Nachfolger Lyndon B. Johnson bereits 1964 in seiner jährlichen Ansprache vor dem Kongreß ebenfalls mit konkreten Vorschlägen an Kennedys Ideen an. Nach ersten Anhörungen in Kongreßausschüssen legte Johnson dem neugewählten Kongreß im Januar 1965 einen konkreten Gesetzentwurf vor.[249] Im Oktober 1965 wurden schließlich weitreichende Änderungen am Einwanderungsrecht vorgenommen: Die nach

248 Kennedy an den Präsidenten des Senats und den Sprecher des Repräsentantenhauses, 23.7.1963, in Oscar M. Trelles und James F. Bailey (eds.), *Immigration and Nationality Acts. Legislative Histories and Related Documents* (Buffalo: W. S. Hein, 1979), Bd. 10, Doc. 66.

249 „Message from the President ... Relative to Changes in Our Immigration Laws ...," 13.1.1965, 89th Congress, 1st Session, H.R., Doc. No. 52.

Abstammung diskriminierenden Einwanderungsquoten wurden abgeschafft; statt dessen wurde ein sieben Kategorien umfassendes Präferenzsystem eingeführt, in dem direkte Verwandschaft zu U.S.-Bürgern und zu Personen mit unbefristetem Aufenthaltsrecht als erste Präferenzen sowie qualifizierte Arbeitskräfte und Spezialisten sowie Flüchtlinge als weitere Rangfolgen festgelegt wurden.

Der Vorsitzende des Rechtsausschusses des Repräsentantenhauses, Emmanuel Celler, begründete seinen Gesetzentwurf mit der dringlichen Überwindung der Diskriminierung und der Hinwendung zu – wie er es skizzierte – amerikanischen Prinzipien:

> The fundamental feature of my bill, H. R. 7700, is the elimination from our laws of the fallacious belief that the place of birth or the racial origin of a human being determines the quality or the level of a man's intellect, or his moral character or his suitability for assimilation into our Nation and our society.
>
> In searching for a brief and comprehensive description of the underlying principle of my bill I use these words: "We do not intend to ask any immigrant 'Where were you born?' we intend to ask him only 'Who are you and what can you do for the country in which you have chosen to live?'"

Darüber hinaus argumentierten Vertreter der Johnson-Administration, daß die alte Quotenregelung außenpolitisch zunehmend problematisch wurde: Während die USA sich in der Welt für Demokratie und Liberalismus einsetzten, hielten sie im eigenen Lande an überkommenen Quotenregelungen fest, die dazu den Ländern mit minimalen Quoten den Eindruck vermitteln mußten, sie seien für die Amerikaner unwichtig. Gerade gegenüber den Ländern Afrikas, Asiens und Lateinamerikas, in denen die USA im Kalten Krieg um Einfluß rangen, schadete das Festhalten an der alten Politik. Justizminister Robert Kennedy führte in einer Kongreßanhörung 1964 unter anderem aus, daß das bestehende System etwas impliziere, was die Vereinigten Staaten aus eigener Erfahrung als falsch erkannt hätten:

> that regardless of individual qualifications, a man or woman born in Italy, or Greece, or Poland, or Portugal, or Czechoslovakia, or the Ukraine, is not as good as someone born in Ireland, or England, or Germany, or Sweden.[250]

Damit schlugen Regierung und Kongreß beim Einwanderungsrecht die gleiche Richtung wie bereits beim Civil Rights Act und Voting Rights Act

250 Congressional Hearing 89th Congress , 2nd Session HR Committee on the Judiciary, Subcommittee No. 1, „To Amend the Immigration and Nationality Act," 22.7.1964, S. 412.

ein, die Bürgerrechte und Wahlrecht unabhängig von Rasse und ethnischer Herkunft gewährleisten sollten.

Doch anders als von Befürwortern und Gegnern der Reform erwartet, kamen nicht mehr Einwanderer aus den bis dahin durch die Quoten benachteiligten Ländern Süd- und Osteuropas, sondern in größerer Zahl Einwanderer aus Lateinamerika und Asien. Ihre Einreise wurde ermöglicht durch das starke Element der Familienbindung im neuen Präferenzsystem. Direkte Angehörige von US-Staatsbürgern waren von der numerischen Beschränkung von 290 000 Einwanderern pro Jahr ausgenommen, so daß beispielsweise die Zahl legaler Einwanderer zwischen 1976 und 1985 durchschnittlich 546 000 betrug.[251]

Die Betonung universalistischer Ideen setzte sich fort in der Menschenrechtsoffensive Präsident Carters. Für Flüchtlinge vor Bürgerkrieg, politischer Verfolgung und Naturkatastrophen wurde im Refugee Act von 1980 nicht mehr nur ein fester Prozentsatz (6 Prozent der Visa nach dem Einwanderungsgesetz von 1965) freigehalten, sondern die Administration erhielt einen gewissen Freiraum bei der Bewilligung von Einwanderungsvisa in aktuellen Krisensituationen. Zuvor hatten solche Krisen spezielle Gesetze wie etwa für Flüchtlinge aus Kuba notwendig gemacht. Die neue Gesetzgebung, die im Kongress praktisch unumstritten war, sollte einerseits flexiblere Reaktionen auf Krisensituationen möglich machen und andererseits das Engagement der Vereinigten Staaten für Menschen- und Bürgerrechte weltweit signalisieren. In der Praxis wurden aber bald nach der Verabschiedung die Grenzen der neuen Regelung deutlich: Das Mariel Boat-Drama brachte 125 000 Kubaner ins Land; von einer geordneten Aufnahme der Flüchtlinge konnte erneut keine Rede sein. Zudem legte die unterschiedliche Behandlung kubanischer und haitianischer Flüchtlinge Widersprüche in der Flüchtlingspolitik offen: Galten die Kubaner als „politische" Flüchtlinge und wurden sie daher in den USA aufgenommen, so wurden die oft bettelarmen Haitianer als „Wirtschaftsflüchtlinge" abgewiesen. Das tatsächliche oder vermeintliche Bekenntnis zu den Freiheitsidealen der USA hatte in der Spätphase des Kalten Krieges nach wie vor eine besondere Stellung. Schließlich genossen die Flüchtlinge aus Kuba die

251 Roger Daniels, *Coming to America. A History of Immigration and Ethnicity in American Life* (New York: Harper, 1990), S. 341-343.

Unterstützung durch die einflußreichen Exil-Kubaner als wichtiger Lobbygruppe.[252]

Illegale Einwanderung, Einwandererintegration und die Neu-Definition von „Amerikanisierung"

Die amerikanische Innenpolitik der achtziger Jahre war gekennzeichnet von den Bemühungen, Steuern zu senken und die seit den sechziger Jahren angestiegenen Sozialausgaben wieder zu drosseln. Ähnlich wie im Großbritannien Margaret Thatchers wurde im Amerika Ronald Reagans eine größere Betonung gelegt auf die Verpflichtungen, die die Staatsbürger gegenüber dem Gemeinwesen haben. Nach den Jahren der Bürgerrechtsbewegung, in denen die bürgerlichen, politischen sowie, mit Einschränkungen auch die sozialen *Rechte* im Vordergrund der Diskussion über Staatsbürgerschaft standen, kam es zu einer Renaissance der *Pflichten*, die im Austausch zu Leistungen des Staates eingefordert wurden.[253] Von den Empfängern staatlicher Sozialfürsorge wurde die Einhaltung bestimmter Verhaltensnormen erwartet.

Diese Konzeption schloß gedanklich an die Verknüpfung von staatsbürgerlichen Rechten, Leistungen und Pflicht des einzelnen gegenüber dem Gemeinwesen an. So erhielten in vielen US-Staaten Soldaten allein aufgrund ihres Dienstes im Krieg von 1812 das Wahlrecht. Nach den Weltkriegen im 20. Jahrhundert wurden Soldaten und ihre Angehörige, die noch nicht die US-Staatsbürgerschaft hatten, bevorzugt eingebürgert. Die Anfänge der amerikanischen Sozialfürsorge lagen in der Versorgung für Veteranen des Bürgerkriegs und deren Angehörige.[254] Umgekehrt waren über lange Zeit Empfänger von Armenunterstützung sowie verurteilte Straftäter selbst bei kleinen Delikten und nach der Verbüßung ihrer Strafe in vielen Staaten vom Wahlrecht ausgeschlossen.

Teil dieser Offensive war die *Proposition 187* in Kalifornien, die 1994 über ein Referendum die sozialen Leistungen an illegale Einwan-

252 David M. Reimers, *Still the Golden Door: The Third World Comes to America* (New York: Columbia UP, 1985). Daniels, *Coming to America*, S. 345-349.

253 Lawrence Mead, *Beyond Entitlement. The Social Obligations of Citizenship* (New York: Free Press, 1986).

254 Theda Skocpol, *Protecting Soldiers and Mothers: The Political Origins of Social Policy in the United States* (Cambridge, Mass.: Belknap/Harvard UP, 1992).

derer beenden und den Zugang zu öffentlichen Schulen für illegale Einwanderer versperren sollte.[255] Gouverneur Pete Wilson suchte mit diesem Projekt und anderen Gesetzesinitiativen die einwanderungsfeindliche Stimmung Anfang der neunziger Jahre aufzugreifen. In einigen Einzelstaaten, in denen vor allem Einwanderer aus Mexiko und anderen lateinamerikanischen Ländern die Hegemonie der Anglophonen zu gefährden schienen, wurden Verfassungszusätze verabschiedet, die Englisch zur offiziellen Amtssprache machten.[256]

Mit dem Illegal Immigration Reform and Immigrant Responsibility Act und dem Personal Responsibility and Work Opportunity Reconciliation Act von 1996 wurden viele Sozialleistungen für legale und illegale Einwanderer gesperrt, das Verbot des Schulbesuchs für illegale Einwanderer (Gallegly-Amendment) scheiterte nach der Verabschiedung durch das Repräsentantenhaus am Widerstand Präsident Clintons und einer fehlenden Mehrheit im Senat. Darüber hinaus wurden die Kontrollen besonders an den Grenzen zu Mexiko verschärft.[257]

Die Problematik der illegalen Einwanderer hatte sich bereits in den achtziger Jahren verschärft. Mit dem Immigration Reform and Control Act von 1986 war versucht worden, einerseits illegale Einwanderer zu legalisieren, die sich bereits längere Zeit in den USA aufhielten, und andererseits die Grenzkontrollen besonders an der Grenze zu Mexiko zu verschärfen.

Der Immigration Act von 1990 führte eine neue Kategorie unter den Einwanderervisa ein: Mit dem sogenannten Diversity Program sollten bis zu 55 000 Visa jährlich an Einwanderer aus denjenigen Ländern vergeben werden, die in der Zeit seit 1965 unterrepräsentiert waren. Diese Regelung war ein Erfolg von spezifischen ethnischen Lobbygruppen.

Die Auseinandersetzungen um die Institutionalisierung von Multikulturalismus in den Schulen und Hochschulen der Vereinigten Staaten bildeten ein Schlachtfeld im Streit um das amerikanische Selbstverständnis. Diese Auseinandersetzungen spiegelten sich ebenso wider in der Diskussion über Einwanderungspolitik und Einwandererintegration und das Verständnis der Vereinigten Staaten als Einwanderungsland.

---

255 Proposition 187 wurde aufgrund verfassungsrechtlicher Bedenken nicht in Kraft gesetzt. „SOS Dominates California Campaign," *Migration News* 1, 11 (Nov. 1994).

256 *Migration News* 2, 9 (Sept. 1995).

257 „Immigration Overhaul," *Migration News* 3, 10 (Oct. 1996).

Mitte der neunziger Jahre begann eine publizistische Offensive kulturkonservativer Kreise mit dem Ziel, das dominierende Bild von den USA als „nation of immigrants" und multi-ethnischer Gesellschaft umzukehren. Bücher mit programmatischen Titeln wie *Alien Nation: Common Sense About America's Immigration Desaster, The Case Against Immigration, The Immigration Mystique: America's False Conscience* machten in erster Linie die Einwanderung für Fehlentwicklungen in der amerikanischen Gesellschaft verantwortlich.[258] So schrieb Chilton Williamson, Jr. in *The Immigration Mystique*:

> If America owes multiculturalism to the New Immigration, the „culture war" is attributable to the failure of immigration as „an American tradition." Immigration is a failure because assimilation, contrary to national myth, never really occurred. And assimilation failed because *(a)* the complete accomodation by one culture to another is virtually impossible; *(b)* the immigrants never wishes for full assimilation anyway; *(c)* immigrant resentment of the old American stock has always persisted; and *(d)* the political and intellectual culture of the founding and early republican eras was fundamentally incompatible with any that has been subsequently introduced.[259]

Diese publizistischen Bemühungen bildeten den Hintergrund für die Arbeit von politischen Lobbygruppen gegen Einwanderung. In dem von ihnen entwickelten Bedrohungsszenario wurde an die Arbeitsplatzängste der middle-class Amerikaner abgehoben und die Gefährdung der amerikanischen Demokratie durch die Einwanderung beschworen.[260] Angesichts von Wirtschaftskrise und Arbeitslosigkeit hatte diese Argumentation vorübergehend eine Anziehungskraft in breiten Bevölkerungsschichten. Doch setzte 1996 eine Wende ein: Mit der Einbürgerung von mehr als einer Million Einwanderern – die höchste Zahl seit Anfang des Jahrhunderts – sowie hohen Einbürgerungszahlen auch in den Folgejahren wurde eine Wählerklientel massiv gestärkt, die besonders die republikanische Partei nicht mehr ignorieren konnte. Zudem verfingen die Argumente der Einwanderungsgegner angesichts von Wirtschaftsaufwung und zurückgehender Arbeitslosigkeit nicht mehr so leicht.

---

258 Peter Brimelow, *Alien Nation: Common Sense About America's Immigration Disaster* (New York: Random House, 1995); Roy Beck, *The Case Against Immigration. The Moral, Economic, Social, and Environmental Reasons for Reducing U.S. Immigration Back to Traditional Levels* (New York: Norton, 1996); Chilton Williamson, Jr., *The Immigration Mystique. America's False Conscience* (New York: Basic Books, 1996); Georgie Anne Geyer, *Americans No More: The Death of Citizenship* (New York: Atlantic Monthly Press, 1996).

259 Williamson, *The Immigration Mystique*, S. 198.

260 Beck, *The Case Against Immigration*, Kap. 1.

Gleichzeitig gab es auf der anderen Seite Bestrebungen, auch die neue Einwanderung der achtziger und neunziger Jahre als Bereicherung für die Gesellschaft darzustellen und damit die fortwährende Identität der USA als Einwanderungsland zu festigen. So schrieb Sanford Ungar in *Fresh Blood: The New American Immigrants*:

It is the welcome that has always been extende to new people, and the assumption that they will invariably add something beneficial to the nation, that have made America different from everyplace else in the world. To be Japanese, say, or French implies a certain homogeneity of background and acceptance of cultural norms. To be American means being part of an ever more heterogeneous people and participating in the constant redefinition of a complex, evolving cultural fabric.[261]

Teil des Immigration Act von 1990 war die Einsetzung einer Kommission zur Analyse der Einwanderungspolitik der USA und ihrer Auswirkungen auf wichtige Politikbereiche. Bis 1997 legte die hochrangig besetzte Kommission eine Reihe von Berichten und Studien zu Flüchtlingspolitik, illegaler und legaler Einwanderung vor.[262]

Hauptgegenstand des Abschlußberichts *Becoming American* war neben Vorschlägen zur Veränderung der Organisationsstruktur des *Immigration and Naturalization Service* aber die Integration von Einwanderern. Nach fast 80 Jahren wurde der Begriff „Amerikanisierung" wiederbelebt, jedoch mit anderen Inhalten gefüllt als zur Zeit des Ersten Weltkriegs. „Amerikanisierung" sei immer ein gegenseitiger Prozeß; die Einwanderung in die Vereinigten Staaten sei im Kern eine Erfolgsgeschichte: „Immigration to the United States has created one of the world's most successful multiethnic nations." Als spezifische amerikanische Charakteristika wurden genannt:

American unity depends upon a widely-held belief in the principles and values embodied in the American Constitution and their fulfillment in practice: equal protection and justice under the law; freedom of speech and religion; and representative government;

Lawfully admitted newcomers of any ancestral nationality without regard to race, ethnicity, or religion truly become Americans when they give allegiance to these principles and values;

Ethnic and religious diversity based on personal freedom is compatible with national unity; and

261 Sanford J. Ungar, *Fresh Blood: The New American Immigrants* (New York: Simon and Schuster, 1995), S. 366.

262 Eine Übersicht der U.S. Commission on Immigration Reform http://www.utexas.edu/lbj/uscir/reports.html

> The nation is strengthened when those who live in it communicate effectively with each other in English, even as many persons retain or acquire the ability to communicate in other languages.[263]

Zwar waren auch zur Zeit der Amerikanisierungsbewegung ähnliche Aussagen beispielsweise von Sozialwissenschaftlern gemacht worden, doch war die Betonung des wechselseitigen Integrationsprozesses und die Vereinbarkeit von ethnischer und konfessioneller Vielfalt mit nationaler Einheit damals in keiner Weise von einem breiten Konsens getragen.[264]

Das Selbstverständnis der Vereinigten Staaten als einer erfolgreichen multi-ethnischen Nation findet eine breite Zustimmung, doch ist es nach wie vor nicht unangefochten. Dies zeigen einerseits die bereits erwähnten Versuche, die Einwanderung in die USA und die Multi-Ethnizität als schädlich oder zumindest problematisch zu deuten,[265] und andererseits, auf ganz praktischer Ebene, die Grenzen der Förderung von Einwanderung und Multi-Ethnizität. Besonders in den großen Einwanderermetropolen werden zweisprachige Mitarbeiter in die Verwaltungen eingestellt und öffentliche Ankündigungen in verschiedenen Sprachen verbreitet.[266] Der Supreme Court hatte 1982 in *Plyler v. Doe* entschieden, daß illegal in den USA lebende Kinder das Recht auf den Besuch öffentlicher Schulen haben.[267] Diese Entscheidung war auch die Grundlage für die gerichtliche Überprüfung der Proposition 187, durch die illegale Einwanderer in Kalifornien öffentliche Unterstützung und der Besuch öffentlicher Schulen verwehrt werden sollte.

In einigen Staaten wurde der Druck auf Einwanderer, sich anzupassen und insbesondere die Sprache zu lernen, erhöht. So erklärten einige Staaten Englisch zur offiziellen Amtssprache, was zunächst keine unmittelbaren praktischen Konsequenzen hatte. In Alabama wurde nun aber in Widerspruch zum Civil Rights Act von 1964 von den Antragstellern auf eine Fahrerlaubnis die Ablegung eines schriftlichen Tests in

---

263 United States Commission on Immigration Reform, *Becoming an American: Immigration and Immigrant Policy* (Washington, D.C.: GPO, 1997), S. 25, http://www.utexas.edu/lbj/uscir/becoming/full-report.pdf

264 Siehe oben der Abschnitt „Der ‚ideale Staatsbürger'", S. 181-202.

265 Siehe oben der Beitrag von Ulrike Fischer-Inverardi S. 54-104, aber auch die kritischen Ausführungen von Peter D. Salins, *Assimilation, American Style* (New York: Basic Books, 1996); John J. Miller, *Unmaking Americans: How Multiculturalism Has Undermined the Assimilation Ethic* (New York: Free Press, 1998).

266 *Migration News* 8, Nr. 5 (May 2001).

267 *Plyler v. Doe*, 457 U.S. 202 (1982).

englischer Sprache erwartet, während dies zuvor unter anderem auch in Spanisch möglich gewesen war. In *Alexander v. Sandoval* hob der Supreme Court zwar den Civil Rights Act nicht formal auf, gab den Staaten jedoch mehr Freiraum, die praktische Umsetzung des Civil Rights Acts zu umgehen.[268]

Seit 1995 stiegen die Zahlen der Einbürgerungen erheblich, und 1996 überschritten die Einbürgerungszahlen erstmals die Millionengrenze, weshalb von republikanischen Politikern der Clinton-Administration vorgeworfen wurde, willkürlich potentielle Wähler einzubürgern. Die hohen Einbürgerungszahlen bei anhaltend hoher Einwanderung setzten Politiker der Republikanischen Partei jedoch unter Druck, von ihrem Anti-Einwanderungskurs abzulassen. Gerade um die größte Gruppe der Einwanderer, den sehr heterogenen *Hispanics*, setzte das Werben der Parteien ein. Abgesehen von den Einwanderern aus Kuba, die traditionell den Republikanern zuneigen, waren die übrigen Gruppen von Hispanics stärker mit der Demokratischen Partei verbunden, weshalb sich die Republikaner bemühten, mit einer moderat einwandererfreundlichen Politik nicht zu sehr in Rückstand bei dieser wichtigen Wählergruppe zu geraten. Gestärkt wurde die positivere Haltung von Gesellschaft und Politik gegenüber Einwanderung auch durch die Entspannung auf dem Arbeitsmarkt und den anhaltenden Bedarf an billigen Arbeitskräften in der Dienstleistungsbranche und – vor allem als Saisonarbeiter – in der Landwirtschaft.

Im Zensus von 2000 überschritt die Zahl der Hispanics mit über 35 Millionen erstmals die Zahl der Schwarzen in der amerikanischen Bevölkerung. Weitere Untersuchungen deuten an, daß die Segregation der Wohnumfelder nach Herkunftsnationalitäten wie an der Wende zum 20. Jahrhundert wieder zugenommen hat. In einzelnen Metropolen wie Miami, Los Angeles und San Antonio bilden Hispanics schon eine Mehrheit; im Staat Kalifornien sind die Menschen, die sich im Fragebogen als „weiß“ bezeichnen, mittlerweile in die Minderheit geraten.[269]

Diese Zahlen belegen die große Bedeutung, die der Problemkomplex Einwanderung, Multi-Ethnizität und „Mitgliedschaft“ in der amerikanischen Politik und Gesellschaft auch künftig haben. Die gegensätzlichen Tendenzen in der praktischen Politik gegenüber Einwanderern illustrieren den fortdauernden Kampf um die (Selbst-) Deutung der amerikani-

268 No. 99-1908, 532 U.S. ___ (2001).
269 *Migration News* 8, Nr. 5 (May 2001).

schen Nation: Sei es als aus der Einwanderung hervorgegangenen Nation, sei es als Nation mit explizit formulierten politischen Vorstellungen, einer Zivilreligion, sei es als einer Nation, die trotz fortdauernder Einwanderung im Grunde nach wie vor angelsächsisch-protestantisch imprägniert ist. Dieser Deutungskampf setzt sich in den Detail-Entscheidungen vor Ort, aber ebenso bis in die Urteile des Supreme Court fort.

Literatur

Abbott, Grace, „Adjustment – Not Restriction," *Survey* 25 (Jan. 7, 1911), S. 527-529.

Abel, Annie H., „Proposals for an Indian State, 1778-1878," American Historical Association, *Annual Report . . . for the Year 1907*, Bd. 1 (1908), S. 89-104.

Adamic, Louis, *A Nation of Nations* (New York: Harper, 1945).

Adams, Willi Paul, „Die Assimilationsfrage in der amerikanischen Einwanderungsdiskussion 1890-1930," *Amerikastudien/American Studies* 27, Nr. 3 (1982), S. 275-291.

Adams, Willi Paul, „The Founding Fathers and the Immigrants," *La Révolution Américaine et l'Europe. Colloques Internationaux du Centre National de la Recherche Scientifique*, (Paris: CNRS, 1979), S. 138.

Addams, Jane, *Twenty Years at Hull House* (New York: Macmillan, 1910).

Annals of Congress.

Archdeacon, Thomas J., *Becoming American. An Ethnic History* (New York/London: Free Press/Macmillan, 1983).

Aubitz, Shawn, und Gail Stern, „Ethnic Images in World War I Posters," *Journal of American Culture* 9, 4 (1986), S. 83-98.

Aylsworth, Leon E., „The Passing of Alien Suffrage," *American Political Science Review* 25, 1 (Feb. 1931).

Beck, Roy, *The Case Against Immigration. The Moral, Economic, Social, and Environmental Reasons for Reducing U.S. Immigration Back to Traditional Levels* (New York: Norton, 1996).

Berkson, Isaac B., *Theories of Americanization. A Critical Study with Special Reference to the Jewish Group* (New York: Columbia University Teachers College, 1920).

Billington, Ray Allen, *The Protestant Crusade, 1800-1860; a Study of the Origins of American Nativism* (New York: Rinehart, 1938).

Blaustein, David, „From Oppression to Freedom," *Charities* 10 (Apr. 4, 1903), S. 337-343

Bodayla, Stephen D., „‚Can an Indian Vote?' Elk v. Wilkins, a Setback For Indian Citizenship," *Nebraska History* 67, Nr. 4 (1986), S. 372-380.

Bodnar, John, *Remaking America. Public Memory, Commemoration, and Patriotism in the Twentieth Century* (Princeton, New Jersey: Princeton UP, 1992).

Bodnar, John, *The Transplanted* (Bloomington: Indiana UP, 1985).

Breckinridge, Sophonisba, *New Homes for Old* (New York, 1921).

Brimelow, Peter, *Alien Nation: Common Sense About America's Immigration Disaster* (New York: Random House, 1995).

Brooks, F.G., „Evening Schools," in Cleveland Board of Education, *Annual Report* 1916-17.

California Commission of Immigration and Housing, *Home Teachers' Manual* (Sacramento, 1915).

California State Senate, *Chinese Immigration. Its Social, Moral, and Political Effect.* Report to the California State Senate of Its Special Committee on Chinese Immigration (Sacramento: State Office, 1878)

Carrott, M. Browning, „Prejudice Goes to Court – The Japanese and the Supreme Court in the 1920s," *California History* 62, Nr. 2 (1983), S. 122-138.

Cleveland *Plain Dealer.*
Commager, Henry Steele, *Documents of American History*, 7. Aufl., Bd. 2 (New York: Appleton-Century-Crofts, 1963).
Committee on Public Information, Division of Four Minute Men, Bulletin Nr. 33 „The Meaning of America," 29.6.1918.
Commons, John R., „Lizzie Likes Her Job," *Independent* 104 (6.11.1920), S. 184, 202-204.
Congressional Hearing „Revision of Immigration, Naturalization, and Nationality Laws," Mar. 6-9, 12-16, 20, 21, Apr. 9, 1951, 82nd Congress, 1st Session (Senate and House Committees on the Judiciary).
Congressional Hearing 89th Congress , 2nd Session HR Committee on the Judiciary, Subcommittee No. 1, „To Amend the Immigration and Nationality Act," 22.7.1964.
Congressional Record 65th Congress.
Cornebise, Alfred E., *War As Advertised: The Four Minute Men and America's Crusade, 1917-1918* (Philadelphia: American Philosophical Society, 1984).
Croly, Herbert, *Progressive Democracy* (New York: Macmillan 1914).
Croly, Herbert, *The Promise of American Life* (New York: Macmillan, 1909).
Daniels, John, *America Via the Neighborhood* (New York, 1920).
Daniels, Roger, „Changes in Immigration Law and Nativism since 1924," *American Jewish History* (1986), S. 164-177.
Daniels, Roger, *Asian America. Chinese and Japanese in the United States since 1850* (Seattle/London: University of Washington Press, 1988).
Daniels, Roger, *Coming to America: A History of Immigration and Ethnicity in American Life* (New York: Harper-Collins, 1990).
Daughters of the American Revolution, *Annual Report* (1919).
Davis, Allen F., *Spearheads for Reform. The Social Settlements and the Progressive Movement, 1890-1914* (New York etc.: Oxford UP, 1967).
Dewey, John, „Nationalizing Education," National Education Association, *Journal of Addresses and Proceedings* 54 (1916), S. 183-189.
Dinkin, Robert J., *Voting in Provincial America: A Study of Elections in the Thirteen Colonies, 1688-1776* (Westport, Conn.: Greenwood, 1977).
Dorinson, Joseph, „The Educational Alliance: An Institutional Study in Americanization and Acculturation," in: Michael D'Innocenzo and Josef Sirefman (eds.), *Immigration and Ethnicity: American Society—‚Melting Pot' or ‚Salad Bowl'?* (New York: Greenwood, 1991), S. 93-108.
Dorr, Harold M. (ed.), *The Michigan Constitutional Conventions of 1835-36, Debates and Proceedings* (Ann Arbor: University of Michigan Press, 1940).
Dyer, Thomas G., *Theodore Roosevelt and the Idea of Race* (Baton Rouge: Louisiana State UP, 1980).
Farrand, Max, *The Records of the Federal Convention.* 4 Bde. (New Haven: Yale UP, 1911).
Feiss, Richard A., „Personal Relationship as a Basis of Scientific Management," American Academy of Political and Social Science, *Annals* 65 (May 1916), S. 27-56.
Fine, Sidney, *Laissez-Faire and the General Welfare State. A Study of Conflict in American Thought, 1865-1901* (Ann Arbor: University of Michigan Press, 1956).
Fleming, Donald, „Social Darwinism," in: Arthur M. Schlesinger, Jr. und Morton White (eds.), *Paths of American Thought* (Boston: Houghton Mifflin, 1963), S. 123-145.

Franklin, Frank G., *The Legislative History of Naturalization in the United States From the Revolutionary War to 1861* (Chicago: University of Chicago Press, 1906).
Gavit, John P., *Americans by Choice* (New York: Harper, 1922).
Gerstle, Gary, „Liberty, Coercion, and the Making of Americans," *Journal of American History* 84 (Sep. 1997), S. 524-558.
Geyer, Georgie Anne, *Americans No More: The Death of Citizenship* (New York: Atlantic Monthly Press, 1996).
Goodman, Cary, „(Re) Creating Americans at the Educational Alliance," *Journal of Ethnic Studies* 6, 4 (Winter 1979), S. 1-28.
Grose, Howard B., *Aliens or Americans?* (New York: Eaton & Mains, 1906).
Hall, Prescott F., „Selection of Immigration," American Academy Political and Social Science, *Annals* 24 (1904), S. 169-184.
Hall, Prescott F., *Immigration and Its Effects upon the United States* (New York: Holt, 1906).
Handlin, Oscar, „Memorandum Concerning the Background of the National Origins Quota System," in U.S. President's [Truman] Commission on Immigration and Naturalization, *Hearings*, Sep. 30 - Oct. 29, 1952 (Washington, 1952), Committee Print 82nd Congress, 2nd session
Hartmann, Edward G., *The Movement to Americanize the Immigrant* (New York: AMS Press, 1948).
Herrmann, Dietrich, *„Be an American!" Amerikanisierungsbewegung und Theorien zur Einwandererintegration* (Frankfurt/M.: Campus, 1996).
Higham, John, *Strangers in the Land* (New Brunswick, N.J.: Rutgers UP, 1955).
Holm, Tom, „Fighting a White Man's War: The Extent and Legacy of American Indian Participation in World War II," *Journal of Ethnic Studies* 9, Nr. 2 (1981), S. 69-81.
Hourwich, Isaac, *Immigration and Labor* (New York: Putnam's, 1912).
Hoyt, Edward A., „Naturalization under the American Colonies: Signs of a New Community," *Political Science Quarterly* 67 (1952), S. 248-266.
Hull, Elizabeth, „Naturalization and Denaturalization," in: Kim (ed.), *Asian Americans and the Supreme Court*, S. 403-420.
„Immigration Overhaul," *Migration News* 3, 10 (Oct. 1996).
Jones, Maldwyn A., *American Immigration* (Chicago/London: University of Chicago Press, 1960).
Joseph & Feiss Company Papers, Western Reserve Historical Society, Cleveland, Cont. 1, Folder 1.
Kellor, Frances A., „Immigrants in America, a Domestic Policy," *Immigrants in America Review* 1, 1 (Mar. 1915), S. 9-27.
Kellor, Frances A., „Needed, a Domestic Immigration Policy," *North American Review* 193 (Apr. 1911), S. 561-573.
Kettner, James H., „The Development of American Citizenship in the Revolutionary Era: The Idea of Volitional Allegiance," *American Journal of Legal History* 18 (1974), S. 208-242.
Kettner, James H., *The Development of American Citizenship, 1608-1870* (Chapel Hill: University of North Carolina Press, 1978).
Kim, Hyung-Chan, „An Overview," in: Hyung-Chan Kim (ed.), *Asian Americans and the Supreme Court. A Documentary History* (New York/Westport, Conn./London: Greenwood, 1992).

Konvitz, Milton R., *The Alien and the Asiatic in American Law* (Ithaca/New York: Cornell UP, 1946).
Korman, Gerd, *Industrialization, Immigrants, and Americanizers: The View from Milwaukee, 1865-1924* (Madison: State Historical Society of Wisconsin, 1967).
Lacy, Michael G., „A Model of Cooptation Applied to the Political Relations of the United States and American Indians," *Social Science Journal* 19, Nr. 3 (1982), S. 23-36.
Lazarus, Mark L. III, „An Historical Analysis of Alien Land Law: Washington Territory and State, 1853-1889," *University of Puget Sound Law Review* 12, Nr. 2 (1988/89), S. 197-246.
Leiserson, William, *Adjusting Immigrants and Industry* (New York, 1924).
Lesser, Jeff H., „Always ‚Outsiders': Asians, Naturalization, and the Supreme Court," *Amerasia* 12, Nr. 1 (1985-86), S. 83-100
Lien, Arnold J., *The Acquisition of Citizenship by Native American Indians* (Concord, N. H.: Washington University Studies, 1925).
Lissak, Rivka Shpak, *Pluralism and Progressives. Hull House and the New Immigrants, 1890-1919* (Chicago/London: University of Chicago Press, 1989).
Lothyan, Phillip E., „A Question of Citizenship," *Prologue* 21, Nr. 3 (1989), S. 267-273.
Madison, James, Alexander Hamilton und John Jay, *The Federalist Papers.* Ed. by Isaac Kramnick (Harmondsworth [u.a.]: Penguin, 1987).
Martin, Jill E., „‚Neither Fish, Flesh, Fowl, nor Good Red Herring': The Citizenship Status of American Indians, 1830-1924," *Journal of the West* 29, Nr. 3 (1990), S. 75-87.
McBride, Paul, „Peter Roberts and the YMCA Americanization Program, 1907-World War I," *Pennsylvania History* 44, Nr. 2 (1977), S. 145-162.
McBride, Paul, „The Cultural Cold War: Immigrants and the Quest for Cultural Monism," Ph.D. Diss. University of Georgia 1972.
McClain, Charles J., *In Search of Equality: The Chinese Struggle against Discrimination in Nineteenth Century America* (Berkeley: University of California Press, 1994)
McClain, Charles J., und Laurence Wu McClain, „The Chinese Contribution to the Development of American Law," in: Sucheng Chan (ed.), *Entry Denied: Exclusion and the Chinese Community in America, 1882-1943* (Philadelphia: Temple UP, 1991), S. 3-24.
McClymer, John F., „The Americanization Movement and the Education of the Foreign-Born Adult, 1914-1925," in Bernard J. Weiss (ed.), *American Education and the European Immigrant: 1840-1940* (Urbana etc.: University of Illinois Press, 1982), S. 96-116.
Mead, Lawrence, *Beyond Entitlement. The Social Obligations of Citizenship* (New York: Free Press, 1986).
„Message from the President ... Relative to Changes in Our Immigration Laws ...," 13.1.1965, 89th Congress, 1st Session, H.R., Doc. No. 52.
Meyer, Stephen, „Adapting the Immigrant to the Line: Americanization in the Ford Factory," *Journal of Social History* 14 (1980), S. 67-82.
Miller, John J., *Unmaking Americans: How Multiculturalism Has Undermined the Assimilation Ethic* (New York: Free Press, 1998).
Milroy, R. H., „Our Indian Policy Further Considered," *Princeton Review* 5, Nr. 20 (Oct 1876), S. 624-628 http://moa.umdl.umich.edu/cgi/sgml/moa-idx?notisid=ACF4325-1603PRIN-37

Mock, James R., und Cedric Larson, *Words that Won the War. The Story of the Committee on Public Information, 1917-1919* (Princeton: Princeton UP, 1939).

Moley, Raymond, „Schooling in Citizenship," in Frank V. Thompson, *The Schooling of the Immigrant* (New York: Harper, 1920).

Myrdal, Gunnar, *An American Dilemma. The Negro Problem and Modern Democracy* (New York: Harper, 1944).

Park, Robert E., Herbert A. Miller und William I. Thomas, *Old World Traits Transplanted* (New York/London: Harper, 1921).

Peterson, Merrill D.(ed.), *Democracy, Liberty, and Property: The State Constitutional Conventions of the 1820s* (Indianapolis: Bobbs-Merrill, 1966).

Porter, Kirk H., *A History of Suffrage in the United States* (Chicago: University of Chicago Press, 1918).

President's [Truman] Commission on Immigration and Naturalization, *Whom We Shall Welcome* (Washington: GPO, 1953).

Proceedings and Debates of the Convention of the Commonwealth of Pennsylvania to Propose Amendments to the Constitution. Commenced at Harrisburg, May 2, 1837. Reported by John Agg, Stenographer (Harrisburg: Packer, Barrett, and Parker, 1838).

Prucha, Francis Paul, *The Great Father. The United States Government and the American Indians*. 2 Vols. (Lincoln/London: University of Nebraska Press, 1984).

Prucha, Francis Paul, *Indian Policy in the United States, Historical Essays.* (Lincoln/London: University of Nebraska Press, 1981).

Reimers, David M., *Still the Golden Door: The Third World Comes to America* (New York: Columbia UP, 1985).

Report of the Proceedings and Debates in the Convention to Revise the Constitution of the State of Michigan 1850 (Lansing: Ingals, 1850), http://moa.umdl.umich.edu/cgi-bin/moa/sgml/moa-idx?notisid=AEW7788

Reports of the Debates and Proceedings of the Convention of the State of New York Held at the Capitol, in the City of Albany, on the 28th Day of August, 1821. By L. H. Clarke (New York: Seymour, 1821).

Rischin, Moses (ed.), *Immigration and the American Tradition* (Indianapolis: Bobbs-Merrill, 1976).

Roberts, Peter, *English for Coming Americans. Advanced Course* (New York: Associated Press & YMCA, 1920).

Roosevelt, Theodore, „The New Nationalism," in: Hermann Hagedorn (ed.), *The Works of T. R.* (New York: Scribner's, 1925), Bd. 19, S. 10-30.

Ross, Edward A., *The Old World in the New* (New York: Century, 1914).

Salins, Peter D., *Assimilation, American Style* (New York: Basic Books, 1996).

Salyer, Lucy, *Laws Harsh as Tigers: Chinese Immigrants and the Shaping of Modern Immigration Law* (Chapel Hill, N. C.: University of North Carolina Press, 1995).

Sapiro, Virginia, „Women, Citizenship, and Nationality: Immigration and Naturalization Policies in the United States," *Politics and Society* 13, Nr. 1 (1984), S. 1-26.

Sargent, Frank P., „Problems of Immigration," American Academy of Political and Social Science, *Annals* 24 (1904), S. 153-158.

Schimmer, Ralf, *Populismus und Sozialwissenschaften im Amerika der Jahrhundertwende* (Frankfurt/M.: Campus, 1997).

Schöberl, Ingrid, *Amerikanische Einwandererwerbung in Deutschland 1845-1914* (Stuttgart: Steiner, 1990).

Shklar, Judith N., *American Citizenship: The Quest For Inclusion* (Cambridge, Mass.: Harvard UP, 1991).

Sixtieth Annual Report of the Commissioner of Indian Affairs to the Secretary of Interior, 1891, Pt. 1 (Washington, D.C.: GPO 1891).

Skocpol, Theda, *Protecting Soldiers and Mothers: The Political Origins of Social Policy in the United States* (Cambridge, Mass.: Belknap/Harvard UP, 1992).

Smith, Eric Ledell, „The End of Black Voting Rights in Pennsylvania: African Americans and the Pennsylvania Constitutional Convention of 1837-1838," *Pennsylvania History* 65 (Summer 1998), S. 279-299.

Smyth, Albert Henry (ed.), *The Writings of Benjamin Franklin* (New York, London: Macmillan, 1907).

Sollors, Werner, *Beyond Ethnicity. Consent and Descent in American Culture* (New York: Oxford UP, 1986).

„SOS Dominates California Campaign," *Migration News* 1, 11 (Nov. 1994).

Stitt, Edward W., „Recreation of the Immigrant," U.S. Bureau of Education, *Bulletin* 1913, Nr. 51, S. 25-27.

Strong, Josiah, *Our Country. Its Possible Future and Its Present Crisis* (New York: American Home Missionary Society, 1885).

Texas Constitution, Art. 6, Sec.1.

Texas Election Code, Title 2, Chapter 11, § 11.002.

Texas, 75th Legislature, Regular Session, HJR 104.

Thomas E. Stuen, „Asian Americans and their Rights for Land Ownership," *Asian Americans and the Supreme Court*, S. 603-630.

Trelles, Oscar M., und James F. Bailey (eds.), *Immigration and Nationality Acts. Legislative Histories and Related Documents* (Buffalo: W. S. Hein, 1979).

U. S. Congress, H. R. Subcommittee on Immigration, 80th Congress, 2nd session, Anhörung „Providing for Equality Under Naturalization and Immigration Laws," Apr. 19, 21, 1948.

U. S. Congress, Senate, 44th Congress, 2nd Sess., Report No. 689, *Report of the Joint Special Committee to Investigate Chinese Immigration* (Washington: GPO, 1877).

U. S. Immigration Commission [Dillingham-Commission], *Report*. 42 Bände (Washington: GPO, 1911).

U. S. Bureau of Naturalization, *Federal Citizenship Textbook*. A Course of Instruction for Use in the Public Schools by the Candidate for Citizenship. 2 Bände (Washington: GPO, 1921/22).

Ueda, Reed, *Postwar Immigrant America. A Social History* (Boston: St. Martin's, 1994).

Ungar, Sanford J., *Fresh Blood: The New American Immigrants* (New York: Simon and Schuster, 1995).

United States [Congress], *Condition of the Indian Tribes. Report of the Joint Special Committee, Appointed under Joint Resolution of March 3, 1865* (Washington, DC: GPO, 1867). http://moa.umdl.umich.edu/cgi/sgml/moa-idx?notisid=ABB3022

United States Commission on Immigration Reform, *Becoming an American: Immigration and Immigrant Policy* (Washington, D.C.: GPO, 1997).

Vorländer, Hans, „‚American Creed', liberale Tradition und politische Kultur der USA," in Franz Greß und Hans Vorländer (Hg.), *Liberale Demokratie in Europa und den USA* (Frankfurt/M., New York: Campus, 1990), S. 11-33.

Vorländer, Hans, *Hegemonialer Liberalismus. Politisches Denken und politische Kultur in den USA 1776-1920* (Frankfurt/M.: Campus, 1997).

Walker, Francis A., „Immigration and Degradation," *Forum* 11 (Aug. 1891), S. 634-644.
Warner, W. Lloyd, und Leo Srole, *The Social Systems of American Ethnic Groups* (New Haven: Yale UP, 1945).
Warner, W. Lloyd, und Paul S. Lunt, *The Social Life of a Modern Community* (New Haven: Yale UP, 1941).
Weaver, Glenn, „Benjamin Franklin and the Pennsylvania Germans," *William and Mary Quarterly* 3rd series 14 (1957), S. 536-559.
Wheaton, H.H., „Survey of Adult Immigrant Education," *Immigrants in America Review* 1, 2 (June 1915), S. 63.
Wheeler, William Bruce, und Susan D. Becker, „The Clash of Political Philosophies: The Debate over Universal Suffrage in New York, 1821," in dies., *Discovering the American Past: A Look at the Evidence* (Boston: Houghton Mifflin, 1990), 2d ed., vol. 1, S. 112-116.
Williamson, Chilton, *American Suffrage: From Property to Democracy 1760-1860* (Princeton, N. J.: Princeton UP, 1960).
Williamson, Chilton, Jr., *The Immigration Mystique. America's False Conscience* (New York: Basic Books, 1996).
Wittke, Carl F., *We Who Built America* (New York: Prentice-Hall, 1939).
Zangwill, Israel, *The Melting Pot* (New York: Macmillan, 1909).

Fälle vor dem Supreme Court:
Alexander v. Sandoval, No. 99-1908, 532 U.S. ____ (2001).
Chae Chan Ping v. U. S., 130 U. S. 581 (1889).
Cherokee Nation v. Georgia, 30 U.S. 1 (1831).
Chy Lung v. Freeman et al., 92 U. S. 275 (1875).
Elk v. Wilkins 112 U.S. 94 (1884).
Ex parte Crow Dog 109 U.S. 556 (1883).
Henderson v. Mayor of City of New York, 92 U.S. 259 (1875).
Hindemitsu Toyota v. United States, 268 U. S. 402 (1925).
Korematsu v. United States, 323 U.S. 214 (1944).
Morrison v. California, 291 U. S. 82 (1933).
Plyler v. Doe, 457 U.S. 202 (1982).
Scott v. Sandford, 60 U.S. 393 (1856).
State ex rel. Marsh v. Managers of Elections for the district of York, 1 Bailey 215 (S. C., 1829).
Takao Ozawa v. United States, 260 U. S. 178 (1922).
United States v. Bhagat Singh Thind, 261 U. S. 204 (1923).
United States v. Wong Kim Ark, 169 U.S. 649 (1898).
Yick Wo v. Hopkins, Sheriff etc., 118 U. S. 356 (1886).

Fälle vor dem kalifornischen Obersten Gericht:
Lin Sing v. Washburn, 20 Calif. 535 (July 1862).
People v. George Hall, 4 Calif. 399 (October 1854).

Auf dem Weg zu einer postnationalen Staatsbürgerschaft? – Ambivalenzen des Bürgerbegriffs in Antike und Moderne

Hans Vorländer

Die Wiederkehr des Bürgers

In den letzten zwei Jahrzehnten hat eine bemerkenswerte Renaissance des Bürgers in Westeuropa und Nordamerika stattgefunden. Im Zuge der Diskussion um die Zivilgesellschaft wurde auch der Bürger wiederentdeckt, eine Entdeckung, die zurück zu den Anfängen der politischen Philosophie führt. Denn recht eigentlich bedeutete Politik im aristotelischen Sinne nichts anderes als die Angelegenheiten des Bürgers. Wenn nun, am Ende des 20. Jahrhunderts, der Bürger wieder ins Zentrum politischer, philosophischer und sozialwissenschaftlicher Diskurse rückt, so bedeutet diese Neuorientierung im Grunde eine Rückkehr zu den Anfängen des politischen Denkens.

Nicht der Staat, nicht seine Institutionen, auch nicht die sozialen und ökonomischen Strukturen bestimmen nunmehr den politischen Diskurs, es ist der individuelle Akteur, der Bürger, und die Gesamtheit der Bürger, die Bürgerschaft, von der aus Politik und politische Ordnung gedacht werden. Das ist insofern eine erstaunliche und keineswegs zu erwartende Wende im Politikdiskurs gewesen, als lange Zeit der Blick auf den Bürger durch „Systemwelten" und eine eher strukturanalytisch und systemtheoretisch verfahrende Wissenschaft verstellt worden war. Aber mit dem Ende von Kommunismus und real existierendem Sozialismus sind auch jene politischen und wissenschaftlichen Präokkupationen verschwunden, die im Konflikt der Systeme und im Widerspiel der großen Narrationen von liberaler Demokratie hier und kommunistisch-sozialistischer Diktatur dort die strukturierenden Leitdifferenzen der politischen und historischen Analyse gesehen haben. Die Renaissance der Zivilgesellschaft – ein Konzept, das in seiner zeitgenössischen Variante in Nordamerika wiederbelebt und in Mittel- und Osteuropa noch in Zeiten des Sozialismus als Oppositionsvision aufgegriffen worden war – brachte auch die Wiederkehr des Bürgers. Fast schien es, als wenn nun, da sich die großen Ideologien und Theoreme erschöpft hatten, der Bürger als letzter Hoffnungsträger in politischen Diskursen und wissenschaftlichen Reflektionen stilisiert worden wäre. Der *citizen* wie auch das darauf beruhende Konzept von *citizenship* wurde schnell zu einem „buzz word", zu einem „catch all-word", gar zu einer neuen „grand theory". Der Schlüssel für eine neue, bürgerschaftliche, humane Ordnung schien nun endlich – oder wieder – in den Händen des Bürgers zu liegen. Nicht mehr das Volk als kollektives Subjekt und Träger der Souveränität in der Demokratie, auch nicht der Nationalstaat als das entscheidende Integral moderner politischer Vergemeinschaftung waren die entscheidenden Akteure und Gestalter der politischen Ordnung, sondern es war der Bürger als Träger unveräußerlicher Rechte und als Souverän in Deliberation und Gestaltung der eigenen Angelegenheiten, der in das Zentrum politischer Reflexion und theoretischer Anstrengung rückte.

Diese Wende im politischen und wissenschaftlichen Diskurs ist indes nicht nur selbstreferentiellen Diskursstrategien innerhalb von Wissenschaft und Kultur zuzuschreiben. Die „Wiederkehr des Bürgers" reflektiert politische und soziale Veränderungen, die innerhalb der Gesellschaften der westeuropäischen und nordamerikanischen Demokratien und, auf einer zunehmend globalisierten Ebene, das Verhältnis der Staaten zueinander prägen. Die westlichen Gesellschaften haben sich, spätestens seit den 1960/70er Jahren, einem inneren Prozeß zunehmender kultureller und wertmäßiger Heterogenisierung unterziehen müssen. Nicht mehr die großen kollektiven Identitäten, von Gewerkschaften, Kirchen oder Weltanschauungsparteien, prägen die politischen Konfliktlinien, sondern zunehmend bestimmen partikulare Identitäten, plurale Kulturen, fragmentierte Interessenlagen das Bild der politischen Öffentlichkeit. Prozesse, die in Nordamerika und Kanada sehr schnell als „Multikulturalisierung" identifiziert worden sind, haben das Bewußtsein und die Wahrnehmung demokratischer Gesellschaften von sich selbst verändert. Der „zusammengesetzte" Charakter moderner Gesellschaften, die Pluralität von Lebensentwürfen, Wertvorstellungen und sozialen Praktiken hat zu einem Perspektivenwechsel geführt, der nicht mehr die Gesellschaft in toto, sondern den Bürger und die Kleingruppe als Mikrokosmos moderner Gesellschaften in den analytischen und politischen Fokus nimmt.

Des weiteren hat sich auch der Blick für die Probleme, die mit Einwanderung und Zuwanderung verbunden sind, geschärft. Das war für die USA als einem traditionellen Einwanderungsland keine neue Problemstellung, jedoch konfrontiert, vor allem nach dem Fall von Mauer und Grenzen, die verstärkte Zuwanderung die Staaten Europas mit dem politisch zu lösenden Problem der Integration des kulturell Fremden in eine – immer noch mehr oder minder homogen vorgestellte – nationale Kommunikations- und Vorstellungsgemeinschaft. Die Tatsache, daß es Einwanderer, Asylanten, Arbeiter gibt, die einen vom „gewöhnlichen" Staatsbürger unterschiedlichen Status besitzen, gleichfalls aber keineswegs rechtlos sind, hat zwangsläufig zu Diskussionen um die Abstufung von Rechten, den Umfang legaler Zugehörigkeit und politischer Mitgliedschaft geführt. Die Rede vom „Halbbürger" (*denizen*) macht deutlich, daß es Bürger mit unterschiedlichen Rechten, Zugehörigkeiten und Mitgliedschaften in ein und dem selben politischen und sozialen Verband gibt. Schließlich verdeutlichen auch die Prozesse der Supranationalisierung von Politik in institutionellen Mehrebenensystemen, daß es multiple Zugehörigkeiten und Mitgliedschaften des Bürgers gibt. Der europäische Bürger ist danach zugleich Angehöriger des nationalen Mitgliedsstaates, aber auch, mit Wirkung nach außen deutlich erkennbar, Angehöriger der Europäischen Union. Und auch die Transnationalisierung von Rechtssystemen, nicht nur auf der völkerrechtlichen Ebene, sondern auch als transnationale Regime, zeigt, daß Kodifikationen, wie die Europäische Menschenrechtskonvention oder globale Menschenrechtsabkommen, Schutz- und Rechtspositionen für das Individuum etablieren, die über den Staat als den traditionellen Garanten der Grundrechte seiner Bürger hinaus wachsen.

Diese Tendenzen zeigen in ihrer Summe auf, daß der Staat als die Organisationsform moderner Herrschafts- und Sozialverbände von außen und innen unter Druck gerät. Der Nationalstaat verliert seine Leuchtkraft, und damit wird auch ein für den Bürger entscheidender Zusammenhang brüchig. Der Staat war herkömmlicherweise die Organisationsform, die über die Mitgliedschaft, die Zugehörigkeit und die Rechte des Bürgers entschied. Mitgliedschaft und Zugehörigkeit wurden im Staate abschließend geregelt. Die nationalterritoriale Verfaßtheit war die Voraussetzung von garantierter personaler Rechtsträgerschaft, und sie steckte die Grenzen der Sphäre von Herrschaftssubjekten und Rechtsträgergenossen in einer – mehr oder minder – exklusiven Weise ab. Die Zugehörigkeit in einem legalen Sinne der Angehörigkeit zu einem Territorialverband war herkömmlich die Voraussetzung der Mitgliedschaft und der vollen Teilhabe an der Gemeinschaft und an den Rechten, die diese Gemeinschaft dem Einzelnen und dem Bürger zuteil werden ließ. Und so steht nun zu vermuten, daß die durch Multikulturalisierung, Migrationsbewegung, Supranationalisierung und Transnationalisierung bewirkte – zumindest teilweise – Entkoppelung von Nationalstaat und Staatsbürgerschaft zu einem neuen Verständnis der Bürgerschaft – *citizenship* – führt.[1] Danach würde sich der Bürger nicht mehr durch seine Zugehörigkeit zu einem Territorialverband definieren, sondern durch eine personal verstandene, supra- und transnational garantierte Rechtsträgerschaft auszeichnen. Nicht mehr die Mitgliedschaft im Sinne einer vollen Teilhabe an den Rechten, aber auch den Pflichten einer politischen Gemeinschaft ist der Regelfall, sondern ein – diffiziles und komplexes – System abgestufter Mitgliedschaft, das Rechte und Pflichten unterschiedlich gewährleistet und einfordert. Ein „Wohnbürger" kann sehr wohl in dem einen Land in den Genuß sozialer und ökonomischer Teilhaberechte kommen, gleichwohl ihm die politischen Wahlrechte versagt bleiben, und er kann dennoch seine Wahlrechte in einem anderen, womöglich seinem Herkunftsland, wahrnehmen und dort auch seinen (Wehr)Pflichten nachkommen. Zugleich ist dieser Bürger Träger global vereinbarter und anerkannter Menschenrechte, und er kann, wenn er Bürger der Europäischen Union ist, seine kommunalen Wahlrechte zum Teil auch jenseits seines Herkunftslandes, im Land seiner Residenz, wahrnehmen.

Ein kurzer Rückblick auf die Geschichte des Bürgerbegriffs und die realhistorische Entwicklung unterschiedlicher Staatsbürgerschaftskonzeptionen kann indes zeigen, daß es sich bei diesen Entwicklungen, der Perspektive einer „postnationalen Staatsbürgerschaft" nicht um ein wirklich neues Konzept handelt, sondern daß es sich vielmehr auch um eine Rückkehr zu einem pränationalen Konzept handelt, das nur deshalb – zwischenzeitlich – aus dem Blick geraten ist, weil es von einer nationalstaatlichen Schließung des Staatsbürgerkonzeptes – seit der Emergenz

1 Vgl. Yasemin Nuhoglu Soysal, *Limits of Citizenship. Migrants and Postnational Membership in Europe* (Chicago: University of Chicago Press, 1994); Yasemin Nuhoglu Soysal, „Staatsbürgerschaft im Wandel. Postnationale Mitgliedschaft und Nationalstaat in Europa," *Berliner Journal für Soziologie* 6, Nr. 2 (1996), S. 181-189; Rainer Bauböck, „Nation, Migration und Staatsbürgerschaft," in: Klaus v. Beyme/Claus Offe (Hg.), *Politische Theorien in der Ära der Transformation* (Opladen: Westdeutscher Verlag, 1996), S. 325-348.

des Nationalstaates vor mehr als 200 Jahren – verdrängt worden war. Bei dieser skizzenhaften – und zugespitzten – Durchsicht von theoretischen und (ideen)historischen Staatsbürgerschaftskonzepten geraten zugleich jene Spannungen und Ambivalenzen wieder in den Blick, die *ab origine* den Diskurs um den Bürger und die Staatsbürgerschaft ausgezeichnet haben, die zumeist aber ausgeblendet worden sind.

Citizenship *in der sozialwissenschaftlichen Theorie*

Die zeitgenössische Diskussion um den Bürger und die Staatsbürgerschaftskonzeption hat immer wieder auf T. H. Marshalls schon klassisch zu nennende Studie über *Social Class and Citizenship* von 1944 rekurriert.[2] In dieser Studie hatte Marshall die Entwicklung liberal-bürgerlicher, politischer und sozialer Rechte im Kontext sozialer Klassenanalyse aufgezeigt. Seine Grundannahme war, daß die Ausweitung von Rechten (entitlements) die Voraussetzung für die volle Mitgliedschaft aller Bevölkerungsgruppen und die volle nationale Integration gewesen ist. Ähnlich wie Jellinek schon fast 40 Jahre zuvor, gehen für ihn die liberal-bürgerlichen Rechte auf das 18. und frühe 19. Jahrhundert zurück. Damit waren vor allem jene Gewährleistungen von individueller Freiheit und Eigentumssicherung wie auch die Garantie der Kommunikationsrechte gemeint, die in ihrem Ursprung auf die bürgerlichen Revolutionen des ausgehenden 18. Jahrhunderts zurückzuführen sind und vielfach in den ersten erlassenen oder vereinbarten Verfassungen ihren schriftlichen Niederschlag gefunden hatten. Waren diese Rechte durchaus als Abwehrrechte gegenüber der staatlichen Macht, im Sinne Jellineks als *status negativus*, zu verstehen, so entwickelten sich die positiven politischen Beteiligungsrechte vor allem – in England – im Zuge der Ausweitung des Wahlrechtes im 19. Jahrhundert. Den vorläufigen Abschluß der Rechteentwicklung markierte Marshall mit der Herausbildung des Sozial- und Wohlfahrtsstaates, dessen Räson die soziale Existenzsicherung des Einzelnen und damit die Gewährleistung des sozialen Rechtsstatus gewesen war. Von Marshalls Dreierkonzept ziviler, politischer und

---

2 Thomas H. Marshall, *Bürgerrechte und soziale Klassen. Zur Soziologie des Wohlfahrtsstaates* (Frankfurt/M.: Campus, 1992).

sozialer Rechte führte für manche zeitgenössische Theoretiker – vor allem in der Multikulturalismus-Debatte – ein direkter Weg zu sogenannten kulturellen Rechten. Diese schienen einen Anspruch auf kulturelle Repräsentation von partikular-kulturellen Identitäten und Gruppen zu verbürgen. Hier war, wie argumentiert wurde, vor allen Dingen an die Repräsentanz von unterdrückten Minderheiten, Randgruppen, benachteiligten Bevölkerungsteilen und nationalen Minoritäten zu denken.

Marshalls Abfolgemodell der Herausbildung unterschiedlicher *entitlements* schien in der Tat einer historischen Logik zu gehorchen, die nun die Entwicklung kultureller Rechte folgerichtig freizusetzen vermochte. Doch handelte es sich hier, wie auch bei Marshalls Realanalyse, um eine im Grunde doch sehr idealistische Modellbildung. Marshall hatte zwar die Herausbildung der *entitlements* als Ergebnis eines konflikthaften Prozesses, vor allem als Folge von Klassenauseinandersetzungen, analysiert. Gleichwohl aber ließ es sich nicht vermeiden, der realhistorischen Entwicklung eine inhärente Logik zu unterstellen, die in der Annahme einer linearen Stufenfolge gipfelte. Von ersten, rudimentären *entitlements* führte der Weg unaufhaltsam zu einer vollen, inklusiven Mitgliedschaft aller in einer nationalen Gesellschaft, wobei am Ende dieses Prozesses nur das Konzept voller und ungeteilter Zugehörigkeit eines jeden Bürgers zu seinem politischen Verband stehen konnte. Damit aber mußten jene differenzierten Staatsbürgerschaftsformen, die in der Gegenwart angesichts der Multikulturalisierung von Gesellschaften im Inneren und der Transnationalisierung von Rechtsregimen außerhalb des traditionellen Nationalstaates wieder aufscheinen, aus dem Blick geraten. Auch jene Spannungslagen, die zwischen sozialen und ökonomischen Rechten, ganz zu schweigen von kulturellen Rechten, auf der einen Seite und politischen und bürgerlich-liberalen Rechten auf der anderen Seite bestehen und historisch immer wieder auffällig wurden, verschwinden hinter jenem von Marshall gezeichneten Bild einer allumfassenden, kompletten *citizenship*. Zudem basierte diese Staatsbürgerschaftskonzeption historisch auf dem „geschlossenen" Nationalstaat und war deshalb, wie ein Blick auf antike und zeitgenössische Staatskonzeptionen zeigt, nicht frei von historischer Kontingenz. Marshalls Modell – und die meisten sich ihm anschließenden neueren Diskussionsbeiträge – bekommen die Ambivalenzen, die konstitutiv für den Staatsbürgerschaftsbegriff sind, nicht in den Blick.

Der Bürgerbegriff in Antike und Neuzeit

Diese Ambivalenzen werden aber schnell deutlich, wenn auf die antike Bedeutung des Bürgerbegriffs zurückgegangen wird. Zunächst einmal scheint sich hier ein starkes, republikanisches Verständnis von Bürgerschaft abzubilden. Der Bürger, so beschreibt es Aristoteles in seiner Politik sehr anschaulich, ist der Aktivbürger, der sich um seine bürgerschaftlichen Angelegenheiten kümmert, der diskutiert, entscheidet, kurzum: der sich am Leben der Polis beteiligt. Der Mensch, so Aristoteles, ist ein *zoon politikon*, von seiner Natur her auf die Gemeinschaft verwiesen, ohne sie bliebe er unvollständig und wäre nicht in der Lage, ein gutes Leben zu führen. Insofern wäre es gerechtfertigt, von einem politisch existentiellen Verständnis von Bürger und Staatsbürgerschaft zu sprechen, dem ein starker partizipatorischer Bezug eignet. Es ist ein politisch gehaltvoller Begriff von Bürger und Bürgerschaft, der Bürger ist der normative Bezugspunkt der politischen Gesellschaft. Dieser Bürgerbegriff ist auch inklusiv, weil alle Freien und Gleichen befähigt waren, zu regieren und regiert zu werden, zu herrschen und beherrscht zu werden. Der Bürgerbegriff ist zugleich egalitär, da er sich von den tatsächlich vorhandenen sozialen, ökonomischen und kulturellen Ungleichheiten ablöste. Der Bürger war, sobald er mit seinesgleichen in der Polis zusammentraf, ein freier, gleicher, ein politischer Mensch und kein Privatmensch mehr.

Dieses Bürgerschaftskonzept basierte indes auf der Trennung von *polis* und *oikos*, auf einer Trennung von öffentlichem und privatem Bereich. Unterschiede ökonomischer, sozialer und kultureller Art schlugen nicht auf die Politik durch. Die Teilhabe an der Entscheidung und der Zugang zu Ämtern, auch die Bekleidung von Ämtern war nicht abhängig vom jeweiligen sozioökonomischen Status. Nur auf dieser Grundlage von Freiheit und Gleichheit im öffentlichen, politischen Raum war die egalitäre und partizipatorische Begründung von Staatsbürgerschaft möglich. Der Staatsbürger war ein eminent politischer, allein auf die Polis bezogener Begriff, individuelle, liberale oder kulturelle Rechte und Identitäten ließen sich daraus keineswegs ableiten. Doch bezogen auf die Wohnbürgerschaft des klassischen Athens war dieses Staatsbürgerschaftskonzept von äußerst exklusiver Wirkung. Zum einen waren Frauen, Metöken und Sklaven keine Bürger Athens, sie waren dem Bereich des *oikos*, des Haushalts und der Wirtschaft, zuzurechnen und hatten dementsprechend keinen Zugang zur Polis und keine Teilhabe an den politischen Angelegenheiten. Doch nicht nur die Mitgliedschaft als Bürger war exklusiv, sondern auch die Zugehörigkeit kannte klar umrissene Zugangsbeschränkungen. Das Residenzprinzip alleine entschied nicht über die Zugehörigkeit zur athenischen Bürgerschaft. Neben dem Prinzip des *ius soli* spielte auch das Abstimmungsprinzip, das *ius sanguinis*, eine entscheidende Rolle. Bei Aristoteles wird festgestellt: „für die Praxis bestimmt man dagegen als Bürger denjenigen, dessen beide Elternteile ... Bürger waren; andere gehen in diesem Prinzip noch weiter und verlangen zwei, drei oder noch mehr Generationen von Großvätern bürgerlichen Standes."[3] Und bei Aristoteles wird auch diskutiert, wie man denn Bürger werden kann und daß es „Meister (gebe), die Bürger produzieren". Hier werden jene Verfahren diskutiert, die zur Einbürgerung führen, so wie es Kleisthenes tat, als er Metöken zu Bürgern durch Aufnahme in die Phylen machte. So ist es nur folgerichtig, wie Aristoteles festhält, daß es „mehrere Arten des Bürgers" gab und daß als Vollbürger nur derjenige bezeichnet werden konnte, der „Zugang zu Ehren und Ämtern hat, ..., denn wem der Zugang zu Ehren und Ämtern verschlossen ist, der ist einem Metöken vergleichbar. Jedoch wo dies verschleiert ist, geschieht das zur Täuschung derjenigen, die (nur) den Wohnsitz miteinander gemeinsam haben."[4] Zudem war der Status des Bürgers auch territorial an die Grenzen der Polis gebunden. Der „Mauerring" markiert die Grenzen räumlicher Zugehörigkeit, die Staatsbürgerschaft wird nicht personen-, sondern allein polisbezogen gedacht. So ist, was auf den ersten Blick bei Aristoteles als ein republikanisch-partizipatorisches Staatsbürgerschaftskonzept aufscheint, auf den zweiten Blick doch mit solchen Restriktionen genealogischer und territorialer Provenienzen verbunden, daß von einem „modernen", oder zumindest für die postnationale Konstellation anschlußfähigen Staatsbürgerschaftskonzept kaum gesprochen werden kann.

Der in Rom entwickelte Bürgerbegriff führt da schon weiter. Hier sind Ansätze eines universalistischen und personengebundenen Rechtsverständnisses erkennbar. Die Identität des römischen Bürgers leitet sich aus der Mitgliedschaft in einer durch das Recht definierten Gemeinschaft her, die auf der Grundlage eines gemeinsamen Interesses und einer gemeinsamen Zielsetzung basiert und die sich im Begriff der *res publica*

3 Aristoteles, *Politik*, III, 1275b.
4 Ebd., 1278a.

ausdrückt: „Die römische Bürgerschaft kristallisierte sich nicht um die politische Partizipation, sondern um ein umfassendes System ziviler Rechte und Pflichten.“[5] Rom sah sich selbst als Repräsentant der gesamten bewohnten Welt, in dieser Vorstellung verschmolz die Stadt (*urbs*) mit dem Weltkreis (*orbis*). Der Mensch war somit nicht nur Bewohner eines spezifischen Ortes, sondern „Bürger der gesamten Welt als gleichsam einer Stadt“.[6]

In diesem durchaus imperial zu nennenden Verständnis des Römers als Weltbürger lag konzeptionell die Universalisierbarkeit eines auf dem Recht basierenden Staatsbürgerschaftsbegriffs begründet. Der Römer blieb römischer Staatsbürger, wenn er die Grenzen der Stadt Rom überschritt. Darin dokumentierte sich ein personalbezogenes Verständnis von Bürgerschaft, das sich in der Tendenz von räumlichen und territorialen Begrenzungen ablösen ließ, wenngleich für den Römer die territoriale Ausdehnung des Staatsbürgerstatus immer noch mit den Grenzen des römischen Reiches zusammenfiel.

Die naturrechtliche und dann vor allem die kontraktualistischen Begründung des Bürgerstatus ging den entscheidenden Schritt weiter in Richtung einer personengebundenen und von territorial und räumlichen Begrenzungen und Kontexten unabhängigen Konzeption von Staatsbürgerschaft. Der Bürger wird zum individuellen Träger von Rechten, die sich vor allem auf seine Person, seine Freiheiten und seine materiellen Güter beziehen. Diese Rechte sind im wesentlichen liberale Abwehrrechte, die Dispositionsgrenzen der staatlichen Gewalt ziehen. Im Grunde kehrt damit die antike Trennung von *polis* und *oikos* wieder, nur jetzt mit dem entscheidenden Unterschied, daß das Individuum in seiner Privatsphäre rechtlich geschützt wird. Sein Status als Träger von Rechten hängt nicht mehr von seiner Beteiligung an den Angelegenheiten der Polis ab, sondern ist davon in einem konstitutiven Sinne unabhängig. Gleichwohl verhalten sich die Vertragstheorien gegenüber dem Bereich des Politischen keineswegs gleichgültig oder gar ignorant. Zum einen wird der Bürger als Gleicher unter Gleichen statuiert. Vor dem Gesetz des Gesetzgebers sind alle Bürger gleich, und darüber hinaus wird der Bürger auch als Autor der gesetzgebenden Gewalt begriffen. Die Autorenschaft für die Gesetze ist vor allem eine Legitimationsfigur, die

---

5 Jürgen Gebhardt, „Die Idee des Bürgers,“ in: Klaus v. Beyme und Claus Offe (Hg.), *Politische Theorien in der Ära der Transformation* (Opladen: Westdeutscher Verlag, 1996), S. 349-361.

6 Cicero, *De legibus*, I, 23, 61.

die prinzipielle Zustimmungsfähigkeit eines Gesetzes bedeutet. Ohne Zustimmung kann ein Gesetz seine Regelungswirkung gegenüber den Bürgern nicht entfalten. Die Autorenschaft kann aber auch, wie Rousseau sie faßte, als ein umfassendes Gebot der Partizipation verstanden werden.

Der liberale Bürger des Kontraktualismus kann aber auch, im Unterschied zu den republikanischen Versionen der Antike, ein unpolitischer Bürger sein, er muß sich nicht an der Politik beteiligen. Seine Freiheit unterscheidet sich deshalb von der politischen Freiheit der Alten, wie es Constant so prägnant auf den Begriff brachte.[7] Das Entscheidende ist mithin, daß die moderne, auf dem Kontraktualismus beruhende Staatsbürgerschaftskonzeption den Rechtsstatus des Bürgers an die Person des Individuums („Freiheit als Mensch“, wie Kant befand) band und die Gleichheit („als Untertan“, so wieder Kant) als einen personengebundenen Status definierte, der von sozialen, ökonomischen und kulturellen Partikularitäten der spezifischen Situierung abstrahierte. Insofern war diese moderne Konzeption von Staatsbürgerschaft blind gegenüber Differenzen und universell denkbar, ohne auf einen spezifisch historischen oder kulturellen Kontext angewiesen zu sein. In dieser liberalen, naturrechlichen und kontraktualistischen Konzeption von Staatsbürgerschaft liegt ein wesentliches begründungstheoretisches Moment für den Begriff einer „postnationalen“ *citizenship*. Die konkrete historische Materialisierung indes zeigte, seit dem Ende des 18. Jahrhunderts, eine gegenläufige Entwicklung, nämlich in Richtung einer nationalstaatlichen Schließung des Staatsbürgerschaftsbegriffs, wenngleich auch hier zunächst deutliche Nuancen erkennbar sind.

Die nationalstaatliche Schließung des Staatsbürgerschaftskonzeptes: Frankreich, Deutschland, USA

Im Grunde hat Frankreich seit der Französischen Revolution das rigideste Regime einer auf den Nationalstaat bezogenen Konzeption von

7 Benjamin Constant, „Über die Freiheit der Alten im Vergleich zu der der Heutigen,“ (1819) in: ders., *Politische Schriften*. Hg. und eingel. von Lothar Gall (Berlin: Propyläen, 1963), S. 363-397.

Staatsbürgerschaft entwickelt.[8] Im 18. Jahrhundert entwickelte sich aus dem Untertan (*sujet*) der Bürger (*citoyen*), und mit der Verfassung von 1791 war derjenige, der den Status des französischen Bürgers besaß, zugleich Träger allumfassender bürgerlicher Rechte. Das französische Konzept von *citoyenneté* ruhte auf der republikanischen Vorstellung des Aktivbürgers auf, der einer distinkten politischen Gemeinschaft angehört. Diese politische Vorstellungsgemeinschaft war unmittelbarer Ausfluß der Französischen Revolution, die Rechte des Bürgers waren die Rechte des Menschen, sie bedeuteten Freiheit in einem bürgerlich-liberalen Sinne, zugleich war aber der „französische Bürger" ein Ehrentitel, weil er die Zugehörigkeit zu einer durch Revolution entstandenen demokratischen Republik bedeutete. Und so nahm es nicht wunder, daß verdiente Ausländer, die die Sache der Revolution unterstützt hatten – wie beispielsweise Thomas Paine – die politischen Rechte eines französischen Bürgers verliehen bekamen.

Dieses Konzept eines politisch-republikanischen Verständnisses von Staatsbürgerschaft galt durchgängig für alle französischen Republiken. Zu dieser Vorstellung gehörte auch, daß der *citoyen* Teil einer politischen Wertegemeinschaft ist. Die zentralen Werte einer demokratischen Republik wurden Einwanderern durch das Erziehungssystem des Staates vermittelt. Dieser Vermittlungsprozeß war Teil einer etatistischen Assimilationsstrategie, an dessen Ende der Erwerb der Staatsangehörigkeit trat. Dabei hatte die französische Staatsbürgerschaftskonzeption von Anfang an ein gemischtes System aus Bluts- und territorialem Prinzip etabliert. Das *ius soli*-Prinzip galt schon für die zweite Generation von Einwanderern, die die französische Staatsbürgerschaft bei Volljährigkeit automatisch erhielt. Bei der dritten Generation von Einwanderern wurde die Staatsbürgerschaft bei Geburt verliehen. Implizite Voraussetzung war immer das Durchlaufen einer durch das staatliche Erziehungssystem – und auch das Militär – vorgegebenen Assimilierung: „être français – cela se mérite." Das Vertrauen in eine etatistische Assimilationsstrategie erlaubte die großzügige Anwendung des *ius soli*-Prinzips. Nur kurze Perioden in der französischen Geschichte – Dreyfus-Affäre; Vichy – kannten Abweichungen von dieser auf dem nationalstaatlichen Prinzip beruhenden Staatsbürgerschaftsregelung.

---

8 Vgl. hierzu auch Rogers Brubaker, *Staats-Bürger. Frankreich und Deutschland im historischen Vergleich* (Hamburg: Junius, 1994).

In Deutschland dauerte der Prozeß der Vereinheitlichung und Schließung des Staatsbürgerschaftskonzeptes, der in Frankreich bereits 1789/91 abgeschlossen war, wesentlich länger. Die Staatsangehörigkeit war in Deutschland bis zu Beginn des 20. Jahrhunderts national nicht geregelt. Insofern entsprach die Staatsbürgerschaft eher einem vielstufigen System, mit einer deutlichen Präferenz für die lokale beziehungsweise einzelstaatliche Ebene. So war das Bürgerrecht in den alten Städten hoch differenziert: Der Status des Bürgers, Beisassen oder Schutzverwandten war mit unterschiedlichen Rechten und Pflichten verbunden. Erst das Preußische Allgemeine Landrecht von 1794 versuchte, eine Vereinheitlichung des Rechtsstatus für Preußen herbeizuführen. Diese Vereinheitlichung war Ausfluß der Zentralisierung administrativer Strukturen und setzte alles daran, die Partikularitäten von Ständen und Zünften abzuschleifen. Das Allgemeine Landrecht etablierte die bürgerliche Gleichheit unabhängig vom jeweiligen Stand, hielt aber an den Ständevorrechten vorerst fest. Generell galt das *ius soli*-Prinzip, *domicilium facit subditum*. Die territoriale Basis der Zugehörigkeit, das Prinzip der Wohnbürgerschaft (domicilium), wurde auch noch einmal ausdrücklich bestätigt in den Verträgen, die zwischen den Einzelstaaten wegen der weitverbreiteten Ausweisungspraxis geschlossen werden mußten. Im übrigen tauchte in diesen Verträgen der Begriff der „Staatsangehörigkeit“ auf, der dem ersten nationalen Gesetz zur Regelung der Staatsbürgerschaft im Jahre 1913 den Namen geben sollte. Preußen verabschiedete 1842 auch ein Gesetz über den Erwerb und den Verlust des preußischen Untertanen-Status, womit auch deutlich gemacht wurde, daß sich der preußische Staat als ein Verband der Mitgliedschaft verstand, der Grundlage für die Erteilung von Rechten und die Inpflichtnahme des Bürgers war.

Versuche, das Problem der Staatsangehörigkeit zu nationalisieren, folgten der staatlichen Einheitsbildung von 1871. Gleichwohl dauerte es bis zum Staatsangehörigkeitsgesetz von 1913, welches die Tradition der feudalen Ständewelt mit territorialer Grenzziehung beendete. Hier auch erst setzte die Wendung vom Territorial- zum Abstammungsprinzip ein. Das Staatsangehörigkeitsgesetz nationalisierte nicht nur das Staatsangehörigkeitsrecht, sondern „ethnisierte“ das Konzept der Mitgliedschaft, die jetzt als eine Abstammungsgemeinschaft verstanden wurde. Folglich konnten deutsche Emigranten, die Auslandsdeutschen, als Staatsangehörige Deutschlands im Sinne des Gesetzes von 1913 behandelt werden. War das Gesetz inklusiv bezüglich dieser Emigranten, so war es exklusiv bezüglich der Immigranten in das Deutsche Reich. Das traf für die „Fremdarbeiter" genau so wie für die polnischen Bewohner Ostpreußens und Schlesiens zu. Es waren vor allem die Nationalliberalen und die Alldeutschen, die das Staatsangehörigkeitsgesetz von 1913 vehement befürworteten, weil es den rechtlichen Status der Auslandsdeutschen sicherte und zugleich die Naturalisierung der Fremden erschwerte. 1913 ist insofern der Beginn der ethnischen und völkischen Aufladung des deutschen Staatsbürgerschaftskonzeptes; die Mechanismen der Inklusion und Exklusion vollzogen sich nunmehr über den Legalismus der durch die „Staatsangehörigkeit" bestimmten Zugehörigkeit zum Staatsverband. Damit grenzte sich das deutsche Modell auch deutlich vom etatistischen Assimilierungskonzept der französischen *citoyenneté* ab. 1935 schließlich findet die Nationalisierung und Ethnovölkisierung des Staatsangehörigkeitsrechtes durch das Reichsbürgergesetz ihren vorläufigen Abschluß. Nur der Volksgenosse „deutschen Blutes" ist der volle Staatsbürger, Angehörige anderer Ethnien, Rassen und Kulturen gelten als Artfremde.

Die Bundesrepublik Deutschland knüpfte mit Artikel 116 des Grundgesetzes an das *ius sanguinis*-Prinzip an, definierte die deutsche Staatsangehörigkeit als Volkszugehörigkeit und erstreckte – zum einen wegen der Teilung Deutschlands, dann aber auch wegen der Abtretung der sogenannten „Ostgebiete" – das deutsche Staatsangehörigkeitsrecht auf das Territorium des Deutschen Reiches in den Grenzen von 1937. Wenngleich die Bundesrepublik Deutschland – auch nach der Vereinigung mit der DDR – an der Abstammung als dem leitenden Prinzip der Staatsangehörigkeit festgehalten hat, sind doch gerade in jüngster Zeit Änderungen eingetreten, die zu einer konditionierten Aufweichung des *ius sanguinis*-Prinzips in Richtung eines gemischten Systems von Abstammungs- und Territorialprinzip (mit erleichterter Naturalisierung für nachfolgende Einwanderergenerationen) geführt haben.

Im Unterschied zu Deutschland haben sich die USA immer als Einwanderungsgesellschaft begriffen. Von daher war im Grundsatz das Territorialprinzip für Staatsbürgerschaft und Naturalisierung unumstritten. Auch war, nach dem Selbstverständnis, die Staatsbürgerschaft mit dem Bekenntnis zu den tragenden Werten, Vorstellungen und demokratischen Institutionen Nordamerikas existenziell verbunden. Insofern war die US-amerikanische Konzeption von *citizenship* sowohl liberal wie auch republikanisch, und sie stand, weil sie Anspruch auf Verallgemeinerungsfähigkeit erhob, in der Perspektive der Universalisierbarkeit. Liberal war die Staatsbürgerschaftskonzeption, weil sie auf kontraktualistische und individualrechtliche Begründungsfiguren zurückgriff, republikanisch war sie zugleich, weil das Gemeinwesen auf der Selbstregierung der Bürgerschaft beruhte. Von der Idee her war Bürger, wer die zentralen Werte von Freiheit, Gleichheit, Demokratie und Republikanismus teilte. Die Zugehörigkeit zur Bürgerschaft bestimmte sich nach diesen Kriterien, die Mitgliedschaft unterschied nicht nach abgestuften Rechten und Pflichten.

So inklusiv das Modell amerikanischer Staatsbürgerschaft auch schien, es ruhte im wesentlichen, über mehr als zwei Jahrhunderte, auf einer Herkunfts- und Vorstellungsgemeinschaft auf, die von den *white anglo-saxon protestants* bestimmt war. Von vornherein gehörten Indianer, Schwarze und Sklaven nicht, oder nur unter ganz bestimmten, restriktiven Bedingungen, zur Bürgerschaft. Die Geschichte der Exklusion der amerikanischen Staatsbürgerschaft zeigte auch die Persistenz askriptiver Ausschlußkriterien, zu denen vor allem nicht-weiße ethnokulturelle Partikularitäten gehörten. Dazu wurden nicht nur die Ureinwohner, die Indianer und die Minderheit der Schwarzen gezählt, sondern, in der zweiten Hälfte des 19. Jahrhunderts, auch die Einwanderer katholischen und jüdischen Glaubens, wie – später noch – die Einwanderer aus Süd- und Osteuropa und aus Asien. Ebenfalls hat es sehr massive Restriktionen hinsichtlich der Naturalisierung und der Ausübung des aktiven und passiven Wahlrechts gegeben. In den USA gab es bis in das 20. Jahrhundert hinein kein einheitliches, nationales Staatsangehörigkeits- beziehungsweise Staatbürgerschaftsrecht. Die lokale Gemeinde oder der Einzelstaat entschieden über die Kriterien der Zugehörigkeit und der Mitgliedschaft, über Einbürgerung und Naturalisierung, über die Erteilung abgestufter politischer Beteiligungsmöglichkeiten.

Eine „Nationalisierung" der Staatsbürgerschaftsfrage hat es dann vor allem in der zweiten Hälfte des 20. Jahrhunderts gegeben. Die auf askriptiven und ethnokulturellen Kriterien basierende Exklusion ganzer Bevölkerungsteile sollte nun, durch zentralstaatliche Gesetzgebung, wie im Civil Rights Act oder im Voting Rigths Act, überwunden werden. Zum Teil wurde, um dem Anspruch auf volle Mitgliedschaft im politischen und sozialen Gemeinwesen der USA Genüge zu tun, zu positiven Förderungsmaßnahmen, wie im Bereich der *Affirmative Action* zurückgegriffen, was wiederum dazu führte, daß das im Grunde differenzblinde, liberale Staatsbürgerschaftskonzept, das von sich aus auch immer eine *color blindness* beinhaltete, durchlöchert wurde. Das liberale und republikanische Verständnis der Staatsbürgerschaft hatte faktische Exklusionen ermöglicht, ein neues, multikulturelles Verständnis der Staatsbürgerschaft forderte nun aktive Maßnahmen umfassender Inklusion. Daß dieses Verständnis von Bürgerschaft, das multikulturelle Differenzen zum Ausgangspunkt der Durchsetzung und Gewährleistung von Mitgliedschaftsrechten macht, in der amerikanischen Diskussion, und nicht nur dort, umstritten blieb, liegt auf der Hand.

Vom Vollbürger zu citizenship light?

Der kurze, komparative Durchgang durch die Geschichte der Staatsbürgerschaftsbegriffe und -konzeptionen zeigt sehr schnell, daß die zeitgenössisch diskutierte „postnationale Konstellation" einer differenzierten oder abgestuften Staatsbürgerschaft keineswegs neu ist. Die derzeit feststellbare Entkoppelung von nationalstaatlicher Organisationsform mit ihren Mitgliedschaftsrechten qua formaler Zugehörigkeit und einem System von individuellen Rechten und Pflichten ist in Deutschland genau so wie in den Vereinigten Staaten von Amerika bis zu Beginn des 20. Jahrhunderts eher der Normalfall gewesen. Das französische, nationalstaatlich geschlossene Modell von Staatsbürgerschaft und etatistischer Assimilierungsstrategie, basierend auf einem starken republikanischen Credo, das gleichzeitig Territorial- und Abstammungsprinzip mischte, erscheint da als die Ausnahme. Territoriale Mehrstufigkeit, wie sie für föderalistische Systeme ohnehin kennzeichnend ist und wie sie für die Staatsbürgerschaftsfrage in Deutschland und den USA konstitutiv war, führt zu abgestuften oder sich überlappenden Regimen von Mitgliedschaften, Zugehörigkeiten und deshalb auch zu differenzierten Formen der Gewährung von Rechten und der staatsbürgerlichen Inpflichtennahme.

Auch der europäische Integrationsprozeß weist in diese Richtung. Der nationale Mitgliedsstaat in der Europäischen Union ist nicht mehr der einzige Garant eines Systems von Rechten des Bürgers, vielmehr finden sich diese Schutz- und Garantiesysteme auch sowohl auf regionaler, einzelstaatlicher wie auf supranationaler Ebene. Grund- und Menschenrechte werden so beispielsweise in den Ländern der Bundesrepublik Deutschland durch konstitutionelle Kodifikationen und Verfassungsgerichte geschützt, genau so wie der Europäische Gerichtshof in

Luxemburg und der Gerichtshof der Europäischen Menschenrechtskonvention in Straßburg Institutionen der Gewährleistung personal verstandener Rechte des Einzelnen sind. Die nationalstaatliche Schließung der Staatsbürgerschaftskonzeption, wie sie in Frankreich und Deutschland für einen großen Teil des 20. Jahrhunderts galt, wird so von oben und unten durchstoßen.

Auch der Bereich der Immigration zeigt eine ganz ähnlich gerichtete Entwicklung der Herausbildung eines differenzierten Staatsbürgerstatus. Migranten finden in ihren Aufnahmeländern, in den USA, in Frankreich, in Deutschland, die Gewährleistung von sozialen, ökonomischen und kulturellen Rechten vor. Die Ausländergesetze, die Organisation von Ausländer betreuenden Institutionen haben ein komplexes und überraschend dichtes Regime von Teilrechten etabliert, das beispielsweise Anspruch auf Mitgliedschaft in Kranken- und Sozialversicherungen gibt, das zugleich auch Rechte auf ökonomische Freiheiten, vom Kapitalverkehr bis zur Niederlassungsfreiheit, einräumt. Diese Rechte sind potentiell auch revozierbar, doch lassen sie, wie Yasemin Soysal so überzeugend herausgearbeitet hat, einen Trend erkennen, nach dem diese Rechte als Menschenrechte definiert und damit von der Voraussetzung nationaler Zugehörigkeit abgelöst werden.[9] Migrantenrechte erscheinen damit zunehmend als abstrakte persönliche Rechte. Mitgliedschaft, in einem sozialen, ökonomischen und kulturellen Sinne, ist nicht mehr an vorhergehende Naturalisierung und damit an die Bedingung formaler, staatsrechtlicher Zugehörigkeit gebunden.

Damit wird indes ein System abgestufter Mitgliedschaft etabliert, das nicht ohne problematische Rückwirkung auf die Staatsbürgerschaftskonzeption selbst bleibt. Denn Migranten mögen soziale, ökonomische und kulturelle Rechte zugestanden und, durch internationale Menschenrechtsvereinbarungen, auch gewährleistet und gesichert werden, doch bleibt, so zeigt gerade der Blick auf die antiken und modern-neuzeitlichen Konzeptionen von Staatsbürgerschaft, eine spezifische Differenz zum Vollbürger evident: Zum Begriff des Bürgers hat immer eine entscheidend politische Komponente gehört. Konstitutiv für den Bürgerbegriff war, daß der Bürger über seine eigenen Angelegenheiten beraten und entscheiden kann. Aristoteles definierte den Bürger als denjenigen, der befähigt ist, zu regieren und zu herrschen, sich beherrschen und regieren zu lassen. Der Begriff des Bürgers war unmittelbar auf die Polis

---

9 Soysal, *Limits of Citizenship.*

gemünzt, ohne Partizipation konnte der Bürger nicht Bürger genannt werden. Wenn es nun in einer „postnationalen Konstellation" zur Überlagerung multipler und abgestufter Rechte des Bürgers kommt, soziale, ökonomische, kulturelle Rechte der Individuen als abstrakt persönliche Rechte verstanden werden, dann wird diese konstitutive republikanische Qualität des Bürgerbegriffs abgeschnitten. Die „postnationale Staatsbürgerschaft" liefe damit Gefahr, zu einer Version von *citizenship light* zu verkümmern.

Literatur

Bader, Veit, „Citizenship and Exclusion: Radical Democracy, Community and Justice," *Political Theory* 23, 2 (1995), S. 211-246.

Barbalet, J.M., Citizenship: Rights, Struggle and Class Inequality (Milton Keynes: Open UP, 1988).

Bauböck, Rainer, „Nation, Migration und Staatsbürgerschaft," in: Klaus v. Beyme/Claus Offe (Hg.), *Politische Theorien in der Ära der Transformation* (Opladen: Westdeutscher Verlag, 1996), S. 325-348.

Bauböck, Rainer, *Transnational Citizenship. Membership and Rights in International Migration* (Aldershot: Elgar, 1994).

Beiner, Ronald (ed.), *Theorizing Citizenship* (Albany: State University of New York Press, 1995).

Beiner, Ronald, „Why Citizenship Constitutes a Theoretical Problem in the Last Decade of the Twentieth Century," in: Ronald Beiner (ed.), *Theorizing Citizenship* (Albany: State University of New York Press, 1995), S. 1-28

Bendix, Reinhard, *Nation-Building and Citizenship. Studies of Our Changing Social Order* (Berkeley: University of California Press, erweiterte Neuauflage 1977 [1. Aufl. 1964])

Beyme, Klaus von, und Claus Offe (Hg.), *Politische Theorien in der Ära der Transformation* (Opladen: Westdeutscher Verlag, 1996).

Brubaker, Rogers, „Einwanderung und Nationalstaat in Frankreich und Deutschland", *Der Staat* 28 (1989), S. 1-30

Brubaker, Rogers, *Citizenship and Nationhood in France and Germany* (Cambridge, Mass./London: Havard UP, 1992)

Brubaker, Rogers, *Staats-Bürger. Frankreich und Deutschland im historischen Vergleich* (Hamburg: Junius, 1994).

Cesarani, David (ed.), *Citizenship, Nationality and Migration in Europe* (London: Routledge, 1996).

Clarke, Paul Barry (ed.), *Citizenship. A Reader* (London: Pluto, 1994).

Colas, Dominique (ed.), *Citoyenneté et nationalité: Perspectives en France et Québec* (Paris: PUF, 1991).

Constant, Benjamin, „Über die Freiheit der Alten im Vergleich zu der der Heutigen," (1819) in: ders., *Politische Schriften*. Hg. und eingel. von Lothar Gall (Berlin: Propyläen, 1963), S. 363-397.

Eisenstadt, Shmuel N., „Die Konstruktion nationaler Identitäten in vergleichender Perspektive," in: Bernhard Giesen (Hg.), *Nationale und kulturelle Identität. Studien zur Entwicklung des kollektiven Bewußtseins in der Neuzeit* (Frankfurt/M.: Suhrkamp, 1991)

Everson, Michelle C., und Ulrich K. Preuß, *Concepts, Foundations, and Limits of European Citizenship* (Bremen: Zentrum für Europäische Rechtspolitik, 1995), S. 72-102

Fuchs, Lawrence H., *The American Kaleidoscope. Race, Ethnicity, and the Civic Culture* (Hanover/London: Wesleyan UP/UP of New England, 1990)

Gebhardt, Jürgen, „Die Idee des Bürgers," in: Klaus v. Beyme und Claus Offe (Hg.), *Politische Theorien in der Ära der Transformation* (Opladen: Westdeutscher Verlag, 1996), S. 349-361.

Glazer, Nathan, „Individual Rights against Group Rights," in: Will Kymlicka (ed.), *The Rights of Minority Cultures*. Oxford: Oxford UP, 1995), S. 123-138.

Habermas, Jürgen, „Können komplexe Gesellschaften eine vernünftige Identität ausbilden?" in: ders., *Zur Rekonstruktion des historischen Materialismus* (Frankfurt/M.: Suhrkamp, 1995), S. 92-126.

Habermas, Jürgen, *Staatsbürgerschaft und nationale Identität. Überlegungen zur europäischen Zukunft* (St. Gallen: Erker, 1991); repr. in: ders., *Faktizität und Geltung* (Frankfurt/M.: Suhrkamp, 1992), S. 632-660.

Habermas, Jürgen, *Die postnationale Konstellation. Politische Essays* (Frankfurt/M.: Suhrkamp, 1998).

Halfmann, Jost, „Citizenship Universalism, Migration and the Risks of Exclusion" *British Journal of Sociology* 49, 4 (1998), S. 513ff.

Hammar, Tomas, *Democracy and the Nation State. Aliens, Denizens, and Citizens in a World of International Migration* (Aldershot/UK: Avebury, 1990).

Heater, Derek, *Citizenship: The Civic Ideal in World History, Politics and Education* (London: Longman, 1990).

Hettlage, Robert, „Multikulturelle Gesellschaft zwischen Kontakt, Konkurrenz und ‚accommodation'," *Berliner Journal für Soziologie* 6, 2 (1996), S. 163-179.

Ignatieff, Michael, „The Myth of Citizenship," *Queen's Quarterly* 99, 4 (1987), S. 966-985.

Kukathas, Chandran, „Are There any Cultural Rights?" *Political Theory* 20, 1 (1992), S. 105-139

Kymlicka, Will (ed.), *The Rights of Minority Cultures* (Oxford: Oxford UP, 1995).

Kymlicka, Will, und Wayne Norman, „Return of the Citizen. A Survey of the Recent Work on Citizenship," *Ethics* 104 (1994), S. 352-381.

Kymlicka, Will, *Multicultural Citizenship: Liberal Theory of Minority Rights* (Oxford: Oxford UP, 1995).

Lijphart, Arend: „Self-Determination versus Pre-Determination of Ethnic Minorities in Power-Sharing Systems," in: Will Kymlicka (ed.), *The Rights of Minority Cultures* (Oxford: Oxford UP, 1995), S. 275-287.

Mackert, Jürgen, „Citizenship und Immigration: Heterogenisierung des Nationalstaates und neue Formen der Zugehörigkeit. Neuere Beiträge zur Diskussion um Staatsbürgerschaft," *Berliner Journal für Soziologie* 6, 2 (1996), S. 261-275.

Mann, Michael, „Ruling Class Strategies and Citizenship," *Sociology* 21, 3 (1987), S. 339-354.

Manville, Philip B., *The Origins of Citizenship in Ancient Athens* (Princeton: Princeton UP, 1990).

Marshall, Thomas H., and Thomas B. Bottomore, *Citizenship and Social Class* (London: Pluto, 1992).

Marshall, Thomas H., *Bürgerrechte und soziale Klassen. Zur Soziologie des Wohlfahrtsstaates* (Frankfurt/M.: Campus, 1992).

Meehan, Elizabeth M., *Citizenship and the European Community* (London: Sage, 1993).

Phillips, Anne, „Democracy and Difference: Some Problems for Feminist Theory," in: Will Kymlicka (ed.), *The Rights of Minority Cultures*. Oxford: Oxford UP, 1995), S. 288-302.

Pocock, John G.A., „The Ideal of Citizenship since Classical Times," *Queen's Quarterly* 99 (1992), S. 33-55.
Rex, John, „Multikulturalismus in Europa und Nordamerika," *Berliner Journal für Soziologie* 6, 2 (1996), S. 149-161.
Riesenberg, Peter, *Citizenship in the Western Tradition: Plato to Rousseau* (Chapel Hill/London: University of North Carolina Press 1992).
Schnapper, Dominique, *La Communauté des Citoyens* (Paris: Gallimard, 1994).
Schnapper, Dominique, „The European Debate on Citizenship," *Daedalus* 126, 3 (1997), S. 199 ff.
Seton-Watson, Hugh, *Nations and States. An Enquiry into the Origins of Nations and the Politics of Nationalism* (Boulder/Colo.: Westview, 1977).
Shklar, Judith N., *American Citizenship. The Quest for Inclusion* (Cambridge, Mass./London: Harvard UP, 1991).
Sherwin-White, Adrian N., *The Roman Citizenship* (Oxford: Clarendon, 1973).
Silverman, Maxim, „Citizenship and the Nations-State in France," *Ethnic and Racial Studies* 14, 3 (1991), S. 319-332.
Smith, Antony D., *The Ethnic Origin of Nations* (Oxford: B. Blackwell, 1986).
Smith, Rogers M., „Beyond Tocqueville, Myrdal, and Hartz: The Multiple Traditions in America," *American Political Science Review* 87, 3 (1993), S. 549-566.
Smith, Rogers M., *Civic Ideals: Conflicting Visions of Citizenship in U.S. History* (New Haven: Yale UP, 1997).
Somers, Margaret R., „Citizenship and the Place of the Public Sphere: Law, Community, and Political Culture in the Transition to Democracy," *American Sociological Review* 58 (1993), S. 587ff.
Somers, Margaret R., „Rights, Rationality, and Membership: Rethinking in the Making and Meaning of Citizenship," *Law and Social Inquiry* 19, 1 (1994), S. 1301-1350.
Somers, Margaret R., „The Narrative Construction of Identity: A Relational and Network Approach," *Theory and Society* 23 (1994), S. 605-649.
Soysal, Yasemin Nuhoglu, „Staatsbürgerschaft im Wandel. Postnationale Mitgliedschaft und Nationalstaat in Europa," *Berliner Journal für Soziologie* 6, 2 (1996), S. 181-189.
Soysal, Yasemin Nuhoglu, *Limits of Citizenship. Migrants and Postnational Membership in Europe* (Chicago: University of Chicago Press, 1994).
Tilly, Charles (ed.), *Citizenship, Identity and Social History* (New York: Cambridge UP, 1996).
Turner, Bryan S. (ed.), *Citizenship and Social Theory* (London: Sage, 1993).
Turner, Bryan S., und Peter Hamilton (eds.), *Citizenship: Critical Concepts* (London/New York: Routledge, 1994).
Turner, Bryan S., „Outline of a Theory of Citizenship," *Sociology* 24, 2 (1990), S. 189-217.
Waldron, Jeremy, „Minority Cultures and the Cosmopolitan Alternative," in: Will Kymlicka (ed.), *The Rights of Minority Cultures* (Oxford: Oxford UP, 1995), S. 93-122.
Walzer, Michael, „Pluralism: A Political Perspective," in: Will Kymlicka (ed.), *The Rights of Minority Cultures* (Oxford: Oxford UP, 1995), S. 139-154.
Walzer, Michael, „The Idea of Civil Society," *Dissent* (1991), S. 293-304.
Walzer, Michael, „What Does It Mean to Be an ‚American'?" *Social Research* 57, 3 (1990), S. 591-614.

Young, Iris Marion, „Polity and Group Difference: A Critique of the Ideal of Universal Citizenship," *Ethics* 99 (1989), S. 250-274.

Young, Iris Marion, „Together in Difference: Transforming the Logic of Group Political Conflict," in: Will Kymlicka (ed.), *The Rights of Minority Cultures* (Oxford: Oxford UP, 1995), S. 155-178.

Index